JN273163

外国人従業員の労務

給与・社会保険・労働保険

Customer
Satisfaction
Accounting

CSアカウンティング株式会社 [編]

税務経理協会

はじめに

　平成24年12月出版の『海外赴任者の労務─給与・社会保険・労働保険』に続いて，今回は外国人従業員の雇用に伴う手続をテーマにした書籍を出版させていただけることになりました。

　外資系企業に限らず，日系企業でも外国人の従業員が勤務していることが珍しくなくなってきています。
　外国人従業員を採用する際には，在留カードを確認したり，外国人雇用状況報告書などを作成し提出したりする必要があります（一部例外もあります）。給料計算の際には居住者・非居住者の区分の違いにより給与から控除される所得税の額が変わることもあります。
　こういった外国人従業員特有の手続については日本人にはなじみのない部分になるため，慣れていない人事担当者にとっては取り扱いがわからず苦労することも多いものです。
　また日本で勤務する外国人従業員にとっても，日本の労働基準法や社会保険の制度や自分自身の労働条件，また給与から控除される所得税の計算方法について等わからないことも多く，不安に感じることが多いようです。

　本書では，外国人従業員を雇用する際に必要な社会保険や給料計算の手続について，体系立てて説明しています。また社内で必要な書類の様式例や記入例，英文の様式例も入れ，実務でも使いやすいようにしています。
　本書が，外国人従業員本人やその家族，企業の人事担当者，社会保険労務士の皆さんにとって少しでもお役に立つことができれば幸いです。

　本書の出版にあたっては，公認会計士の中尾篤史氏と社会保険労務士の桑原孝浩氏によるアドバイスの上執筆いたしました。英文就業規則と英文様式例の

部分では翻訳家のMari Hodges先生にチェックをしていただいています。

　また，『海外赴任者の労務―給与・社会保険・労働保険』同様に，税務経理協会の編集部の吉冨智子様，小林規明様に企画から編集に至るまで大変お世話になりました。

　この場を借りてお礼を申し上げます。

　　平成25年7月　　　　　　　　　　　CSアカウンティング株式会社

　　　　　　　　　　　　　　　　　　　　執筆者代表　永井　知子

採用から退職・帰国までの流れ

　外国人従業員の雇用のために必要な準備や手続は，その外国人によりそれぞれ異なります。この本では，押さえておくべき部分をカテゴリごとにまとめて紹介しています。

採用から退職・帰国まで	各段階における重要ポイント
外国人従業員を採用する ⇒第1章　採用	◎ 新しい在留資格制度の仕組み ◎ 年俸制の導入や労働条件の明示など，労働基準法その他法令への留意
雇用を開始する ⇒第2章　入社手続	◎ 社会保険・労働保険の概要 ◎ 外国籍保有者やエクスパッツ，インターンシップ，技能実習生など様々な従業員
組織形態に変更がある場合 ⇒第3章　会社等の設立・撤退・再編	◎ 外資系企業による日本支店・日本法人の設立・撤退 ◎ 設立・撤退の際に必要な各種届出 ◎ 企業再編（合併・事業譲渡・会社分割） ◎ 各種調査への対応
外国人従業員への給与・賞与支払い ⇒第4章　給与計算	◎ 給与・賞与の計算 ◎ 年末調整・住民税の処理 ◎ 税務調査での注意点

一時帰国による出産など，在職中に必要な手続 ⇒第5章　在職中の手続	◎ 健康保険・雇用保険の給付手続 ◎ 出産や育児に関する一時金・給付金
母国への帰任・退職による帰国 ⇒第6章　退職・帰国	◎ 帰国時の給与，年末調整等 ◎ 脱退一時金 ◎ 年金通算協定

目次 CONTENTS

はじめに

採用から退職・帰国までの流れ

第1章　採　用

❶ 在留資格の確認

1　外国人労働者とは ……………………………………………… 2
2　在留資格とは …………………………………………………… 5
3　在留資格・在留期限の確認方法 …………………………… 12
4　新たな在留資格制度 ………………………………………… 16
5　就労資格証明書 ……………………………………………… 21
6　資格外活動許可 ……………………………………………… 23
7　特定活動 ……………………………………………………… 26
8　高度人材に対するポイント制 ……………………………… 28
9　在留資格認定証明書 ………………………………………… 32
10　在留資格の変更 ……………………………………………… 35
11　不法就労助長罪 ……………………………………………… 37
12　在留資格・在留期限の情報管理 …………………………… 39
13　外国人の住民票制度 ………………………………………… 42

❷ 雇用契約の際の注意点

1　二重国籍について …………………………………………… 45

2	年俸制について	48
3	労働条件通知書の必要性	51
4	雇入れ時の禁止事項	60
5	従業員解雇時の注意事項	62
6	外国人が社会保険の加入を拒否した場合	69
7	請負契約の場合	73
8	英文就業規則	75
9	外国人従業員への英語対応	79

第2章　入社手続

1 社会保険・労働保険の概要

1	社会保険の仕組み	84
2	社会保険・雇用保険加入手続	85
3	外国人雇用状況届	94
4	外国人従業員の扶養家族	96

2 いろいろなケースへの対応

1	アメリカ合衆国国籍（永住権取得）者を雇用する場合	103
2	エクスパッツとは	106
3	エクスパッツの社会保険の適用	108
4	社会保障協定締結国からのエクスパッツの場合	112
5	エクスパッツの労働保険の適用	118
6	エクスパッツの労働保険年度更新	120
7	インターンシップ生受け入れ時の留意点	123
8	技能実習生	129

第3章　会社等の設立・撤退・再編

1 会社設立

1　社会保険・労働保険・給与の事業所設置手続 …………………… 136
2　役員の労働保険 ………………………………………………………… 152

2 日本からの撤退

1　人員整理の際の注意点 ………………………………………………… 158
2　社会保険手続 …………………………………………………………… 164
3　労働保険の精算・申告手続 …………………………………………… 169
4　雇用保険手続 …………………………………………………………… 173
5　給与・賞与その他 ……………………………………………………… 183

3 企業再編

1　企業再編の際の労働条件 ……………………………………………… 187
2　合併の際の労働保険と社会保険手続 ………………………………… 192
3　事業譲渡の際の労働保険と社会保険手続 …………………………… 198
4　会社分割の際の労働保険と社会保険手続 …………………………… 200
5　企業再編の給与・年末調整 …………………………………………… 203
6　企業再編に伴う退職金 ………………………………………………… 207

4 各種調査

1　労働基準監督署の調査 ………………………………………………… 211
2　社会保険の調査 ………………………………………………………… 214
3　労働保険の調査 ………………………………………………………… 216

第4章　給与計算

1 給与・賞与計算

1　外国人の銀行口座の開設 ……………………………………… 220
2　外国人の氏名の給与ソフトへの登録 ………………………… 223
3　給与計算作業の流れ …………………………………………… 225
4　居住者と非居住者の区分 ……………………………………… 226
5　居住者の控除対象配偶者・海外在住の扶養家族 …………… 228
6　非居住者の源泉徴収・支払調書 ……………………………… 231
7　源泉徴収税額を誤って納付した場合の訂正手続 …………… 236
8　二重課税の防止 ………………………………………………… 239
9　経済的利益 ……………………………………………………… 243
10　グロスアップ計算 ……………………………………………… 246
11　支給金①　サインオンボーナス ……………………………… 252
12　支給金②　赴任支度金 ………………………………………… 255
13　支給金③　ホームリーブ費用・家族の来日費用 …………… 258
14　支給金④　外国人従業員の子女の教育費用 ………………… 260

2 年末調整

1　年末調整・確定申告 …………………………………………… 261
2　タックスイコライゼーション ………………………………… 265
3　住民税 …………………………………………………………… 267
4　税務調査の注意点 ……………………………………………… 269

第5章　在職中の手続

1　外国人の一時帰国時の医療費 ………………………………… 274

2	海外出産の際の健康保険の給付	279
3	育児休業給付金	286
4	社会保障協定の適用証明期間が満了した場合	288
5	外国人従業員が帰化した場合の手続	290

第6章　退職・帰国

1 給与計算等

1	帰国前・帰国後の給与・賞与	296
2	出国時の年末調整	299
3	自己都合退職後に帰国する場合	301
4	帰国時の住民税の支払い	304
5	退職金	307

2 退職後の社会保険

1	退職後日本に在住する場合	313
2	転出届・在留カードの返納	315
3	年金通算協定の確認	317
4	日本の年金の海外での受け取り	319
5	脱退一時金受給の要件	322
6	脱退一時金受給額の計算方法	325
7	エクスパッツからよく受ける質問	331

第7章　参考資料

英文様式例

○給与振込口座申請用紙 ……………………………………… 336

○交通費申請書 ·· 337
○休暇届 ·· 338
○家族状況等変更届 ·· 339
○退職届 ·· 340
○解雇通知書 ·· 341
○扶養控除等異動申告書 ·· 342

資料
○外国人労働者の雇用管理の改善等に関して事業主が適切に
　対処するための指針 ·· 343

索引 ·· 352

　本書記載の情報は，一部であり全てを網羅するものではありません。また，情勢や法改正により取扱いが変更になる可能性がありますので，運用の際は最新の情報をご確認ください。

第1章

採　用

　外国人従業員を採用する際には，まず在留資格の制度について理解を深めることが大切です。その他，年俸制の導入や労働条件の明示について，労働基準法その他の法令に接触しないよう注意が必要になります。また，労働条件通知書や就業規則は外国語のものを作成する等，従業員にとって働きやすい環境づくりをすることも大切です。
　この章では，平成24年7月から導入された新しい在留資格制度や，英文の労働条件通知書や就業規則等について説明します。

1 在留資格の確認

1　外国人労働者とは

　経済社会の国際化・グローバル化の進展に伴い，日本の企業や研究機関等において，今や外国人労働者は欠かせない存在となっています。特に，世界で通用する専門知識，技術等を有し，異なる文化等を背景とした発想が期待できる外国人労働者に対するニーズは高まっています。経済社会の活性化やさらなる国際化を図る観点から，専門的，技術的分野の外国人労働者の受入れは今後もより一層進むと思われます。

　厚生労働省が公表した，平成24年10月末現在の外国人雇用についての届出状況のまとめによると，日本で就労している外国人労働者の国籍は，中国が最も多く（外国人労働者全体の43.4％），次いでブラジル（14.9％），フィリピン（10.7％）の順となっています。

　在留資格別にみると，「永住者」，「日本人の配偶者等」，「永住者の配偶者等」，「定住者」等の身分に基づく在留資格が全体の45.2％を占めており，次いで技能実習生等の「技能実習」が19.7％，「専門的・技術的分野の在留資格」が18.2％となっています。専門的・技術的分野の外国人労働者は前年同期比で2.8％増加していることから，専門的な知識・技術を持つ外国人の雇用が拡大しているようです。

　外国人を雇用している事業所については，都道府県別では東京都が最も多く，次いで，愛知，大阪，神奈川，埼玉の順に多くなっています。

　また，事業所の規模は30人未満が最も多く，全体の53.3％となっています。ただし，どの規模の事業所においても外国人労働者の雇用は全体的に増加しており，500人以上の大規模事業所では前年同期比で4.4％増加と大きく伸びています。

Ⅰ 外国人労働者とは

　国籍法4条に「日本国民でない者（以下「外国人」という。）は，帰化によって，日本の国籍を取得することができる。」とあることから，日本国民とは日本の国籍を有する人のことをいい，外国人とは「日本国籍を有していない人」と解することができます。

　また，「外国人労働者の雇用管理の改善等に関して事業主が適切に対処するための指針」では，外国人労働者について『日本国籍を有しない者をいい，特別永住者並びに在留資格が「外交」及び「公用」の者を除くものとする。また，「外国人労働者」とは，外国人の労働者をいうものとする。なお，「外国人労働者」には，技能実習制度において「特定活動」の在留資格をもって雇用関係の下でより実践的な技術，技能等の修得のための活動を行う者（以下「技能実習生」という。）も含まれるものである。』と定義しています。

> ⚠ **ATTENTION**
> - もともとは日本国籍を持たない外国人であった人が，帰化により日本国籍を有することとなった場合は，「外国人」ではなく「日本人」と判断されることになります。
> - 二重国籍者（詳細は第1章② 「1　二重国籍について」をご参照ください）についても，日本国籍を有しているために，「外国人」ではなく「日本人」と判断されることになります。

Ⅱ 外国人労働者を取り巻く法令について

　平成19年10月1日の雇用対策法の改正により，外国人労働者（特別永住者及び在留資格「外交」・「公用」の者を除く）の雇入れや離職の際に，外国人労働者の氏名，在留資格，在留期間等について確認し，厚生労働大臣（ハローワーク）へ届け出ることが義務付けられました。

　また，平成24年7月9日から新しい在留資格制度がスタートしたことにより（詳細は第1章① 「4　新たな在留資格制度」をご参照ください），これまで出

入国管理及び難民認定法（入管法）に基づいて入国管理局が行っていた管理情報と，外国人登録法に基づいて市区町村が行っていた管理情報を，法務大臣が一元管理するようになりました。

　このように外国人労働者を取り巻く法令は徐々に整備されつつあります。

Ⅲ 外国人の雇用管理について

　厚生労働省の「外国人労働者の雇用管理の改善等に関して事業主が適切に対処するための指針」では，外国人労働者を常時10人以上雇用するときは，外国人労働者雇用労務責任者を選任するものとする，とされています。

　外国人労働者雇用労務責任者の職務は，
・　外国人労働者の雇用や労働条件等に関する事項についての管理
・　関係行政機関との連絡

などになり，原則として人事課長・労務課長など各事業所の管理職の中から選任することとされています。

　「外国人労働者の雇用管理の改善等に関して事業主が適切に対処するための指針」につきましては巻末資料をご参照ください。

2 在留資格とは

　日本に入国・在留する外国人は「出入国管理及び難民認定法」（入管法）が定める在留資格によって活動内容が規制されています。在留資格とは，外国人が日本に入国・在留して行うことのできる活動等をそのカテゴリにより分類したものになります。在留資格の詳細は入管法とその施行規則により規定されています。

　現在，入管法上の在留資格は27種類あります。種類別に大別すると
① 在留資格に定められた範囲内で就労が可能な在留資格
② 就労できない在留資格
③ 指定書記載の許可の内容により就労の可否が決められる在留資格
④ 就労に関する制約がない在留資格（身分又は地位に基づく在留資格）
になります。

　原則として単純労働を目的として外国人が入国・在留することは認められていませんが，就労に関する制約のない，身分又は地位に基づく在留資格を持っている外国人や，特例法に定める「特別永住者」は，活動内容に制限がないため単純労働も含めた就労が可能です。
　また，②の就労できない在留資格であっても資格外活動許可を受ければ，原則として1週28時間までのアルバイト程度の就労は可能になります（包括的許可の場合）。ただし，1週28時間までですのでフルタイム勤務はできず，風俗営業関連の業務に就くことは禁止されています。

Ⅰ 在留資格に定められた範囲内で就労が可能な在留資格

(「就労」欄　◎就労に制限なし，○一定範囲で就労可，△許可内容により就労可，×就労不可)

在留資格	本邦において行うことができる活動	該当例	在留期間	就労
外交	日本国政府が接受する外国政府の外交使節団若しくは領事機関の構成員，条約若しくは国際慣行により外交使節と同様の特権及び免除を受ける者又はこれらの者と同一の世帯に属する家族の構成員としての活動	外国政府の大使，公使，総領事，代表団構成員等及びその家族	外交活動の期間	○
公用	日本国政府の承認した外国政府若しくは国際機関の公務に従事する者又はその者と同一の世帯に属する家族の構成員としての活動（この表の外交の項に掲げる活動を除く。）	外国政府の大使館・領事館の職員，国際機関等から公の用務で派遣される者等及びその家族	5年，3年，1年，3月，30日，又は15日	○
教授	本邦の大学若しくはこれに準ずる機関又は高等専門学校において研究，研究の指導又は教育をする活動	大学教授等	5年，3年，1年，又は3月	○
芸術	収入を伴う音楽，美術，文学その他の芸術上の活動（この表の興行の項に掲げる活動を除く。）	作曲家，画家，著述家等	5年，3年，1年，又は3月	○
宗教	外国の宗教団体により本邦に派遣された宗教家の行う布教その他の宗教上の活動	外国の宗教団体から派遣される宣教師等	5年，3年，1年，又は3月	○
報道	外国の報道機関との契約に基づいて行う取材その他の報道上の活動	外国の報道機関の記者，カメラマン	5年，3年，1年，又は3月	○
投資・経営	本邦において貿易その他の事業の経営を開始し若しくは本邦におけるこれらの事業に投資してその経営を行い若しくは当該事業の管理に従事し又は本邦においてこれらの事業の経営を開始した外国人（外国法人を含む。以下この項において同じ。）若しくは本邦におけるこれらの事業に	外資系企業等の経営者・管理者	5年，3年，1年，又は3月	○

	投資している外国人に代わってその経営を行い若しくは当該事業の管理に従事する活動（この表の法律・会計業務の項に掲げる資格を有しなければ法律上行うことができないこととされている事業の経営若しくは管理に従事する活動を除く。）			
法律・会計業務	外国法事務弁護士，外国公認会計士その他法律上資格を有する者が行うこととされている法律又は会計に係る業務に従事する活動	弁護士，公認会計士等	5年，3年，1年，又は3月	○
医療	医師，歯科医師その他法律上資格を有する者が行うこととされている医療に係る業務に従事する活動	医師，歯科医師，看護師	5年，3年，1年，又は3月	○
研究	本邦の公私の機関との契約に基づいて研究を行う業務に従事する活動（この表の教授の項に掲げる活動を除く。）	政府関係機関や私企業等の研究者	5年，3年，1年，又は3月	○
教育	本邦の小学校，中学校，高等学校，中等教育学校，盲学校，聾学校，養護学校，専修学校又は各種学校若しくは設備及び編制に関してこれに準ずる教育機関において語学教育その他の教育をする活動	中学校・高等学校等の語学教師等	5年，3年，1年，又は3月	○
技術	本邦の公私の機関との契約に基づいて行う理学，工学その他の自然科学の分野に属する技術又は知識を要する業務に従事する活動（この表の教授の項，投資・経営の項，医療の項から教育の項まで，企業内転勤の項及び興行の項に掲げる活動を除く。）	機械工学等の技術者	5年，3年，1年，又は3月	○
人文知識・国際業務	本邦の公私の機関との契約に基づいて行う法律学，経済学，社会学その他の人文科学の分野に属する知識を必要とする業務又は外国の文化に基盤を有する思考若しくは感受性を必要とする業務に従事する活動（この表の教授の項，芸術の項，報道の項，投資・経営の項から教育の項まで，	通訳，デザイナー，私企業の語学教師等	5年，3年，1年，又は3月	○

	企業内転勤の項及び興行の項に掲げる活動を除く。)			
企業内転勤	本邦に本店，支店その他の事業所のある公私の機関の外国にある事業所の職員が本邦にある事業所に期間を定めて転勤して当該事業所において行うこの表の技術の項又は人文知識・国際業務の項に掲げる活動	外国の事業所からの転勤者	5年，3年，1年，又は3月	○
興行	演劇，演芸，演奏，スポーツ等の興行に係る活動又はその他の芸能活動（この表の投資・経営の項に掲げる活動を除く。）	俳優，歌手，ダンサー，プロスポーツ選手等	3年，1年，6月，3月又は15日	○
技能	本邦の公私の機関との契約に基づいて行う産業上の特殊な分野に属する熟練した技能を要する業務に従事する活動	外国料理の調理師，スポーツ指導者，航空機等の操縦者，貴金属等の加工職人等	5年，3年，1年，又は3月	○
技能実習	1号 イ 本邦の公私の機関の外国にある事業所の職員又は本邦の公私の機関と法務省令で定める事業上の関係を有する外国の公私の機関の外国にある事業所の職員がこれらの本邦の公私の機関との雇用契約に基づいて当該機関の本邦にある事業所の業務に従事して行う技能等の修得をする活動（これらの職員がこれらの本邦の公私の機関の本邦にある事業所に受け入れられて行う当該活動に必要な知識の修得をする活動を含む） ロ 法務省令で定める要件に適合する営利を目的としない団体により受け入れられて行う知識の修得及び当該団体の策定した計画に基づき，当該団体の責任及び監理の下に本邦の公私の機関との雇用契約に基づいて当該機関の業務に従事して行う技能等の修得をする活動	技能実習生	1年，6月又は法務大臣が個々に指定する期間（1年を超えない範囲）	○

	2号 イ 1号イに掲げる活動に従事して技能等を修得した者が，当該技能等に習熟するため，法務大臣が指定する本邦の公私の機関との雇用契約に基づいて当該機関において当該技能等を要する業務に従事する活動 ロ 1号ロに掲げる活動に従事して技能等を修得した者が，当該技能等に習熟するため，法務大臣が指定する本邦の公私の機関との雇用契約に基づいて当該機関において当該技能等を要する業務に従事する活動（法務省令で定める要件に適合する営利を目的としない団体の責任及び監理の下に当該業務に従事するものに限る。）			

■ 就労できない在留資格

在留資格	本邦において行うことができる活動	該当例	在留期間	就労
文化活動	収入を伴わない学術上若しくは芸術上の活動又は我が国特有の文化若しくは技芸について専門的な研究を行い若しくは専門家の指導を受けてこれを修得する活動（この留学の項から研修の項までに掲げる活動を除く。）	日本文化の研究者等	3年，1年，6月又は3月	×
短期滞在	本邦に短期間滞在して行う観光，保養，スポーツ，親族の訪問，見学，講習又は会合への参加，業務連絡その他これらに類似する活動	観光客，会議参加者等	90日，30日又は15日以内の日を単位とする期間	×
留学	本邦の大学，高等専門学校，高等学校（中等教育学校の後期課程を含む。）若しくは特別支援学校の高等部，専修学校若しくは各種学校又は設備及び編制に関してこれらに準ずる機	大学，短期大学，高等専門学校及び高等学校等の学生	4年3月，4年，3年3月，3年，2年3月，2年，1年	×

在留資格	本邦において行うことができる活動	該当例	在留期間	就労
	関において教育を受ける活動		3月, 1年, 6月又は3月	
研修	本邦の公私の機関により受け入れられて行う技術, 技能又は知識の修得をする活動 (この表の技能実習1号及び留学の項に掲げる活動を除く。)	研修生	1年, 6月又は3月	×
家族滞在	この表の教授から文化活動までの在留資格をもって在留する者 (技能実習を除く。) 又はこの表の留学の在留資格をもって在留する者の扶養を受ける配偶者又は子として行う日常的な活動	在留外国人が扶養する配偶者・子	5年, 4年3月, 4年, 3年3月, 3年, 2年3月, 2年, 1年3月, 1年, 6月又は3月	×

Ⅲ 許可の内容により就労の可否が決められる在留資格

在留資格	本邦において行うことができる活動	該当例	在留期間	就労
特定活動	法務大臣が個々の外国人について特に指定する活動	高度研究者, 外交官等の家事使用人, ワーキング・ホリデー, 経済連携協定に基づく外国人看護師・介護福祉士候補等	5年, 4年, 3年, 2年, 1年, 6月, 3月又は法務大臣が個々に指定する期間 (1年を超えない範囲)	△

Ⅳ 就労に関する制約がない在留資格（身分又は地位に基づく在留資格）

在留資格	本邦において行うことができる活動	該当例	在留期間	就労
永住者	法務大臣が永住を認める者	法務大臣から永住の許可を受けた者（入管特例法の「特別永住者」を除く。）	無期限	◎
日本人の配偶者等	日本人の配偶者若しくは民法（明治29年法律第89号）第817条の2の規定による特別養子又は日本人の子として出生した者	日本人の配偶者・実子・特別養子	5年，3年，1年又は6月	◎
永住者の配偶者等	永住者の在留資格をもって在留する者若しくは特別永住者（以下「永住者等」と総称する。）の配偶者又は永住者等の子として本邦で出生しその後引き続き本邦に在留している者	永住者・特別永住者の配偶者及び我が国で出生し引き続き在留している実子	5年，3年，1年又は6月	◎
定住者	法務大臣が特別な理由を考慮し一定の在留期間を指定して居住を認める者	インドシナ難民，日系3世，中国残留邦人等	5年，3年，1年，6月，又は法務大臣が個々に指定する期間（5年を超えない範囲）	◎

（法務省　入国管理局ホームページ，ハローワーク「外国人の雇用に関するQ&A」より）

3 在留資格・在留期限の確認方法

　平成19年の雇用対策法の改正により，外国人を雇い入れる企業は，外国人の在留資格や在留期限等の情報を確認し，ハローワークへ届出することが義務付けられています。
　この在留資格や在留期限等の情報は，在留カード，外国人登録証，旅券（パスポート）等で確認します。

◼ 在留カードでの確認方法

　在留カードは，平成24年7月9日に導入された新たな在留資格制度に伴い，中長期在留者に対し，上陸許可・在留資格の変更許可・在留期間の更新許可などの在留に係る許可に伴って交付されるものです。詳細は，第1章①「4　新たな在留資格」をご参照ください。
　なお，特別永住者には在留カードではなく特別永住者証明書が交付されます。

（カード表面）

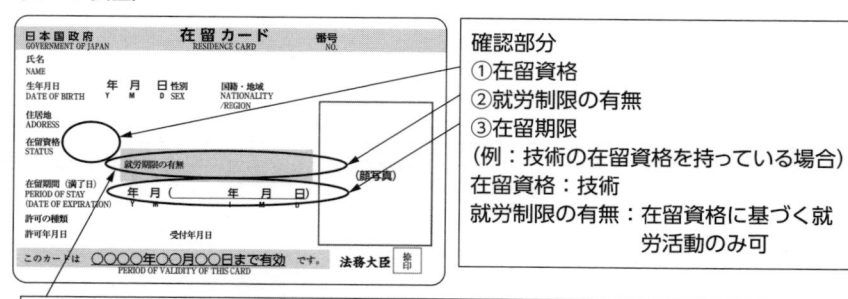

確認部分
①在留資格
②就労制限の有無
③在留期限
（例：技術の在留資格を持っている場合）
在留資格：技術
就労制限の有無：在留資格に基づく就労活動のみ可

「②就労制限の有無」の欄には下記のいずれかが記載されます。
・就労制限なし
・在留資格に基づく就労活動のみ可
・指定書記載期間での在留活動に基づく就労活動のみ可（在留資格「技能実習」）
・指定書により指定された就労活動のみ可（在留資格「特定活動」）
・就労不可

(カード裏面)

> 裏面の在留期間更新許可申請欄も必ず確認してください。
> 在留期間更新許可申請・在留資格変更申請許可をしたときに，申請中であることが記載されます。

④資格外活動
就労制限の有無の欄で「就労不可」と記載されていても，ここに明記された内容の範囲内で就労が可能です。
「留学」「研修」「家族滞在」「文化活動」「短期滞在」の在留資格で在留している場合は資格外活動許可を受けていない限り就労できません。

> ⚠ **ATTENTION**
>
> 就労制限の有無の欄に
> 「指定書記載機関での在留資格に基づく就労活動のみ可」（在留資格「技能実習」）
> 「指定書により指定された就労活動のみ可」（在留資格「特定活動」）
> 等のように記載されている場合は，在留カードや外国人登録証明書とは別に指定書の確認も必要です。

Ⅱ 外国人登録証明書での確認方法

　新たな在留管理制度の導入に伴い外国人登録制度は廃止されますが，一定期間，外国人登録証明書は在留カードとみなされます。

(カード表面)

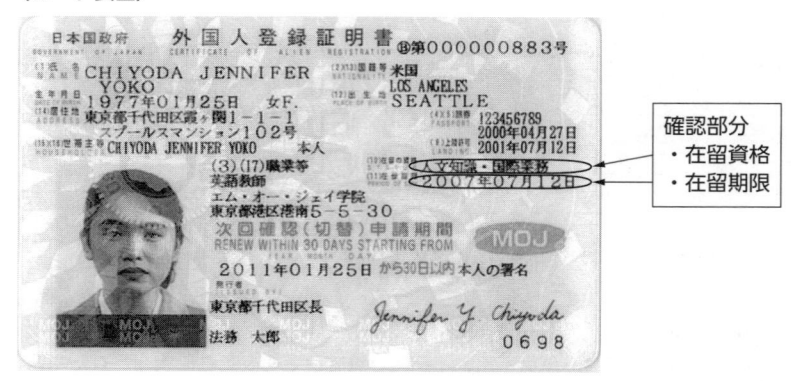

確認部分
・在留資格
・在留期限

(カード裏面)

在留期間の更新等，登録事項に変更等があった場合は裏面に手書きで記載されるため，必ず裏面も確認が必要です。

Ⅲ 上陸許可証印での確認方法

　外国人が日本入国の要件を満たしている場合，空港又は海港で旅券（パスポート）に貼付されるものです。日本で行うことのできる活動等を示す「在留資格」，日本に滞在することのできる期間である「在留期間」などが表示されます。

第1章 採用／1 在留資格の確認

```
JAPAN IMMIGRATION INSPECTOR
       上 陸 許 可
    LANDING PERMISSION
許可年月日
Date of Permit:

在留期限
Until:

在留資格
Status:

在留期間
Duration:
```

確認部分
・在留資格
・在留期限

4 新たな在留資格制度

> 新たな在留管理制度とは，平成24年7月9日からスタートした制度で，平成21年に可決・成立され，同年7月15日に公布された「出入国管理及び難民認定法及び日本国との平和条約に基づき日本の国籍を離脱した者等の出入国管理に関する特例法の一部を改正する等の法律」での改正点のうちの一つです。

新たな在留管理制度導入の背景には，事務の簡素化や外国人の不法滞在者・不法就労者等の監視を強化する目的がありますが，適法に在留する外国人に対しては在留期限の延長や再入国許可手続が不要になる等の利便性も向上しています。

Ⅰ 在留カードの交付

中長期在留者に対し，上陸許可や，在留資格の変更許可，在留期間の更新許可などの在留に係る許可に伴って交付されるカードです。

従来の外国人登録証明書では，就労資格証明書や資格外活動許可証を別途確認する必要がありましたが，新しい制度では在留カード一枚である程度確認できるようになりました。

ただし，在留資格「技能実習」「特定活動」等については別途，指定書の確認が必要になります。

中長期在留者とは，入管法上の在留資格を持って我が国に中長期間在留する外国人で，具体的には次の①～⑥のいずれにもあてはまらない人になります。

① 「3月」以下の在留期間が決定された人
② 「短期滞在」の在留資格が決定された人
③ 「外交」又は「公用」の在留資格が決定された人
④ ①から③の外国人に準じるものとして法務省令で定める人

⑤　特別永住者
⑥　在留資格を有しない人

在留カードの記載事項は，以下のとおりです。
①　氏名，生年月日，性別及び国籍（又は入管法2条5号ロに規定する地域）
②　住居地（本邦における主たる住居の所在地）
③　在留資格，在留期間及び在留期間の満了の日
④　許可の種類及び年月日
⑤　在留カードの番号，交付年月日及び有効期間の満了の日
⑥　就労制限の有無
⑦　資格外活動許可を受けているときはその旨

　外国人登録証明書に記載されていた通称名，出生地，国籍の属する国における住所又は居所，世帯主の氏名，世帯主との続柄，旅券番号，旅券発行の年月日，上陸許可年月日，職業，勤務先，勤務先住所，署名は記載されません。
※　外国人登録制度では，不法滞在者についても登録の対象となっていたため，在留の資格がない外国人にも，外国人登録の申請義務がありました（この場合，外国人登録証明書の「在留の資格」欄には，大きく赤字で「在留の資格なし」と記載されます）。
　　ただし，新しい在留管理制度では不法滞在の外国人の方は対象とはなりません。不法滞在の状態にある外国人は，速やかに入国管理官署に出頭して手続を受ける必要があります。

II　外国人登録制度の廃止

　新しい在留管理制度の導入により，外国人登録制度は廃止されました。
　ただし，新しい在留管理制度の導入後，地方入国管理官署での手続や市区町村での住居地関係の手続において一定の期間，外国人登録証明書は在留カードとみなされるため，在留カードが交付されるまで引き続き所持が必要です。中長期在留者は，新たな在留カードの交付を伴う各種届出・申請の際に，在留カードに切り替えるほか，本人の希望により地方入国管理官署で切り替えることができます。

Ⅲ 「外国人登録証明書」が在留カードとみなされる期間

　施行日（平成24年7月9日）時点において外国人が有する在留資格及びその年齢により，外国人登録証明書が在留カードとみなされる期間は次のようになります。

　外国人登録証明書に記載されている次回確認申請期間よりも短い場合があるため留意が必要です。

① 永住者
　16歳以上：2015年（平成27年）7月8日まで
　16歳未満：2015年（平成27年）7月8日又は16歳の誕生日のいずれか早い日まで

② 特定活動
　16歳以上：在留期間の満了日又は2015年（平成27年）7月8日のいずれか早い日まで
　16歳未満：在留期間の満了日，2015年（平成27年）7月8日又は16歳の誕生日のいずれか早い日まで

※特定研究活動等により「5年」の在留期間を付与されている者に限ります。

③ それ以外の在留資格
　16歳以上：在留期間の満了日
　16歳未満：在留期間の満了日又は16歳の誕生日のいずれか早い日まで

Ⅳ 在留期間の上限を3年から最長5年へ延長

　在留期間の上限が最長「5年」となったことにより，各在留資格に伴う在留期間が次のように追加されます。

在留資格	在留期間
「技術」,「人文知識・国際業務」等の就労資格(「興行」,「技能実習」を除く)	5年, 3年, 1年, 3月(注)
「留学」	4年3月, 4年, 3年3月, 3年, 2年3月, 2年, 1年3月, 1年, 6月, 3月(注)
「日本人の配偶者等」,「永住者の配偶者等」	5年, 3年, 1年, 6月

(注) 当初から3月以下の在留を予定している場合があることから,新たに「3月」の在留期間を設けています。この場合,新しい在留管理制度の対象とはならず,在留カードは交付されません。

Ⅴ みなし再入国許可制度の導入(1年以内の再入国の場合,再入国許可手続不要)

　有効な旅券及び在留カードを所持する外国人が,出国後1年以内に本邦での活動を継続するために再入国する場合は,出国の際に在留カードを提示することにより,原則として再入国許可を受ける必要がなくなります。

> **⚠ ATTENTION**
>
> 　在留期限を海外で延長することはできません。在留期限が出国後1年未満に到来する場合は,その在留期限までに日本に再入国する必要があります。
> 　また,みなし再入国許可制度によって出国しても,出国の期間が1年を超えたときは在留資格が失われるため,出国期間が1年を超えることが予想される場合は,従来どおり再入国許可手続が必要です。

　次の方は,みなし再入国許可制度の対象となりません。
- 在留資格取消手続中の者
- 出国確認の留保対象者
- 収容令書の発付を受けている者
- 難民認定申請中の「特定活動」の在留資格を持って在留する者
- 日本国の利益又は公安を害するおそれがあること　その他の出入国の公正

な管理のため再入国の許可を要すると認めるに足りる相当の理由があるとして法務大臣が認定する者

Ⅵ 再入国許可の有効期間の上限の延長

再入国許可は，有効期間の上限が「3年」から「5年」に伸長されます。

5 就労資格証明書

就労資格証明書は，就労可能な身分であることを証明する証明書で，在留カードや外国人登録証明書にはない情報を参照することができます。

Ⅰ 就労資格証明書とは

　日本に在留する外国人が行うことができる収入を伴う事業を運営する活動又は報酬を受ける活動を法務大臣が証明する文書です。

　本人の希望により交付される文書のため，就労する外国人が必ず所持していなければならないものではありません。よって就労資格証明書を提出しないことを理由として，事業主が外国人労働者に対して不利益な取り扱いをすることは禁じられています（入管法19条の2第2項）。

Ⅱ 就労資格証明書の必要性

　外国人が日本で合法的に就労できるかどうかについては，旅券に押された上陸許可証印等のほか，在留カード・外国人登録証明書や資格外活動許可書で確認できます。

　しかし，具体的にどのような活動が認められているかについては，入管法の別表に記載されている各在留資格に対応する活動を参照しないとわかりづらい場合もあります。

　そこで，入管法では，雇用主等と外国人の双方の利便を図るため，外国人が希望する場合には，その者が行うことができる就労活動を具体的に示した就労資格証明書を交付できることとし，雇用しようとする外国人がどのような就労活動を行うことができるのか容易に確認できるようにしています。

日本国政府法務省

番　号＿＿＿＿＿

就 労 資 格 証 明 書

氏　名

国　籍

　　　　年　　　月　　　日生（男・女）

旅券番号

外国人登録証明書番号　　　　　　（　　　）

在留資格（在留期間）

　上記の者は，本邦において下記の活動を行うことが認められていることを証明します。

記

◎　活動の内容

◎　就労することができる期限

　　　　　年　　　月　　　日　まで

　　　　　　　　年　　　月　　　日

　　　　　　　　入　国　管　理　局　長

（注）本証書の所持人の確認は，旅券又は外国人登録証明書により行ってください。

（注）用紙の大きさは，日本工業規格A列5番とする。

6 資格外活動許可

> 留学生等，就労できない在留資格を持つ外国人をアルバイトとして雇う場合等は「資格外活動許可」の確認が必要です。

　外国人が，許可された在留資格に応じた活動以外で，収入を伴う事業を運営する活動又は報酬を受ける活動を行おうとする場合には，あらかじめ入国管理局から資格外活動の許可を受ける必要があります。

　例えば留学生の場合は「留学」の在留資格のままではアルバイトを行うことはできませんが，資格外活動許可を受けると就労可能時間内でのアルバイトが可能になります。なお，資格外活動許可を受けないままアルバイトを行った場合は，不法就労になってしまうため，必ずアルバイトを始める前に資格外活動許可を受けておく必要があります。

Ⅰ 「留学」「家族滞在」「特定活動」の在留資格を持っている場合

　次のケースでは就労先を特定せずに申請できます。
- 「留学」及び「家族滞在」の在留資格を持っている方
- 本邦の大学等を卒業した外国人で，就職活動を行っており，かつ，大学等による推薦があることから在留資格「特定活動（継続就職活動）」をもって在留する方が，大学等からの推薦状を添えて資格外活動許可申請があったとき

Ⅱ 「文化活動」の在留資格を持っている場合

　就労先が内定した段階で勤務先や仕事内容を届け出ることにより個別に申請します。

　資格外活動許可は，証印シール（旅券に貼付）又は資格外活動許可書の交付

のいずれかにより受けられます。

「新たに許可された活動内容」の欄には,
・　包括的許可　⇒　活動時間が週28時間以内であること及び活動場所において風俗営業等が営まれていないこと
・　個別的許可　⇒　雇用主である企業等の名称,所在地等

が,それぞれ記載されることになっています。

また,在留カードの裏面には資格外活動許可の要旨が記載されます。

図表 資格外活動許可を受けた場合の就労可能時間

		許可の区分	就労可能時間	
			一週間の就労可能時間	教育機関の長期休業中の就労可能時間
留学生※	大学等の学部生及び大学院生	包括的許可	一律28時間以内	一日につき8時間以内
	大学等の聴講生・専ら聴講による研究生			
	専門学校等の学生			
家族滞在				
特定活動 (継続就職活動若しくは内定後就職までの在留を目的とする者又は,これらの者にかかる家族滞在活動を行う者)				
文化活動		個別的許可	許可の内容を個別に決定	

（ハローワーク「外国人の雇用に関するQ&A」より）

※　留学生は,在籍する教育機関が定める長期休業期間中は一日8時間以内の就労が可能です。

第1章 採用／[1] 在留資格の確認

日本国政府法務省

資格外活動許可書

許可番号　　　　号

1　国　籍　_____　　2　氏　名　_____

3　性別　男・女　　　　4　生年月日　　　年　　月　　日

5　日本における居住地　_____

6　旅　券（番　号）　_____

7　上陸（在留）許可年月日　　　　年　　月　　日

8　現に有する在留資格　_____　在留期間　____　在留期間満了日　　年　月　日

9　外国人登録証明書番号　_____

10　現在の在留活動の内容（受入れ機関がある場合にはその名称）

　　_____

11　新たに許可された活動の内容

12　許可の期限　　　　　　　　年　　月　　日　まで

　出入国管理及び難民認定法第19条第2項の規定に基づき，上記の活動内容に従事することを許可します。

　ただし，上記の活動を行う際は，本許可書を携帯しなければなりません。

年　　月　　日

入　国　管　理　局　長

（注）用紙の大きさは，日本工業規格A列5番とする。

（厚生労働省ホームページより）

7 特定活動

> 特定活動の在留資格を持つ外国人を雇用する際には「指定書」で活動内容の確認が必要です。

　在留資格の一つである「特定活動」とは，法務大臣が個々の外国人について指定する活動を行うことができます。例としては，下記になります。
・　高度研究者
・　難民認定申請中の者
・　卒業後就職活動を行う留学生
・　外交官等の家事使用人
・　ワーキング・ホリデー
・　アマチュアスポーツ選手
・　経済連携協定に基づく外国人看護師・介護福祉士候補等

　「特定活動」の在留資格を持つ外国人にはその活動を記載した「指定書」が交付されています。よって，日本国内で適法に就労できるかどうかは「指定書」の内容を確認することにより判断できます。
　特定活動の在留資格で上陸許可を受けた場合には，旅券（パスポート）に貼付する上陸許可証印シールの付近に指定書が添付されます。入国・在留後に在留資格変更許可等により指定書を交付する場合には，旅券や在留カードに添付せずそのまま指定書を交付します。紛失防止等の理由により外国人が旅券への添付を希望した場合には，旅券への添付も可能です。

日本国政府法務省

指　　定　　書

氏名　［　　　　　　　　　　］

国籍　［　　　　　　　　　　］

　出入国管理及び難民認定法別表第一の五の表の下欄の規定に基づき上記の者が本邦において行うことができる活動を次のとおり指定します。

日　本　国　法　務　大　臣

（注）　用紙の大きさは、日本工業規格A列5番又はA列6番とする。

（入国管理局ホームページより）

8 高度人材に対するポイント制

イギリス・カナダ・オーストラリア等の国で導入されてきたポイント制が，平成24年5月から日本でも導入されました。ポイント制は，外国人労働者数を増やすためではなく，日本に貢献が認められる外国人を優遇することが目的とされています。

Ⅰ 高度人材に対するポイント制による優遇制度とは

平成24年5月7日から開始された制度で，現行の外国人受入れの範囲内で，高度人材（現在でも就労が認められている外国人のうち，高度な資質・能力を有すると認められる者）の受入れを促進するため，ポイントの合計が一定点数に達した者を「高度人材外国人」とし，出入国管理上の優遇措置を講ずる制度です。優れた能力や技術等を持つ外国人が日本で活動しやすい環境を整備して，高度人材を積極的に日本に誘致することを目的としています。

Ⅱ 評価の方法

申請人本人の希望に応じ，高度人材外国人の活動内容を
① 学術研究活動
② 高度専門・技術活動
③ 経営・管理活動

の三つに分類し，それぞれの活動の特性に応じて，「学歴」，「職歴」，「年収」，「研究実績」などの項目ごとにポイントを設定し，評価を実施します。

Ⅲ 優遇措置

評価の結果70点以上獲得すると高度人材外国人とされ，次の特典が与えられます。
① 複合的な在留活動の許容

② 「5年」の在留期間の付与
③ 在留歴に係る永住許可要件の緩和
④ 入国・在留手続の優先処理
⑤ 配偶者の就労
⑥ 親の帯同
⑦ 高度人材に雇用される家事使用人の帯同

Ⅳ 手　続
１．これから入国する外国人の場合
　高度人材ポイント制は，就労資格を取得できない外国人はそもそも対象となりません。そこで，就労資格が取得できるかどうかを在留資格認定証明書※の審査により判断し，証明書が交付される人についてのみ，ポイント制によるポイント計算を行い，点数が合格点に達した人を「高度人材」と取り扱うこととします。
１．入国管理局に就労資格に関する在留資格認定証明書の交付申請をします。（「外交」，「公用」及び「技能実習」の在留資格は対象外）。申請の際に自己採点した「ポイント計算書」に資料を添えて提出します。
２．審査の結果，就労資格による入国が可能，かつ，ポイントが合格点以上であることが確認された場合は，ポイントの合計点や高度人材としての活動類型が付記された在留資格認定証明書が交付されます。
３．交付された在留資格認定証明書を添えて在外公館に査証申請し，査証が発給されれば，当該在留資格認定証明書及び査証を所持して，上陸申請することになります。

※　在留資格認定証明書とは，日本に入国する予定の外国人が日本で行おうとする活動について，入国管理法で定められた在留資格のいずれかに該当する活動であることを，法務大臣があらかじめ証明した文書です。在留資格認定証明書があると，海外の日本大使館・領事館での査証（ビザ）の取得及び日本の空港での上陸審査が容易になります（査証（ビザ）取得・上陸許可を必ず保証するものではありません）。なお「短期滞在」「永住者」の在留資格は対象外となります。
　詳細は「在留資格証明書」をご参照ください。

２．既に日本に在留し，就労資格を持っている場合

高度人材としての在留資格「特定活動」への変更申請をします。

就労内容が高度人材としての活動に該当するかどうか，ポイント計算の結果が合格点に達するかどうか，これまでの在留状況に問題がないか等，所定の要件の審査を経て，いずれも満たしていると認められれば，在留資格変更許可を受けることが可能です。

Ⅴ 外国人雇用状況届の記載

雇用対策法28条により，外国人の雇入れと離職の際には外国人雇用状況届の提出が必要になります。外国人雇用状況届の詳細については，「外国人雇用状況届」をご参照ください。

なお，既に雇用している外国人従業員が高度人材と認められた場合に，その旨をハローワークへ届出する必要はありません。

〈「在留資格」の欄の記載方法〉

在留カードでは「高度学術研究活動」「高度専門・技術活動」「高度経営・管理活動」のどれにあたるかの記載はありません。よって在留カードに加えて「指定書」を確認します。

外国人雇用状況報告書に記載する事項

	指定書記載内容	外国人雇用状況届の「在留資格」欄の記載事項
高度人材外国人	高度学術研究活動	特定活動（高度学術研究活動）
	高度専門・技術活動	特定活動（高度専門・技術活動）
	高度経営・管理活動	特定活動（高度経営・管理活動）
配偶者	高度人材外国人の就労する配偶者	特定活動（高度人材の就労配偶者）
	高度人材外国人の扶養を受ける配偶者又は子	特定活動（その他） ※資格外活動許可事実を確認し、「有」に○をしてください。

（法務省入国管理局，厚生労働省ホームページより）

9　在留資格認定証明書

外国人を呼び寄せて雇用する際に在留資格認定証明書があると，ビザ（査証）の発給や上陸審査を迅速に行うことが可能になります。

I　ビザ（査証）とは

外国人が就労や長期滞在を目的として日本に入国する場合は，自国に置かれている日本の大使館や領事館にビザ（査証）の発給申請を行う必要があります。

ビザが発給されると，旅券（パスポート）に査証の印が押されます。この査証印は，その外国人が持っている旅券が有効であり，ビザに記載された条件により入国することに支障がないという意味を持っています。

なおビザを所持していることは，あくまでも入国要件の一つであるため，必ずしも入国を保証するものではありません。

II　在留資格認定証明書

海外に置かれている日本の大使館や領事館では事情がよくわからないために，ビザの発給のための審査に数ヶ月単位で時間がかかることがあります。

そのため，入管法では，外国人が「短期滞在」以外の在留資格で我が国に上陸しようとする場合に，申請に基づき法務大臣があらかじめ在留資格に関する上陸条件の適合性を審査し，その外国人の行おうとする活動の在留資格の該当性を証明する在留資格証明書を発給できることを定めています。

在留資格認定証明書を交付された外国人は，在留資格について法務大臣の事前審査を終えているものとして扱われるため，日本国領事館等に提示して査証の発給申請をすると，ビザの発給が迅速に行われます。

また，上陸審査の際に在留資格認定証明書を提示すると，入国審査官から在留資格に関する上陸条件に適合する者として取り扱われるので，上陸審査も簡易かつ迅速に行われます。

※ 在留資格認定証明書の有効期間は3ヶ月となっています。交付を受けてから3ヶ月以内に入国（上陸の申請）をしなければ無効となります。

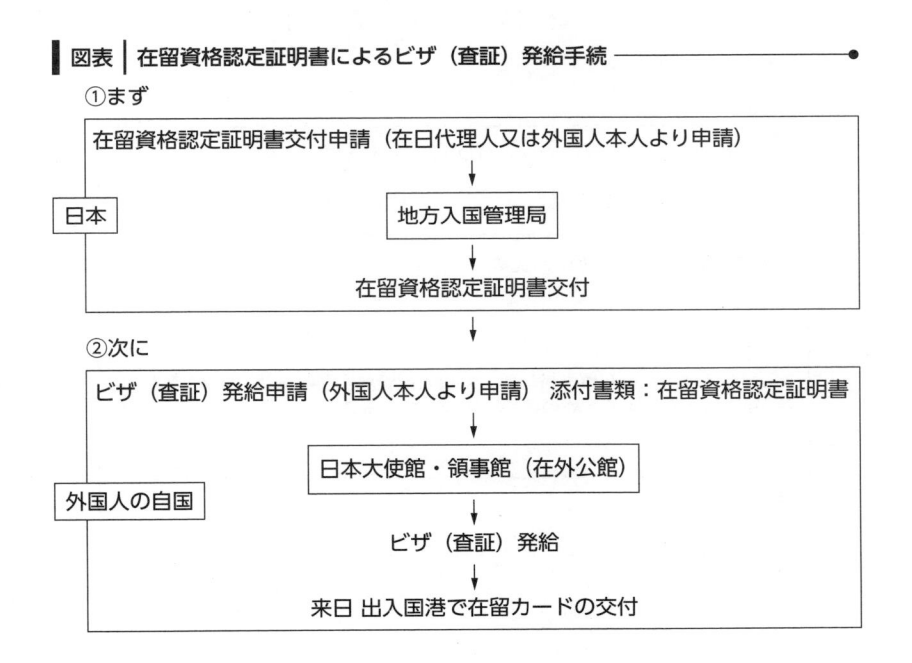

図表　在留資格認定証明書によるビザ（査証）発給手続

①まず

【日本】

在留資格認定証明書交付申請（在日代理人又は外国人本人より申請）
↓
地方入国管理局
↓
在留資格認定証明書交付
↓

②次に

【外国人の自国】

ビザ（査証）発給申請（外国人本人より申請）　添付書類：在留資格認定証明書
↓
日本大使館・領事館（在外公館）
↓
ビザ（査証）発給
↓
来日　出入国港で在留カードの交付

別記第6号の4様式（第6条の2関係）（表）

在 留 資 格 認 定 証 明 書

日本国政府法務省

番号No.

氏　　名		性別　男　女	写真
国　　籍	生年月日　年　月　日		

日本での職業及び勤務(通学)先等

　上記の者は，次の在留資格に関して出入国管理及び難民認定法第7条第1項第2号に掲げる上陸のための条件に適合していることを証明します。

在留資格

（　　　　　）

年　　月　　日
入　国　管　理　局　長

（注　意）
1　本証明書は，上陸の許可そのものではなく，本証明書を所持していても，在外公館において査証を取得していなければ上陸を許可されません。

2　本証明は，上記の年月日から3月以内に査証と共に入国審査官に提出して上陸の申請を行わないときは，効力を失います。

3　本証明は，上陸の許可を保証するのではなく，他の上陸のための条件に適合しない場合又は事情の変更があった場合は上陸を許可されないことがあります。

（注）用紙の大きさは，日本工業規格A列5番とする。

10 在留資格の変更

> 在留資格変更の手続を怠ると不法就労になる可能性があるため注意が必要です。

　在留資格を有する外国人が，当初の在留目的を変更して別の在留資格に該当する活動を行おうとする場合は，法務大臣に対して在留資格の変更許可申請を行い，新しい在留資格に変更するための許可を受ける必要があります。

　在留資格変更許可が必要な場合の例は次のようになります。

I 企業が留学生を雇い入れた場合

「留学」 ⇒ 該当する就労系の在留資格

　入社日時点で就労できる在留資格を取得できていない場合，そのまま就労させてしまうと不法就労になってしまうため，就労資格を取得できるまで入社を延期しなければなりません。
　このような事態にならないよう，在留資格変更の手続は早めに行うことが必要です。
　申請は東京入国管理局では卒業年度の12月から，その他の地方入国管理局では1月から受け付けています。

II 在留資格を持って日本で暮らしている外国人が，日本人（又は永住者）と結婚した場合

それまでの在留資格 ⇒ 「日本人の配偶者等」・「永住者の配偶者等」

就労内容等の制限がなくなるメリットがあります。

Ⅲ 「日本人の配偶者等」・「永住者の配偶者等」の在留資格を持っている外国人が離婚した場合

「日本人の配偶者等」・「永住者の配偶者等」 ⇒ 取得可能な他の在留資格

　新しい在留管理制度では，日本人と結婚して日本人の配偶者等の在留資格で日本に在留する外国人が配偶者と離婚や死別をした場合，14日以内に入国管理局に届け出なければなりません。その上で，配偶者としての活動を6ヶ月以上行わないで在留した場合，配偶者の在留資格は取り消しになります。

　離婚後も養育者として子供と同居して養育している場合には，親権の有無にかかわらず「定住者」の在留資格へ変更が認められる場合があります。ただし，子供を施設に入れていたり，本国に連れ出し現地の家族が養育していたりする場合には，定住者としての在留資格は認められません。

　なお，離婚前に既に永住者の在留資格を取得している場合には，離婚によって資格が変更することはなく，離婚後も永住者として引き続き日本に在住することが可能です。

11 不法就労助長罪

外国人を不法に就労させた場合，外国人本人だけではなく企業側にも罰則があります。

I 不法就労とは：外国人本人に該当

次のような場合を不法就労といいます。
① 不法に入国・上陸したり，在留期間を超えた後も不法に残留したりする等により，正規の在留資格を持たない外国人が行う収入を伴う活動
② 正規の在留資格を持っている外国人でも，資格外活動許可を受けずに，在留資格以外の収入を伴う事業を運営する活動又は報酬を受ける活動

よって，例えば「人文知識・国際業務」のような正規の在留資格を持っている場合でも，「人文知識・国際業務」としての活動をせず「技術」の在留資格としての活動を行っている場合も在留資格変更の許可や資格外活動許可を受けていないと不法就労になります。

また，留学生等の在留資格で資格外活動許可を取っていない者がアルバイト等の就労をしたり，資格外活動許可を持っている場合でも許可されている時間以上に働いたりすると不法就労となるため注意が必要です。

よくある不法就労の例
① オーバーステイ：いつのまにか在留期限が切れていた
⇒期限が切れてから気が付くことのないよう，雇用している外国人の在留期限を定期的に確認し，早めに更新手続を済ませるようにしましょう。
② 在留資格で許容する活動範囲を超えた業務をさせていた：
⇒人事異動や，外国人に新しい業務を依頼する場合などは，必ず在留資格を確認し，必要があれば在留資格の変更手続や資格外活動許可申請をしておくようにしましょう。

II 不法就労助長罪とは：企業に該当

入管法の73条の2では，
① 事業活動に関し，外国人に不法就労活動をさせた者
② 外国人に不法就労活動をさせるためにこれを自己の支配下に置いた者
③ 業として，外国人に不法就労活動をさせる行為又は前号の行為に関しあっせんした者

のいずれかに該当する者は，3年以下の懲役若しくは300万円以下の罰金に処し，又はこれを併科する，となっています。

つまり，外国人の不法就労が発覚した場合，その外国人本人はもちろん罰せられますが，不法就労させた企業側も不法就労助長罪として罰せられます。雇用主の過失により，外国人が不法就労をしていることを知らなかったときにも処罰を免れないことがあるため，雇用している外国人の在留資格や在留期限を確認し，適切に管理していくことが必要です。

12 在留資格・在留期限の情報管理

「不法就労助長罪」で罰則の対象とならないために、企業側も従業員の採用時のみ在留資格・在留期限の確認をするのではなく、定期的に確認をしておく必要があります。

■ 在留期限の更新

在留カードは運転免許証のように、在留期限が近付いた時に自動的に通知を送ってもらえるものではないため、在留期間の更新申請を忘れずにしておく必要があります。

なお、外国人登録証明書は市区町村への切替交付申請の時期と在留期限が一致していませんでしたが、在留カードでは基本的に在留期間の満了日と在留カードの有効期間の満了日が同日となるため、外国人にとっても管理がしやすくなると思われます。

在留資格更新については、在留期間満了日のおおむね3ヶ月前から在留期間の更新する日までに、居住地を管轄する地方入国管理局に「在留更新許可申請書」とその他の添付書類を提出して手続します。

なお、在留期間内に更新申請をしている場合でも、在留期間内に更新の許可若しくは不許可等の結果が出ない場合もあります。このように在留資格更新の申請に対する許可が在留期間の満了日までにされないときは、その在留期間の満了後も、許可がされる日又は従前の在留期間満了の日から2ヶ月を経過する日のいずれか早い日までは、元の在留資格で日本に在留が可能です。

ただし、更新が許可されなかった場合には、それ以降の就労（雇用）はできなくなります。

II 在留資格の確認

人事異動等で外国人が在留目的を変更して別の在留資格に該当する活動を行おうとする場合に、在留資格の変更許可申請を行う必要があります。

なお、在留資格変更申請をしても不許可だった場合は、人事異動は中止する必要があります。不許可だったにもかかわらず企業が外国人従業員に異動先の業務を遂行させた場合は、不法就労助長罪に該当してしまうため注意が必要です。

III 所属機関に変更があった場合

「人文知識・国際業務」「技術」等の就労資格（「芸術」,「宗教」及び「報道」を除く）や「留学」等の学ぶ資格を持って在留する外国人が、所属機関（雇用先や教育機関）の名称変更、所在地変更、消滅、離脱（契約終了）、移籍（新たな契約締結）が生じた場合には、14日以内に地方入国管理官署への出頭又は東京入国管理局への郵送により法務大臣に届出が必要です。

IV 家族状況に変更があった場合

新しい在留管理制度の導入に伴い、配偶者として「日本人の配偶者等」、「永住者の配偶者等」の在留資格で在留する外国人が、正当な理由がなく、配偶者としての活動を6ヶ月以上行わないで在留すると、在留資格が取り消されることになります。

V 住所地の届出

住所地を変更したときは、移転した日から14日以内に在留カードを持参の上で、移転先の市区町村窓口へ届出が必要です。なお、新たに追加された在留資格取消事由に「上陸後90日以内に住所地の届出をしないこと」「届け出た住所地から退去してから90日以内に新住所地の届出をしないこと」、などがあるため届出を忘れないよう留意が必要です。

配偶者との離別や死別等の家族状況や住所の変更については，毎年の年末調整の時期に扶養控除等異動申告書を提出してもらうことでも確認は可能です。ただし年一回の確認のみでは，会社での対応が遅れてしまい，結果として不法就労の外国人を雇ってしまうことになりかねない可能性があります。また，健康保険上での扶養家族変更の手続が遅れることにより，医療費の清算の問題が生じることもあります。

よって，家族関係や住所等に変更事項があった場合には，速やかに会社に申出する旨を就業規則に記載の上，日頃から従業員に周知させておくようにしておくと対応遅れのリスクを減らすことができます。

就業規則記載例：
第○条（各種申出義務）　従業員は，次の事項に該当する場合は，あらかじめ，又は異動が生じた日から2週間以内に会社に申し出なければならない。
(1)　氏名
(2)　現住所，通勤経路の変更
(3)　扶養家族の変更
(4)　「日本人の配偶者等」「永住者の配偶者等」の在留資格を持つ外国人が，離婚や死別等により在留資格の変更を要する場合
2　申出に遅滞があった際の不利益は，原則として従業員が負うものとする。

Ⅵ 在留資格の管理

外国人従業員の多い企業等では，従業員それぞれの在留資格や在留期限の定期的な確認や，更新手続などの作業量が多いこともあると思われます。

そういった場合は，行政書士等の専門家にアウトソースするのも一法です。外国人従業員の在留資格・在留期限の情報の確認や在留資格の更新手続等を効率よく対応してもらうことも可能ですし，法改正情報や管理上の注意事項等についてタイムリーにアドバイスを受けることも可能です。

13 外国人の住民票制度

平成24年7月9日の住民基本台帳法の改正により、外国人にも住民票が作成されるようになりました。

　日本に居住者する外国人の情報は、かつては外国人登録法に基づいて各市区町村の外国人登録原票に記載されるシステムになっており、住民票には記載されていませんでした。

　平成24年7月9日からは新たな在留資格制度が導入されたことにより、外国人登録法は廃止され、外国人も日本人と同様に住民基本台帳法の対象となり、住民票が作成されるようになりました。これにより外国人と日本人で構成される複数国籍世帯については、世帯全員が記載された住民票が発行できるようになりました。外国人の方を世帯主として世帯全員の住民票を発行することも可能です。

Ⅰ 住民票作成の対象になる外国人

① 中長期滞在者（在留カード交付対象者）…適法な在留資格を有し、在留期間が3ヶ月を超える方。

② 特別永住者…入管特例法に定められている特別永住者の方。

③ 一時庇護許可者又は仮滞在許可者…入管法の定めにより、一時庇護のための上陸を許可された外国人や、難民認定申請を行い、仮の滞在を許可された外国人。

④ 出生又は国籍喪失による経過滞在者…日本で生まれたり、日本国籍を失ったりしたことにより日本に滞在することになった外国人の方。当該事由が発生してから60日に限り、在留資格を有することなく在留することができます。

Ⅱ 住民票の対象にならない外国人

下記の方は，住民票の対象となりません。
① 3ヶ月以下の在留期間が決定された方
② 短期滞在の在留資格が決定された方
③ 外交又は公用の在留資格が決定された方
④ その他，法務省令で定めるものに該当する方
⑤ 在留資格を有しない方（不法滞在，オーバーステイなど）
※ 住民票制度の対象にならない外国人の方は，印鑑登録の資格も有しなくなります。

Ⅲ 住民票への記載事項

氏名，生年月日，性別，住所等の基本事項，国民健康保険等の被保険者に関する事項のほか，国籍等，在留資格，在留期間等も記載されます。

なお，在留カードには通称名は記載されませんが，住民票には登録されている通称名が記載されます。

Ⅳ 転出届

外国人の方が他市町村へ引越しする場合や国外へ転出する場合，今までは転出届は不要でしたが，住民票制度の適用によって転出届の提出が必要になりました。

- 国内の引越しの場合：交付された転出証明書と在留カード又は特別永住者証明書を持って，転入地で転入の届出をします。
- 国外へ転出する場合：転出の届出とあわせて，出国時に入国管理局へ在留カードを返納します。

Ⅴ 健康保険の扶養認定手続等の実務上での変更点

外国人登録証は，外国人1人ずつについてのみ発行されていました。よって，健康保険の扶養認定等で，外国人の家族関係を証明する必要がある場合等は，外国人である家族それぞれの外国人登録証を提出してもらい，世帯主名が一致

しているか照合する方法で家族関係の確認を取っていたことも多かったと思います。

　住民票制度が適用されることにより，同居している家族であれば世帯全員の住民票1通の提出で確認できるようになったため，健康保険の扶養認定等の事務手続の簡略化にもつながると思われます。

2 雇用契約の際の注意点

1 二重国籍について

インターンシップ生や新卒等，22歳未満の比較的年齢が若い人の中には二重国籍の方がいることもあります。

Ⅰ 二重国籍とは

　日本人夫婦から生まれた子供でも，その国で生まれた者の全てに国籍を与える生地主義を採る国（アメリカ，カナダ，ブラジルなど）で生まれた場合には，その子は二重国籍者となります。この場合に，二重国籍者として生まれた者は，22歳までに，いずれか一つの国籍を選択しなければなりません。

　なお，「外国人労働者とは」で説明したとおり，日本国籍を有している場合，二重国籍者も「外国人」ではなく「日本人」と判断されることになります。

　外国の国籍と日本の国籍を有する人（二重国籍者）は，22歳に達するまでに自己の意思に基づいて，どちらかの国籍を選択する必要があります。（国籍法14条1項）。選択しない場合は，日本の国籍を失うことがあるため，忘れずに手続を行う必要があります。

１．日本国籍を選択する場合

① 外国の国籍を離脱する方法

　「外国籍喪失届」に離脱を証明する書面を添付し，日本大使館・総領事館又は日本の市区町村役場に提出します。

② 日本の国籍の選択を宣言する方法

　外国の国籍を放棄する旨の宣言をする「国籍選択届」に，戸籍謄本を添付して日本大使館・総領事館又は日本の市区町村役場に提出します。

2．外国の国籍を選択する場合

① 日本の国籍を離脱する方法

「国籍離脱届」に戸籍謄本，住所を証する書面，外国国籍を持つことを証明する書類等を添付して，住所地の日本大使館・総領事館又は日本の法務局，地方法務局に提出します。

② 外国の国籍を選択する方法

外国での生活が長くなること等により，外国の国籍を自らの志望によって取得する場合，外国の国籍を取得した時に当然に日本国籍は喪失します。この場合は「国籍喪失届」に外国国籍を選択したことを証明する書面を添付して，日本大使館・総領事館又は日本の市区町村役場に提出します。

Ⅱ 二重国籍者の日本入国

外国の国籍と日本の国籍を有する人については，日本ともう一つの国籍とでパスポートを二つ持っている場合も多く見られます。このように国籍を二つ持っている人は，日本の入出国の際は日本のパスポートを使用し，もう一つの国の入出国ではもう一つの国のパスポートを使用することが一般的です。日本に入国する際に日本のパスポートを使用すれば通常の日本人と同様に取り扱われるため，「外国人雇用状況届出書」の提出も不要になります。

なお，外国のパスポートで日本に入国した場合，「短期滞在」等の在留資格で外国人として上陸したことになることがあります。この場合は，戸籍等の日本国籍を保有していることを証明する資料を添付して，入国管理局に在留資格の抹消を願い出る必要があります。抹消の手続をしないまま放っておくと，書類上，不法滞在とみなされてしまうこともあるため注意が必要です。

Ⅲ 住民登録

外国の国籍と日本の国籍を有する人が日本に居住して住民登録をする場合は，日本人として登録されます（在留カードや外国人登録証の対象にはなりません）。

Ⅳ 外国人雇用状況報告書

　二重国籍者であっても日本人として住民登録をしている者を雇用する場合は，外国人雇用状況報告書の提出の必要はありません。

2 年俸制について

年俸制度を導入する際には，未払残業等の問題が起こらないよう賃金体系の設計に注意が必要です。

I 年俸制とは

　年俸制とは，年間の給与や賞与等の年収額を1年単位で確定して支給する賃金体系で，外資系企業等では多く採用されている制度です。近年では日系企業でもこの制度を採用しているところが増えています。

　年俸制といっても日本では労働基準法により賃金は毎月1回以上支払うことが定められているため，実際の支払いは年俸により決められた年収を毎月分割して支払うことになります。また，賞与も組み込んだ形で分割して支給する場合もあります。

　例えば，年収600万円の場合，
① 給与を毎月50万円支給，賞与なし
② 給与を毎月37万5千円支給，賞与75万円ずつ年2回支給
などの支給方法があります。

II 残業代について

　労働基準法上の管理監督者（経営者と一体の立場にある者）以外の従業員が時間外労働をした場合は，労働基準法により時間外労働手当の支給が必要になります。年俸制を採用している場合でも従業員が時間外労働をした場合は，当然に時間外手当の支給が必要になります。企業によっては，従業員が時間外労働をしても固定の給与のみ支給し，時間外手当を支払っていないところも一部見受けられますが，これは違法になります。

　毎月の給与額を固定にしたい場合は，年を単位とした年俸制の総額に，見込み残業代を含めて計算する方法があります。この場合，従業員の実際の残業時

間が毎月の見込み残業時間を越えないように，企業側がしっかり労務管理する必要があります。

なお，固定残業を含めて給与を支給するためには，

- 雇用契約書に，年俸に時間外労働等の割増賃金が含まれていることを明示する。その際，見込み残業代は何時間分の時間外労働に該当するかも明示する。
- 給与計算では，時間外労働等の残業代と，通常の労働時間の賃金を区別している。残業代に関しては，労働基準法で定められた割増賃金率以上で支払っている。
- 見込み残業時間を超えて時間外労働をした場合に，超えた部分の残業代を支払っている。

等の条件を満たしている必要があります。

見込み残業代の計算例：
固定支給額50万円，月の所定労働時間160時間（1日の所定労働時間8時間），見込み残業時間10時間とした場合
支給項目は基本給のみで各種手当の支払いはないものとします。

まず，時間外労働1時間分の単価の算出方法は下記の式になります。

$$時間外労働1時間分の単価 = \frac{基本給 + 手当_{※1}}{1ヶ月の所定労働時間} \times 1.25$$

（25%は割増賃金率%_{※2}）

※1　家族手当・通勤手当・別居手当・子女教育手当・住宅手当・臨時に支払われた賃金（結婚手当，慶弔金など）・1ヶ月を超える期間ごとに支払われる賃金は除きます。
※2　夜10時以降に勤務する場合，時間外割増に加えて25%の深夜割増賃金を払う必要があります。時間外労働が深夜に及ぶ可能性がある場合は，深夜割増も加味して計算する必要があります。

よって「固定支給額＝基本給＋見込み残業代10時間分」とするための基本

給の額を算出する場合，基本給をXとして方程式を作ると，

$$500,000 = X + \frac{10X}{160} \times 1.25$$

となります。

　この場合，X（基本給）は463,768円となり，10時間分の見込み残業代は36,232円（小数点以下切上）になります。

> ⚠ **Attention**
>
> 　賞与であっても，年俸制のように支給が確定しているものについては，割増賃金の計算をする際には給与とみなされることになります。
>
> 　よって，年俸600万円を16等分し，2ヶ月分ずつ計4ヶ月分を賞与として支払っている場合であっても，年俸として支給があらかじめ確定している場合は賞与分も残業単価の計算に含めないといけません。よって残業単価を計算する場合，600万円÷12ヶ月を月給とみなした上で割増賃金の単価を計算することになります。

3 労働条件通知書の必要性

正社員，パート，アルバイトを問わず，労働者を採用する場合には，必ず労働条件通知書を交付する義務があります。

労働基準法15条（労働条件の明示）では「使用者は，労働契約の締結に際し，労働者に対して賃金，労働時間その他の労働条件を明示しなければならない。」と規定されています。

よって，労働者を採用する場合には，外国人であっても必ず労働条件通知書又は雇入通知書を作成し，労働者に交付しなければなりません。

I 必ず明示しなければならない事項

① 労働契約の期間
② 期間の定めのある労働契約を更新する場合の基準
③ 就業の場所，従事する業務の内容
④ 始業・終業時刻，所定労働時間を超える労働の有無，休憩時間，休日，休暇，交替制勤務をさせる場合は就業時転換に関する事項
⑤ 賃金の決定・計算・支払いの方法，賃金の締切り・支払いの時期に関する事項
⑥ 退職に関する事項（解雇の事由を含む）
⑦ 昇給に関する事項※

このうち，①～⑥は書面による明示が必要です。

II 定めをした場合に明示しなければならない事項

⑧ 退職手当の定めが適用される労働者の範囲，退職手当の決定，計算・支払いの方法，支払いの時期に関する事項※
⑨ 臨時に支払われる賃金，賞与などに関する事項※

⑩ 労働者に負担される食費，作業用品その他に関する事項
⑪ 安全・衛生に関する事項
⑫ 職業訓練に関する事項
⑬ 災害補償，業務外の傷病扶助に関する事項
⑭ 表彰，制裁に関する事項
⑮ 休職に関する事項

※ パートタイマー（短時間労働者）については，パートタイム労働法により，昇給・退職手当・賞与の有無について，文書の交付等による労働条件明示が必要です。

> ⚠ **Attention**
> 平成25年4月より，書面の交付によって明示しなければならない事項として「期間の定めのある労働契約を更新する場合の基準」が追加されています。契約社員等，期間の定めのある従業員の雇用契約書を作成する際には，古いフォーマットで作成しないよう注意が必要です。

労働者が自分の労働条件を書面で確認し，納得・安心して働くためにも労働条件通知書や雇入通知書の交付は重要です。労働条件を明確にしておくことで，予想される労使のトラブルを防止できるばかりでなく，労使の信頼関係を深めることができ，労働者のモチベーションを高めることにもつながります。

なお，労働基準法15条2項では，労働条件通知書に明示された労働条件が事実と相違する場合においては，労働者は，即時に労働契約を解除することができることとなっています。よって，労働条件通知書は作成するだけでなく，決められた労働条件に従った労務管理をしていくことが重要です。

Ⅲ 外国会社の日本支店で従業員を現地採用する場合

外国会社とは，外国の法律に基づいて外国で設立・登記された会社のことになります。外国会社の日本支店は，法律上，固有の法人格は持っていないため，当事者として契約を締結することはできません。

したがって，外国会社の日本支店に勤務しようとする外国人は，日本支店ではなく海外の本社と雇用契約を締結することになります。

外国会社の日本支店の「日本における代表者」は，本社を代表して契約を締結することは可能ですが，この場合であっても契約関係はあくまで海外本社と従業員との間に存在することになります。

Ⅳ 海外本社等の雇用契約書を使用する場合

外国会社の日本法人や日本支店で従業員を現地採用する場合は，グローバルで統一されたフォーマットでの雇用契約書や海外本社で使用されている雇用契約書を使用することもよくあります。ただし，外国で使用されている雇用契約書のフォーマットは，日本の労働基準法で必要な記載事項が網羅されていないことも多く見受けられます。

よってグローバルに統一された雇用契約書や海外本社で使用されている雇用契約書を日本での雇入れに使用する場合は，先に説明した書面の交付による明示事項が記載されているかについてチェックが必要です。記載事項に不足がある場合は，可能であれば雇用契約書のフォーマットを修正し，必要事項を追記するようにします。

雇用契約書のフォーマットが統一されていて日本で独自にフォーマットの修正や追記ができない場合には，別途日本語版の雇用契約書を作成したり，覚書を作成したりして，必要記載事項を入れるようにします。

労働条件通知書の例

労働条件通知書

　　　　　　　　　　　　　　　　　　　　　　　　　　　　　　年　　月　　日

_____殿

　　　　　　　　　　　　事業場名称・所在地
　　　　　　　　　　　　使　用　者　職　氏　名

契約期間	期間の定めなし、期間の定めあり（　　年　月　日～　　年　月　日） ※以下は、「契約期間」について「期間の定めあり」とした場合に記入 1　契約の更新の有無 　[自動的に更新する・更新する場合があり得る・契約の更新はしない・その他（　　　）] 2　契約の更新は次により判断する。 　・契約期間満了時の業務量　　・勤務成績、態度　　　・能力 　・会社の経営状況　・従事している業務の進捗状況 　・その他（　　　　　　　　　　　　　　　　　　　　　　　　　　　）
就業の場所	
従事すべき 業務の内容	
始業、終業の 時刻、休憩時 間、就業時転 換（(1)～(5) のうち該当す るもの一つに 〇を付けるこ と。）、所定時 間外労働の有 無に関する事 項	1　始業・終業の時刻等 (1) 始業（　　時　分）　終業（　　時　　分） 【以下のような制度が労働者に適用される場合】 (2) 変形労働時間制等；（　　）単位の変形労働時間制・交替制として、次の勤務時間の組み合わせによる。 　┌　始業（　時　分）　終業（　時　分）　（適用日　　　　　） 　├　始業（　時　分）　終業（　時　分）　（適用日　　　　　） 　└　始業（　時　分）　終業（　時　分）　（適用日　　　　　） (3) ﾌﾚｯｸｽﾀｲﾑ制；始業及び終業の時刻は労働者の決定に委ねる。 　　　　　　（ただし、ﾌﾚｷｼﾌﾞﾙﾀｲﾑ（始業）　時　分から　時　分、 　　　　　　　　　　　　　　　　　　　（終業）　時　分から　時　分、 　　　　　　　ｺｱﾀｲﾑ　　　　　　時　分から　時　分） (4) 事業場外みなし労働時間制；始業（　時　分）終業（　時　分） (5) 裁量労働制；始業（　時　分）終業（　時　分）を基本とし、労働者の決定に委ねる。 〇詳細は、就業規則第　条～第　条、第　条～第　条、第　条～第　条 2　休憩時間（　　）分 3　所定時間外労働の有無（　有　,　無　）
休　　　日	・定例日；毎週　　曜日、国民の祝日、その他（　　　　　　　　　） ・非定例日；週・月当たり　　日、その他（　　　　　　　　　　　） ・１年単位の変形労働時間制の場合―年間　　　日 〇詳細は、就業規則第　条～第　条、第　条～第　条
休　　　暇	1　年次有給休暇　6か月継続勤務した場合→　　　　日 　　　　　　　　継続勤務6か月以内の年次有給休暇　（有・無） 　　　　　　　　→　か月経過で　　日 　　　　　　　　時間単位年休（有・無） 2　代替休暇（有・無） 3　その他の休暇　有給（　　　　　　　　　　　） 　　　　　　　　　無給（　　　　　　　　　　　） 〇詳細は、就業規則第　条～第　条、第　条～第　条

賃　　金	1　基本賃金　イ　月給（　　　　　円）、ロ　日給（　　　　　円） 　　　　　　　ハ　時間給（　　　　　円）、 　　　　　　　ニ　出来高給（基本単価　　　　円、保障給　　　円） 　　　　　　　ホ　その他（　　　　　円） 　　　　　　　ヘ　就業規則に規定されている賃金等級等 　　　　　　　　　　　　　　　　　　　　　　　　　　　　　　　　 2　諸手当の額又は計算方法 　　イ（　　　手当　　　円　／計算方法：　　　　　　　　） 　　ロ（　　　手当　　　円　／計算方法：　　　　　　　　） 　　ハ（　　　手当　　　円　／計算方法：　　　　　　　　） 　　ニ（　　　手当　　　円　／計算方法：　　　　　　　　） 3　所定時間外、休日又は深夜労働に対して支払われる割増賃金率 　　イ　所定時間外、法定超　月６０時間以内（　　　）％ 　　　　　　　　　　　　　　月６０時間超　（　　　）％ 　　　　　　　　　　所定超（　　　）％ 　　ロ　休日　法定休日（　　　）％、法定外休日（　　　）％ 　　ハ　深夜（　　　）％ 4　賃金締切日（　　　）－毎月　日、（　　　）－毎月　日 5　賃金支払日（　　　）－毎月　日、（　　　）－毎月　日 6　賃金の支払方法（　　　　　） 7　労使協定に基づく賃金支払時の控除（無　，有（　　　）） 8　昇給（時期等　　　　　　　　　　　　　　　　　　） 9　賞与（有（時期、金額等　　　　　　　　），無　） 10　退職金（有（時期、金額等　　　　　　　　），無　）
退職に関する事項	1　定年制　（有（　歳），無　） 2　継続雇用制度（有（　歳まで），無　） 3　自己都合退職の手続（退職する　日以上前に届け出ること） 4　解雇の事由及び手続 　　　　　　　　　　　　　　　　　　　　　　　　　　　　　 ○詳細は、就業規則第　条〜第　条、第　条〜第　条
その他	・社会保険の加入状況（　厚生年金　健康保険　厚生年金基金　その他（　　　）） ・雇用保険の適用（　有　，　無　） ・その他　　　　　　　　　　　　　　　　　　　　　　　　　　 ※以下は、「契約期間」について「期間の定めあり」とした場合についての説明です。 　労働契約法第18条の規定により、有期労働契約（平成25年4月1日以降に開始するもの）の契約期間が通算5年を超える場合には、労働契約の期間の末日までに労働者から申込みをすることにより、当該労働契約の期間の末日の翌日から期間の定めのない労働契約に転換されます。

※　以上のほかは、当社就業規則による。

（厚生労働省ホームページより）

労働局のホームページにあるフォーマットには同意書欄がありませんが，実際に労働条件通知書を作成する際には，下記のような同意書欄を追加しておくとトラブル防止になります。もちろん，事務的に署名させるのではなく，労働条件の内容を一つずつ読み上げて，外国人労働者に内容を理解していただいてから署名してもらう必要があります。

同意書欄の例

上記　労働条件に同意致します。平成　年　月　日　　　　　　　　　　　　氏名　　（㊞またはサイン）

Ⅴ 労働条件通知書英文サンプル

　日本語が得意でない外国人と雇用契約を締結する際には，外国人労働者の母国語又は英語などの共通言語によって書類を用意することが理想的です。

　「外国人労働者の雇用管理の改善等に関して事業主が適切に対処するための指針」では，労働条件の明示について「事業主は，外国人労働者との労働契約の締結に際し，賃金，労働時間等主要な労働条件について，当該外国人労働者が理解できるようその内容を明らかにした書面を交付すること。」としています。

　よって日本語が得意でない外国人と雇用契約を締結する際には，外国人労働者の母国語又は英語などの共通言語によって書類を用意することが理想的です。

　ここで紹介する英語版は厚生労働省のホームページで公開しているものですが，これ以外にも，中国語・韓国語・ポルトガル語・スペイン語・タガログ語・インドネシア語・ベトナム語の労働条件通知書が厚生労働省のホームページからダウンロード可能です。

第1章 採用／[2] 雇用契約の際の注意点

英語版労働条件通知書

Notice of Employment
労働条件通知書

Date: _____
年月日

To: _____ 殿

Company's name _____
事業場名称（ローマ字で記入）

Company's address _____
所在地（ローマ字で記入）

Telephone number _____
電話番号

Employer's name _____
使用者職氏名（ローマ字で記入）

I. Term of employment
   契約期間
   Non-fixed,   Fixed   (From   to   )
   期間の定めなし   期間の定めあり（※）（ 年 月 日 ～ 年 月 日）

II. Place of employment
    就業の場所

III. Contents of duties
     従事すべき業務の内容

IV. Working hours, etc.
    労働時間等
    1. Opening and closing time:
       始業・終業の時刻等
       (1) Opening time (   ) Closing time (   )
           始業（ 時 分） 終業（ 時 分）
       [If the following systems apply to workers]
       【以下のような制度が労働者に適用される場合】
       (2) Irregular labor system, etc.: Depending on the following combination of duty hours as an irregular (   ) unit work or shift system.
           変形労働時間制等；（ ）単位の変形労働時間制・交代制として、次の勤務時間の組み合わせによる。
           ┌ Opening time (   ) Closing time (   ) (Day applied:)
           │ 始業（ 時 分）   終業（ 時 分）   （適用日   ）
           ├ Opening time (   ) Closing time (   ) (Day applied:)
           │ 始業（ 時 分）   終業（ 時 分）   （適用日   ）
           └ Opening time (   ) Closing time (   ) (Day applied:)
             始業（ 時 分）   終業（ 時 分）   （適用日   ）
       (3) Flex time system: Workers determine opening and closing time.
           フレックスタイム制；始業及び終業の時刻は労働者の決定に委ねる。
           [However, flex time: (opening) from   to   ;
           （ただし、フレキシブルタイム （始業） 時 分から 時 分、
                                 (closing) from   to   ]
                                 （終業） 時 分から 時 分、
                     Core time: from (opening)   to (closing)   }
                     コアタイム   時 分から   時 分）
       (4) System of deemed working hours outside workplace: Opening (   ) Closing (   )
           事業場外みなし労働時間制；始業（ 時 分）終業（ 時 分）
       (5) Discretionary labor system: As determined by workers based on opening (   ) closing (   )
           裁量労働制；始業（ 時 分）終業（ 時 分）を基本とし、労働者の決定に委ねる。
       ○ Details are stipulated in Article (   ), Article (   ), Article (   ) of the Rules of Employment
         詳細は、就業規則第 条～第 条、第 条～第 条、第 条～第 条
    2. Rest period (   ) minutes
       休憩時間（   ）分
    3. Presence of overtime work (Yes: No:)
       所定時間外労働の有無（ 有 ， 無 ）

V. Days off
休日

- Regular days off: Every (　　　), national holidays, others (　　　　　　　)
  定例日；毎週　曜日、国民の祝日、その他（　　　　　　　）
- Additional days off: (　　) days per week/month, others (　　　　　　)
  非定例日；週・月当たり　　　日、その他（　　　　　　）
- In the case of irregular labor system for each year: (　　　) days
  １年単位の変形労働時間制の場合―年間　　　日
- ○ Details are stipulated in Article (　　), Article (　　), Article (　　) of the Rules of Employment
  詳細は、就業規則第　　条～第　　条、第　　条～第　　条

VI. Leave
休暇

1. Annual paid leave: Those working continuously for 6 months or more, (　　) days
   年次有給休暇   6か月継続勤務した場合→　　　日

   Those working continuously up to 6 months, (Yes:　 No:)
   継続勤務6か月以内の年次有給休暇（ 有 ． 無 ）

   → After a lapse of (　　) months, (　　) days
     　　か月経過で　　　日

2. Other leave: Paid (　　　　　　　　　　　　　　　　)
   その他の休暇   有給（　　　　　　　　　　　　　　　）

                   Unpaid (　　　　　　　　　　　　　　　　)
                   無給（　　　　　　　　　　　　　　　）

   ○ Details are stipulated in Article (　　), Article (　　), Article (　　) of the Rules of Employment
   詳細は、就業規則　第　　条～第　　条、第　　条～第　　条

VII. Wages
賃金

1. Basic pay   (a) Monthly wage (　　　　　　　yen) (b) Daily wage (　　　　　　　yen)
   基本賃金   月給（　　　　　　円）   日給（　　　　　　円）

              (c) Hourly wage (　　　　　yen)
                  時間給（　　　　　円）、

              (d) Payment by job (Basic pay:　　　　　　yen: Security pay:　　　　　yen)
                  出来高給（基本単価　　　　　円、保障給　　　　　円）

              (e) Others (　　　　　yen)
                  その他（　　　　　円）

              (f) Wage ranking stipulated in the Rules of Employment
                  就業規則に規定されている賃金等級等

2. Amount and calculation method for various allowances
   諸手当の額及び計算方法

   (a) (　　　) allowance:　　　　yen; Calculation method:　　　　　　　　　　)
       (　　　) 手当　　　　　円／　　計算方法：　　　　　　　　　　　　　　)

   (b) (　　　) allowance:　　　　yen; Calculation method:　　　　　　　　　　)
       (　　　) 手当　　　　　円／　　計算方法：　　　　　　　　　　　　　　)

   (c) (　　　) allowance:　　　　yen; Calculation method:　　　　　　　　　　)
       (　　　) 手当　　　　　円／　　計算方法：　　　　　　　　　　　　　　)

   (d) (　　　) allowance:　　　　yen; Calculation method:　　　　　　　　　　)
       (　　　) 手当　　　　　円／　　計算方法：　　　　　　　　　　　　　　)

3. Additional pay rate for overtime, holiday work or night work
   所定時間外、休日又は深夜労働に対して支払われる割増賃金率

   (a) Overtime work: Legal overtime (　　) %   Fixed overtime (　　) %
       所定時間外   法定超（　　）％、   所定超（　　）％、

   (b) Holiday work: Legal holiday work (　　) %   Non-legal holiday work (　　) %
       休日   法定休日（　　）％、   法定外休日（　　）％、

   (c) Night work (　　) %
       深夜（　　）％

4. Closing day of pay roll: (　　　) of every month; (　　　) of every month
   賃金締切日   （　　　）―毎月　　日、（　　　）―毎月　　日

第1章 採用／②雇用契約の際の注意点

```
5. Pay day:          (    ) of every month;    (    ) of every month
   賃金支払日        (    ) —毎月   日、(    ) —毎月   日
6. Method of wage payment (                    )
   賃金の支払方法 (                )
7. Deduction from wages in accordance with labor-management agreement : [No:            Yes:(        )]
   労使協定に基づく賃金支払時の控除 ( 無 , 有 (              ))
8. Wage raise : (Time, etc.            )
   昇給        (時期等              )
9. Bonus :    [ Yes: (Time and amount, etc.              ); No:       ]
   賞与       ( 有 (時期、金額等              ), 無 )
10. Retirement allowance :  [ Yes: (Time and amount, etc.           ); No:       ]
    退職金             ( 有 (時期、金額等              ), 無 )
```

VIII. Items concerning retirement
　　退職に関する事項
1. Retirement age system　[Yes: (   ) old; No:]
   定年制　　　　　　　　(有 (歳), 無)
2. Continued employment scheme　[Yes: (Up to   years of age); No:]
   継続雇用制度　　　　　　　　(有 (歳まで), 無)
3. Procedure for retirement for personal reasons [Notification should be made no less than (   ) days before the retirement.]
   自己都合退職の手続 (退職する   日以上前に届け出ること)
4. Reasons and procedure for the dismissal:
   解雇の事由及び手続

[
　　　　　　　　　　　　　　　　　　　　　　　　　　　　　　　　　　]

○ Details are stipulated in Article (   ), Article (   ), Article (   ) of the Rules of Employment
　詳細は、就業規則第　条〜第　条、第　条〜第　条

IX. Others
　　その他
・Joining social insurance [Employees' pension insurance; Health insurance; Employees' pension fund; other: (   )]
　社会保険の加入状況 (厚生年金　健康保険　厚生年金基金　その他 (   ))
・Application of employment insurance: (Yes: No:)
　雇用保険の適用 (有 , 無)
・Others
　その他

※ To be entered in case where, with regard to "Period of contract," you answered: "There is a provision for a certain period."
　「契約期間」について「期間の定めあり」とした場合に記入

Renewal 更新の有無	1. Renewal of contract 　契約の更新の有無 [The contract shall be automatically renewed.　・ The contract may be renewed. 　自動的に更新する　　　　　　　　更新する場合があり得る 　The contract is not renewable.　・ Others( )] 　契約の更新はしない　　　その他( ) 2. Renewal of the contract shall be determined by the following factors: 　契約の更新は次により判断する ・Volume of work to be done at the time the term of contract expires 　契約期間満了時の業務量 ・Employee's work record and work attitude　・Employee's capability 　勤務成績、態度　　　　　　　　　　能力 ・Business performance of the Company　・State of progress of the work done by the employee　・Others( ) 　会社の経営状況　　　　従事している業務の進捗状況　　　　　その他

Employee (signature) _____
受け取り人（署名）

（厚生労働省ホームページより）

−59−

4 雇入れ時の禁止事項

労働者の雇入れに関して労働基準法では以下のようなことを禁止しています。留意事項は日本人を雇い入れる場合と同様ですが、外国人に対する国籍による差別は慎むよう特に注意が必要です。

I 違約金と損害賠償予定

労働契約期間の途中の退職や、労働契約を履行しない場合に備えて、巨額の違約金や損害賠償額を定めておくことは、労働者の意思に反して労働者を不当に拘束させることになってしまいます。よって、労働契約の締結にあたって事前に違約金を定めたり、損害賠償額を予定する契約を結んだりすることは禁止されています（労働基準法16条）。

なお、この規定は、労働者の責めに帰すべき事由により発生した現実の損害についてまで賠償請求することを禁じたものではありません。

II 国籍等による差別的取り扱い

労働者の国籍や信条、社会的身分を理由として労働条件について差別的取り扱いをすることは禁止されています（労働基準法3条）。

例えば、外国人であることや特定の宗教を信仰していること、特定の思想を持っていることの理由で、賃金・休日等その他の労働条件について他の労働者と差別することは禁止されています。この場合の、労働条件とは、賃金・労働時間はもちろん、解雇・災害補償・安全衛生等に関する条件なども含まれます。

III 強制労働

労働者の意思に反して、暴行、脅迫、監禁その他精神又は身体の自由を不当に拘束する強制労働させた場合、労働基準法上、最も重い刑罰（1年以上10年以下の懲役又は20万円以上300万円以下の罰金）が科せられます（労働基準法

5条，117条)。

Ⅳ 中間搾取の排除

　労働基準法6条では「何人も，法律に基づいて許される場合の外，業として他人の就業に介入して利益を得てはならない。」と規定されています。これは，労働者派遣や許可を受けて行う有料職業紹介のような法に基づいた方法ではなく，労使関係に関係のない第三者が利益を得ることを禁止しています。

5 従業員解雇時の注意事項

> 外国人経営者に日本の労働基準法を正しく理解してもらう必要があります。

　日本では、労働契約法16条（解雇）に「解雇は、客観的に合理的な理由を欠き、社会通念上相当であると認められない場合は、その権利を濫用したものとして無効とする。」という規定があるように、正当な理由がないと従業員を解雇できないことになっています。

　ただし、アメリカのように、期間の定めのない労働契約についてはAt-Will-Employment（随意雇用）の考え方により、いつでもいかなる理由であっても、どちらかに意志がなくなった場合には、従業員及び会社のいずれからも自由に労働契約が解除できるとされる国もあります。また、欧州では、裁判で解雇が不当とされた場合に、一定の金銭を会社が支払うことにより雇用関係を解消する金銭解決制度も一般的です（日本でも金銭解決制度は検討されていますが、まだ導入には至っていません）。

　こういった背景から、外資系企業の外国人経営者の中には、従業員を自由に解雇できたり、一定の金銭を支払えば従業員を解雇できると考えている人もいます。よって、日頃から日本の労働基準法を外国人経営者に説明するようにし、様々なルールを理解し解雇の必要性について十分検討することや、やむを得ず解雇をする際には適切な手順を踏むことを認識してもらう必要があります。

Ⅰ 解雇の種類

　解雇には、普通解雇・整理解雇・懲戒解雇と、主に三つの種類があります。

1．普通解雇

　勤務成績不良等を理由とする解雇です。いわゆる能力不足や遅刻が多い等の

理由で，労働契約の継続が困難な事情があるときに限られます。
- 遅刻や欠勤が多い等，勤務成績が著しく悪く，指導を行っても改善の見込みがないとき
- 健康上の理由で欠勤又は休職が長期にわたってしまい，職場復帰が見込めないとき
- 著しく協調性に欠けるため業務に支障を生じさせ，改善の見込みがないとき

ただし，これらの例に該当した場合であっても，まずは，会社として注意や指導を十分に行ったり，異動等の措置を検討したりする必要があります。注意や指導，異動の検討などをしないままで安易に解雇した場合は，労働契約法16条により解雇権の濫用とみなされ，解雇自体が無効になる可能性があります。

2．整理解雇

会社の経営悪化などの企業側の事情により，人員整理を行うための解雇で，従業員の頭数を減らすものから，部署や営業所・支店の廃止等，規模は様々になります。

整理解雇の際は，次の四つの要件を満たすことが必要です。

① 整理解雇の必要性

企業が客観的に高度の経営危機にある場合は，人員整理の必要性は認められる傾向にあります。ただし従業員を整理解雇する一方で，新しい従業員を採用するような場合は解雇権の濫用とみなされる可能性があります。

② 解雇回避のための努力

役員報酬の削減，新規採用の抑制，希望退職者の募集，従業員の配置転換や出向等，整理解雇を回避するため努力をする必要があります。

③ 解雇の対象となる人選の基準

解雇をする際の具体的人選は合理的かつ公平でなければいけません。例えば外国人だからという理由だけで解雇しようとすると労働基準法にも違反しますし，合理的かつ公平な理由にならないため解雇権の濫用とみなされます。

④ 労使間で十分に協議を行ったこと

　整理解雇の際に一番重要とされる部分です。解雇しようとする従業員に対して，十分な説明・協議，納得を得るための手順を踏んでいない整理解雇は，他の要件を満たす場合であっても解雇無効とされるケースが多いとされます。

3．懲戒解雇

　従業員が極めて悪質な規律（法律）違反や非行を行ったときに懲戒処分として行うための解雇です。就業規則に定めていない事由による懲戒処分は無効とされる可能性があるため，就業規則や労働契約書には，想定できる懲戒処分の要件を具体的に明示しておくことが必要です。また，懲戒処分は事実誤認の可能性もあるため，会社が一方的に処分を決定するのではなく，その証拠となるものを明らかにして本人に確認の上，弁明の機会を与えた上で処分を決定することが必要とされます。

> ⚠ **ATTENTION**
>
> 　就業規則や労働契約書に解雇について明示がされていた場合でも，解雇の理由が客観的に合理的な理由を欠き，社会通念上相当であると認められない場合は，その権利を濫用したものとして，無効とされる可能性があります。
>
> 　よって，例えば「事情があり連絡できないまま無断欠勤をした」といったやむを得ない理由がある場合や，「商品を壊した」「ミスをした」など一般的に起こりうる程度の損害の場合や，「服装が奇抜」といった個人的主観からの理由だけで解雇することはできません。

II 解雇予告

　実際に解雇を行うときには，解雇しようとする従業員に対し，30日前までに解雇の予告をする必要があります。解雇予告は口頭でも有効ですが，後々にトラブルの原因となることを避けるため，解雇する日と具体的理由を明記した

「解雇通知書」を作成し通知することが望ましいとされます。なお，予告を行わずに解雇する場合は，解雇予告手当として最低30日分の平均賃金を支払う必要があります。

平均賃金は，当該事由が発生した日以前3ヶ月間に支払った賃金の総額をその期間の総日数で割って計算します。

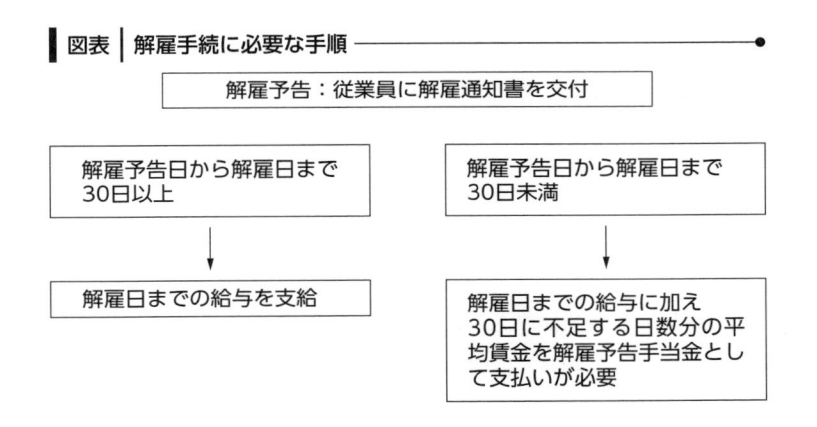

図表　解雇手続に必要な手順

```
         解雇予告：従業員に解雇通知書を交付

  ┌─────────────────┐        ┌─────────────────┐
  │解雇予告日から解雇日まで│        │解雇予告日から解雇日まで│
  │30日以上          │        │30日未満          │
  └─────────────────┘        └─────────────────┘
           ↓                         ↓
  ┌─────────────────┐        ┌─────────────────┐
  │解雇日までの給与を支給│        │解雇日までの給与に加え│
  └─────────────────┘        │30日に不足する日数分の平│
                              │均賃金を解雇予告手当金とし│
                              │て支払いが必要      │
                              └─────────────────┘
```

Ⅲ 解雇予告手当の支払時期

解雇予告をしないで即時に解雇しようとする場合は，解雇と同時に支払うことが必要です。

解雇予告と解雇予告手当を併用する場合は，遅くとも解雇の日までに支払う必要があります。

Ⅳ 解雇予告が不要な場合

「従業員の責に帰すべき理由による解雇の場合」や「天災地変等により事業の継続が不可能となった場合」には，事前に労働基準監督署長の認定（解雇予告除外認定）を受けることにより，解雇予告や解雇予告手当の支払いをせずに即時に解雇することができます。

なお，次のケースでは解雇予告を行わずに解雇できます。ただし，所定の日

数を超えて引き続き働くことになった場合は，解雇予告制度の対象となります。

試用期間中の者	14日間
4ヶ月以内の季節労働者	その契約期間
契約期間が2ヶ月以内の者	その契約期間
日雇労働者	1ヶ月

V 解雇理由証明書

　従業員から求められた場合は，解雇理由を記載した「解雇理由証明書」を作成して本人に渡す必要があります。この解雇理由証明書に記載する解雇の理由については具体的に示す必要があり，就業規則の一定の条項に該当することを理由として解雇した場合には，就業規則の条項及び条項に該当するに至った事実関係についても具体的に記入する必要があります。

　なお，解雇された労働者が解雇の事実のみについて証明書に記載するよう請求した場合，解雇の理由を証明書に記載せず，解雇の事実のみを証明書に記載しなければなりません（平成11年1月29日基発45号）。

解雇理由証明書例

```
                                         殿

当社が,　　年　　月　　日付けであなたに予告した解雇については,
以下の理由によるものであることを証明します。
                                         年　　月　　日

                         事業主氏名又は名称
                         使用者職氏名

〔解雇理由〕※1，2

1　天災その他やむを得ない理由（具体的には,
　　　　　　　　によって当社の事業の継続が不可能となったこと。）による解雇
2　事業縮小等当社の都合（具体的には,　当社が,
　　　　　　　　　　　　　　　　　　　　となったこと。）による解雇
3　職務命令に対する重大な違反行為（具体的には,　あなたが
　　　　　　　　　　　　　　　　　　　　したこと。）による解雇
4　業務については不正な行為（具体的には,　あなたが
　　　　　　　　　　　　　　　　　　　　したこと。）による解雇
5　勤務態度又は勤務成績が不良であること（具体的には,　あなたが
　　　　　　　　　　　　　　　　　　　　したこと。）による解雇
6　その他（具体的には,
　　　　　　　　　　　　　　　　　　　　）による解雇


※1　該当するものに〇をつけ,　具体的な理由等を（　）の中に記入すること。
※2　就業規則の作成を義務付けられている事業場においては,　上記解雇理由の記載
　　例にかかわらず,　当該就業規則に記載された解雇の事由のうち,　該当するものを
　　記載すること。
```

(労働局ホームページより)

Ⅵ　助成金との関係性

　厚生労働省では，従業員の職業の安定や失業の予防・雇用機会の増大・雇用状態の是正・労働者の能力開発等を目的として様々な助成金の制度を設けています。雇用保険制度に加入している会社は，受給要件を満たしていればこれら

の助成金を受給することが可能です。

　ただし，従業員を解雇したり会社の都合により退職させたりした場合，受給できなくなる助成金もあるため，助成金の申請を予定している場合は受給要件について事前に確認しておく必要があります。

6 外国人が社会保険の加入を拒否した場合

「外国人従業員に社会保険の加入を拒否されてしまいました」という話はよく聞かれますが，社会保険の加入漏れにならないよう，社会保険加入の必要性を外国人従業員に十分に説明する必要があります。

　日本では，国民皆年金・皆保険により，日本に居住する者は外国人であっても健康保険・厚生年金（又は国民年金）等の社会保険に加入することが原則です。ただし国によって社会保険の加入についての考え方は様々なため，会社から社会保険の加入を強制されるべきではないという認識の外国人も中にはいるようです。

　しかし，日本では従業員を社会保険に加入させることは事業主の義務にあたるため，従業員の一部のみが加入していない場合でも，事業主が法令に違反したことになってしまいます。また，年金事務所の調査等で手続漏れを指摘された場合，事業主負担分の保険料だけでなく外国人本人の個人負担分の保険料についても遡及して徴収する必要が生じます。よって必ず法令どおりに社会保険の加入手続をする必要があります。

　外国人が社会保険の加入を拒否する場合は，まず社会保険制度について十分に説明した上で，加入への理解を得るようにしてください。

Ⅰ 従業員への説明事項

　外国人が入社してから，社会保険制度について「聞いていなかった」というトラブルにならないよう，入社面接や採用の時点で下記の点について十分に説明しておく必要があります。

１．社会保険・雇用保険の未加入の場合のペナルティ
　社会保険・雇用保険の加入は日本の法令で義務付けられており，違反すると罰金の支払いが生じる場合があること。また従業員に対しても遡及して保険料の支払いを求められることがあること。

２．社会保険・雇用保険の加入のメリット
・　健康保険：医療費が3割負担のみで済むこと。出産育児一時金，傷病手当金，高額療養費等の給付が受けられること。
・　厚生年金保険：社会保障協定締結国の場合，本国での年金記録と合算が可能な場合があること（イギリス・韓国以外）。または脱退一時金制度を利用すると払った保険料が一部戻ってくること。加入しておくと，障害年金や遺族年金が受給できることがあること。

　社会保障と税の一体改革により，2015年10月からは年金の受給資格期間が25年から10年に短縮されるため，日本の年金が受給できる可能性が高くなること。
・　雇用保険：退職した際に失業手当が受けられること。在職中に育児休業給付金等の給付が受けられることがあること。

　上記の説明をしても，どうしても外国人が社会保険に加入しない場合は，下記のような対応をします。

Ⅱ　労働時間の短縮を提案する
　通常の従業員の週の所定労働時間の4分の3以上の労働時間がある場合は，強制的に社会保険に加入する必要が生じます。よって，週の所定労働時間がフルタイムの場合の4分の3未満にすれば社会保険の加入義務はなくなります。
　なお，雇用保険に関しては週の所定労働時間が20時間以上の場合に加入義務が生じます。よって雇用保険についても加入しないようにする場合は，週の所定労働時間を20時間未満にする必要があります。

> ⚠ **Attention**
> 2016年10月より，従業員数が500人を超える企業での短時間労働者の社会保険加入の要件は
> ① 1週間の所定労働日数が20時間以上
> ② その事業所に継続して1年以上使用される見込みがあること（学生は除く）
> ③ 年収が約106万円以上あること
> になります。

Ⅲ 本人負担分の社会保険料についても会社が負担するようにする

　エクスパッツなどによく見られる取り扱いですが，場合によっては日本での採用者にもこの取り扱いをしてもよいでしょう（エクスパッツについての詳細は第2章「2　エクスパッツとは」をご参照ください）。

　なお，社会保険料・雇用保険料の個人負担分は本来，従業員本人が支払うものになるため，会社が個人負担分を負担する場合は，個人負担分に該当する部分は経済的利益として所得税の課税対象となります。所得税も会社が負担する場合には，グロスアップ計算により税金手当を上乗せして社会保険料手当に加算します。

Ⅳ 入社を見合わせる

　他の従業員が社会保険に加入しているのに，一部の外国人従業員だけに対して上記ⅡやⅢの対応をすることは，現実的には難しいこともあると思われます。よって，十分に説明をした上で，どうしても社会保険に加入することを拒否する場合には，入社を見合わせてもらうようにします。

> ⚠ **Attention**
>
> 外国人従業員自身が入社時に社会保険に加入を拒否した場合であっても，失業給付や労災の給付が受けられない事態になると，会社に対してクレームを言い出すこともよく聞かれます。よって従業員には加入しない場合のデメリットも確実に伝えるとともに，企業にとってのリスクを考え，コンプライアンス遵守を最優先する必要があります。

7 請負契約の場合

　会社員時代に身に付けた専門的な技術を元手に、雇用契約ではなく業務単位の請負契約を複数の企業と結んで活動するインディペンデント・コントラクター（独立業務請負人）も最近は増えています。企業側にとっても、必要な時に必要なだけ専門性の高い領域を外注することにより、コストを抑えながらプロジェクトを成功に導くメリットがあります。
　ただし請負契約は雇用契約と指揮命令関係等が根本的に違うため、請負事業主で完結できる業務に限定する等、取り扱いには注意が必要です。

I 請負とは

　請負については民法632～642条に定められており、「当事者の一方がある仕事を完成することを約し、相手方がその仕事の結果に対してその報酬を支払うことを約することによって、その効力を生ずる。」（民法632条）とされています。
　つまり請負による事業とは、請負事業主が依頼主と請負契約を締結して、請け負った仕事の完成を目的として業務を行うことを指しており、指揮命令関係がない点で雇用契約や労働者派遣契約とは異なります。

II 請負業務

　請負による事業は、業務内容や業務受託期間などについて規制はありませんので、原則として契約当事者間で自由に定めることができます。ただし、労働者と違って特定の仕事の完成のみを請け負うため、仕事の範囲は明確にしておく必要があります。
　なお、請負契約は労働契約とは異なるため労働基準法・最低賃金法等の労働法規は適用しません。また、健康保険・厚生年金保険・雇用保険に加入する必要もありません。ただし、契約の名称が請負であっても、依頼主と請負事業主の関係が実質的に雇用契約に該当すると判断される場合、労働基準法等の労働法規が適用されることになるため注意が必要です。

Ⅲ 偽装請負

　偽装請負とは，契約書など形式上では請負の形を取っていても，実態では労働者を注文主の管理下へ常駐させ，注文主の指揮命令の下に労働者のように業務をさせる行為のことをいいます。偽装請負は，職業安定法違反として「1年以下の懲役刑又は100万円以下の罰金刑」が科されますが，請負事業主だけでなく，依頼主に対しても同様の罰則が科される等の規制があるため，特に注意が必要です。

　職業安定法施行規則では，契約の形式が請負契約であっても次の四つの全てに該当しない場合，（請負契約ではなく）労働者供給の事業とする，としています。

① 作業の完成について事業主としての財政上及び法律上の全ての責任を負うものであること
② 作業に従事する労働者を，指揮監督するものであること
③ 作業に従事する労働者に対し，使用者として法律に規定された全ての義務を負うものであること
④ 自ら提供する機械，設備，器材（業務上必要なる簡易な工具を除く）若しくはその作業に必要な材料，資材を使用し又は企画若しくは専門的な技術若しくは専門的な経験を必要とする作業を行うものであって，単に肉体的な労働力を提供するものでないこと

Ⅳ 在留資格の確認

　従業員を雇用する場合だけではなく，請負契約を締結して外国人に業務を依頼する際にも，その外国人が持っている在留資格で問題がないか確認する必要があります。在留資格の確認の結果，外国人が既に持っている在留資格では業務を依頼できない場合には，依頼する外国人に在留資格変更の手続をしてもらうか，業務の内容や依頼の形態を見直す等の対処が必要です。

　この確認を怠ると不法就労助長罪に該当してしまう可能性があるため，必ず確認が必要です。

8 英文就業規則

　英文就業規則を整備しておくと，海外本社や外国人スタッフへの説明にかかる負担を軽減できます。また，就業規則の内容について海外本社にapprove（承認）を取る際に説明しやすくなりますし，外国人従業員が自身の労働条件を理解しやすくなるためにも役立ちます。

Ⅰ 海外本社のapprove（承認）

　外資系日本法人・支店で就業規則の作成や見直しをする場合，日本の労働基準法等の法令を基にして作成しながらも，最終的には海外本社のApprovalを得ることが必要になります。しかし，海外本社の国での労働法と日本の労働法は大きく異なることも多いため，海外本社の人事部門に内容を理解してもらうことに苦労することも多くあります。

　また，企業の就業規則は何十条もの条文から構成されているため，ポイントを箇条書きにして説明資料を作成する方法では，説明不足や解釈の相違が生じてしまい後でトラブルになる可能性も生じます。

　このような場合に，日本語で作成した就業規則を基にした英文の就業規則を用意すると，就業規則の内容をもれなく海外本社の人事担当者に伝えることが可能になります。

Ⅱ 外国人従業員への労働条件の説明

　「労働条件通知書の必要性」でも述べましたが，労働者を採用する場合には，必ず労働条件通知書を交付する義務があります。採用する労働者が外国人の場合は，母国語又は英文の労働条件通知書を交付する方法で個別の労働条件を明示することができます。ただし，労働条件通知書に記載のない労働条件については，就業規則によって明示することになるため，日本語が得意でない外国人従業員には，日本語の就業規則だけでは細かい労働条件まで把握できない場合

が多くあります。

　外国人従業員から質問があるごとに人事担当者が個別対応する方法もありますが，質問されたことについてのみ答えることでは，外国人従業員が労働条件の全容を理解するのは難しいため十分とはいえません。

　あらかじめ英文の就業規則を用意し従業員に周知しておくと，外国人従業員にも労働条件や職場のルールが理解しやすくなりますし，人事担当者の説明不足によるトラブルを防ぐことにもつながります。また人事担当者にとっても，問い合わせ対応に割かれる時間が削減でき，負担を軽減することが可能になります。

Ⅲ 作成時の注意点

　翻訳の中には，内容が正しく理解されていないまま訳したために，意味内容がオリジナルの文章から微妙に変わっていたり，単なる言葉の置き換えになってしまっていて，意味がよくわからなくなっていたりする文章が時々見られます。よって就業規則に限らず，翻訳を依頼する際には語学力はもとより，その分野に精通している翻訳家に依頼することが大切です。

〈わかりやすい翻訳の例〉
「労働者が業務上負傷し，又は疾病にかかった場合においては」
わかりにくい英訳
　"In the event that an employees suffers an injury or illness in the course of employment"
わかりやすい英訳
　"When an employee suffers from a work-related injury or illness"
　"In the event of a work-related injury or illness"
　⇒簡潔な訳のため理解しやすくなります。

「介護休業」（申出により，要介護状態の対象家族につき通算93日まで取得で

きる休業制度)

「介護休暇」(申出により，要介護状態の対象家族1人につき年5日，2人以上につき年10日取得できる休暇)

わかりにくい英訳

　①「介護休業」　→　Family Care Leave
　②「介護休暇」　→　Family Care Leave
　⇒ (そもそも日本語の単語だけを見ても「介護休業」と「介護休暇」の違いはわかりづらいものですが) 単に言葉を置き換えてFamily Care Leaveという同じ英語を使ってしまうと，それぞれの条文まで読み込まないと違いがよくわかりません。

わかりやすい英訳

　⇒②については，Short-Term Family Care Leave 又は Non-Consecutive Family Care Leaveとしたほうが介護休業との違いがわかりやすくなります。またFamily Sick LeaveとするとCare Leaveより短期なイメージになるため介護休業との違いがよりわかりやすくなります。Child Sick Leave (子の看護休暇) と統一するのもよい方法です。日本語より英文のほうがむしろわかりやすくなる例です。

Ⅳ 翻訳作業

　翻訳作業については，日本の法令に精通している社会保険労務士等が対応することもありますが，実際のところネイティブと同等レベルといえる程の英語力を持っている社会保険労務士の数は少ないのが現状です。

　そのため翻訳作業は，その分野に精通した専門の翻訳家に依頼するのが一般的です。ただし，できあがった翻訳文に抜けや誤訳がないか，また用語は統一されているか等について，人事スタッフ・社会保険労務士等がチェックをすることが理想的です。

Ⅴ 就業規則の届出

就業規則を作成又は改定したら，労働基準監督署へ提出が必要です。
① 就業規則（変更）届
② 作成又は改定した就業規則
③ 従業員代表の意見書

の三つを揃えて管轄の労働基準監督署に届出します。

英文就業規則を海外本社への説明用にのみ作成した場合，日本語の就業規則の届出で足りるため，英文の就業規則を労働基準監督署へ届出する必要はありません。

9 外国人従業員への英語対応

日本語が得意でない外国人従業員に，外国語で労働条件や社会保険・福利厚生制度の説明をするための情報です。

Ⅰ 英語サイトの紹介

各行政機関で作成しているホームページには，英語サイトが充実しているものも多くあります。人事スタッフが苦労して会社独自の英語版の資料を作成しなくても「この制度に関しては，○○のホームページをご参照ください」と案内することで解決する部分もあるため，利用しない手はありません。

1．日本年金機構のホームページ

トップページの右上の"English"をクリックすると英語ページに移ります。
- 社会保険制度
- 社会保障協定制度
- 全国の年金事務所の窓口

等についての説明が英語で見られます。

またトップページ左下の「パンフレット」をクリックすると「社会保険制度加入のご案内」の英語版・韓国語版・中国語版・ポルトガル語版・スペイン語版が見られます。

2．各健康保険組合のホームページ

全国健康保険協会ではまだ英語のホームページを作成していませんが，外資系企業の加入が多い健康保険組合などでは英語ページが充実しているところも多く見られます。該当する法令自体は同じですので，自社が加入している健康保険組合でなくても参考にできる部分も多いと思います。

ただし，健康保険料率・手続に必要な書類のフォーマットや添付書類，出産

育児一時金等の給付金にプラスされる付加金の額等，健保組合によって取り扱いが違う部分もあります。従業員に説明するときには実際に加入している健康保険の制度と相違がないか確認が必要です。

3．労働法関連

　全国の労働局でもまだ英語のホームページを作成していませんが，外国語版の労災保険制度の説明用パンフレットは作成されています。英語だけでなく，韓国語・中国語・ポルトガル語・ベトナム語・タイ語・インドネシア語・ペルシア語版もあり，それぞれ厚生労働省のホームページからダウンロードが可能です。

　また失業保険制度の説明に関しては，離職証明書発行の手続をした時にハローワークでもらえる「離職された皆様へ」という冊子の英語版の利用が便利です。失業給付の受給の手続だけではなく失業給付の制度の説明も含まれているため，従業員へ失業保険の制度を説明する際にそのまま使える部分も多く便利です。

4．所得税関連

　国税庁のホームページの一番下にある"English"をクリックすると英語ページに移ります。この中の"Income Tax Guide For Foreigners"は所得税や確定申告について英語で説明しています。また"Withholding Tax Guide"では源泉徴収制度の説明が見られます。ただし，これらは毎年更新されているわけではないので，前年度以前に作成されたものについて従業員に案内をする際には，法改正事項についてもあわせて説明する必要があります。

5．住民税・児童手当関連

　外国人の居住者が多い市区町村が作成しているホームページでは英語をはじめとした外国語ページが充実しているところも多くあります。よって，住民税や児童手当の制度の説明については，各市区町村のホームページを見てもらう

ように従業員に案内することで十分な場合もあります。もし居住する地区のホームページではわかりにくい部分があれば、他の市区町村のホームページを参照するのも一つの方法です。

6．入国管理局ホームページ

　入国管理局のホームページにも英語版・中国語版・韓国語版・スペイン語版・ポルトガル語版があります。人事部スタッフはもちろん、従業員にも案内しておき、在留資格更新等の必要な手続について理解してもらうようにすると安心です。

7．外国人労働者ハンドブック（英語版）

　http://www.hataraku.metro.tokyo.jp/sodan/siryo/foreign-e/index.html
　東京都産業労働局労働相談情報センターが作成した冊子のWeb版です。
　労働基準法や社会保険制度、所得税や住民税等について、日本語と英語の対訳でわかりやすく説明されています。
　最新版は平成23年3月となっているため、従業員に案内をする際には、直近の法改正事項についてもあわせて説明する必要があります。

　なお筆者の経験からいうと、人事部の日本人従業員の英語がわかりづらいという理由で外国人従業員からクレームが来ることはあまり聞かれません。外国人従業員からのクレームの多くは、聞いたことに答えてもらえないとか、対応が遅いといったことが理由で発生するようです。
　文化や習慣、法令などが母国とは違う日本で就労・生活することは、外国人従業員にとっては不安なことも多いでしょうし、わからないことがあるのもごく当然のことです。よって外国人従業員から質問を受けた場合は、言葉に自信がない場合でも親切丁寧かつスピーディに対応すればおおむね問題は起こりませんし、従業員から感謝の言葉をもらえることも多くあります。

Ⅱ 従業員間での英語勉強会

　外資系企業などでは，ネイティブ並の英語力を持つ日本人スタッフも多いですが，日系企業では英語ができるスタッフが少なく，外国人の対応が十分にできず困っていることもあるかと思います。

　会社の費用でスタッフを英会話スクールに通わせたり，ネイティブ講師を会社に派遣し英語研修を行ったりできればいいのですが，いずれも費用がかかることが難点になります。

　しかし日系企業であっても，社内を探してみれば，短期留学やホームステイの経験があるスタッフ，英文科や英語科卒のスタッフ，外資系企業で働いたことのあるスタッフなど，英語になじみのあるスタッフが何人かはいたりするものです。

　そういった英語に興味を持ったスタッフ達で，自主的な英語勉強会を行ってみるのも手です。特別に予算をかけなくても，英字新聞の切抜き・英語教材の書籍のコピーや付属のCD・インターネットの英語サイト・英語でやり取りしたe-mailのプリントアウト等をメンバーが持ち寄り，集めた資料やリスニング教材を利用して「この表現はビジネスでよく使う」等の意見交換をすることでも，知識は深まります。また社内で部門を超えたネットワークを作っておくことにより，いざ英語対応でわからない部分が出てきたときに，1人で悩まず「社内の○○さんが詳しいから質問してみよう」とすることができます。

第2章

入社手続

　外国人従業員の入社手続には，海外に居住する家族を扶養に入れる場合や，アメリカ合衆国国籍（永住権取得）者を雇用する場合等，留意が必要なこともあります。また海外の会社から日本に派遣された従業員（エクスパッツ）の社会保険等の手続についても理解しておく必要があります。
　この章では，外国人従業員やエクスパッツ等の入社手続について説明します。

1 社会保険・労働保険の概要

1 社会保険の仕組み

日本の社会保障制度は，社会保険方式と社会扶助方式とに大別できます。そのうち社会保険は，保険料を財源として給付を行う仕組みとなっています。

会社員等の被用者が加入する被用者保険には，大きく分けて，「社会保険」と「労働保険」があります。

社会保険のうち，病気・ケガ・出産等に対して給付をするのが健康保険，障害・老齢・死亡に対して給付をするのが厚生年金保険になります。

労働保険では，業務上や通勤上での病気・ケガに対して給付をするのが労災保険，失業や育児休業・介護休業などに対して給付をするのが雇用保険になります。

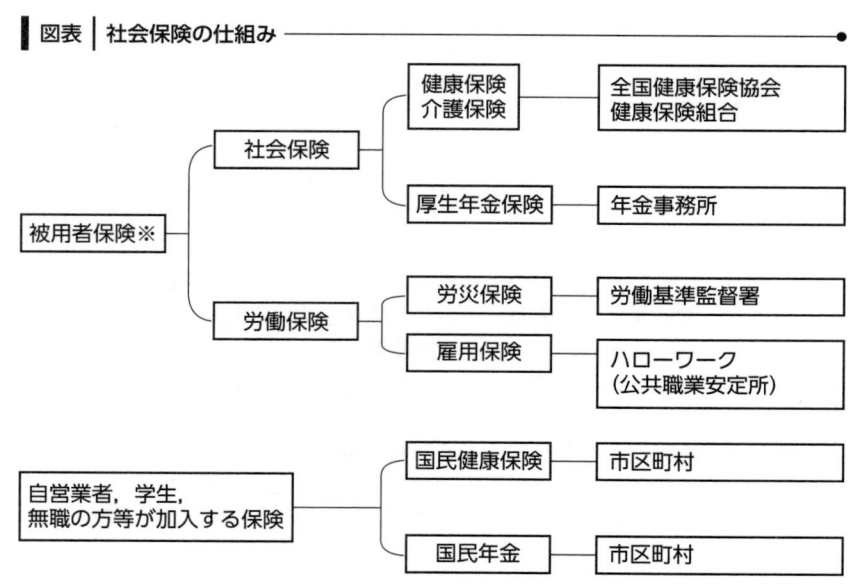

図表 | 社会保険の仕組み

- 被用者保険※
  - 社会保険
    - 健康保険／介護保険 → 全国健康保険協会／健康保険組合
    - 厚生年金保険 → 年金事務所
  - 労働保険
    - 労災保険 → 労働基準監督署
    - 雇用保険 → ハローワーク（公共職業安定所）
- 自営業者，学生，無職の方等が加入する保険
  - 国民健康保険 → 市区町村
  - 国民年金 → 市区町村

※被用者保険：民間企業や官公庁に雇用されている人や船員等が加入する保険制度

2 社会保険・雇用保険加入手続

従業員が入社したら，速やかに手続を行う必要があります。小さなお子様がいる従業員からは健康保険証の発行を急いで欲しいというリクエストも多いため，速やかな対応が必要です。

I 社会保険（健康保険・厚生年金保険）加入手続

　資格取得届には被保険者の基礎年金番号を記載する欄があるため，あらかじめ従業員に年金手帳を提出してもらう必要があります。なお，会社が健康保険組合や厚生年金基金に加入している場合は，年金事務所とは別に届出が必要です。

　外国人従業員が来日後，日本で初めて社会保険制度に加入するため年金手帳を持っていない場合は，⑦の所得区分の欄は「新1」にマルをつけます。

　外国人従業員で年金手帳を持っておらず，基礎年金番号がない（わからない）場合であっても，過去に日本で生活したことがある場合などは年金制度に加入していた可能性もあります。この場合に新規扱いで加入手続をすると，過去の年金記録が通算されなくなってしまうため，過去に年金制度に加入したことがないか従業員に確認するようにしてください。

　年金手帳の紛失等により基礎年金番号が不明の場合は，会社で本人確認をした上で，資格取得届に年金手帳再交付申請書を添付して提出します。

　「年金手帳再交付申請書」の内容から本人の基礎年金番号が特定できなかった場合で，氏名・性別・生年月日から本人のものと思われる基礎年金番号が判明した場合は，上4桁が「990X」で始まる仮基礎年金番号が付けられます。

　加入手続後に年金事務所から届く「資格取得確認および標準報酬決定通知書」に「990X」の仮基礎年金番号が記載されている場合は，「基礎年金番号確認のお願い」に職歴や住所等を記入の上，年金事務所に回答するよう従業員に案内が必要です。

健康保険証は一部の健康保険組合では早ければ当日発行してもらえますが，通常，健康保険協会の場合は1週間ほどかかることもあります。

　従業員が前の会社で使っていた健康保険証をまだ持っていた場合でも，保険証の資格は前の会社の退職日の翌日に喪失しているため，それ以降は使用することができません。

　新しく入社した会社の保険証ができていない時に病院で治療を受けたい場合は，次の方法で対応するようにします。

① 　会社や健康保険協会・健康保険組合が発行した「健康保険被保険者資格証明書」を健康保険証の代わりとして病院の窓口に提示すると，健康保険証を使用した時と同じ3割の自己負担で治療が受けられます（ただし医療機関によっては「健康保険被保険者資格証明書」を受け付けていないところもありますので，事前に確認しておくとよいでしょう）。

② 　病院の窓口では医療費を全額支払います。その後，健康保険協会・健康保険組合に療養費の立替払いの申請をすると，支払った医療費の7割が還付されます。

　なお，新しい会社で保険証ができるまでの間に，以前加入していた健康保険の保険証を使って病院で治療を受けてしまうと，後日，前の会社で加入していた健康保険協会や健康保険組合等から医療費の7割分の返還請求をされます。この場合は返還請求された額を支払った後，新しい会社の健康保険で療養費の立替払いの申請をすれば医療費の7割が戻ります。

　ただし，資格の切れた保険証で治療を受けることは「無資格受診」になるため，本来はしてはいけないことになりますし，清算手続も煩雑になります。よって前述の①②の方法で受診してもらうよう，会社側から従業員に案内しておくことも大切です。

〈届出書類〉

　健康保険　厚生年金保険　被保険者資格取得届
　　　　年金手帳再交付申請書（年金手帳を紛失している場合）

〈提 出 先〉
　所轄の年金事務所
〈提出期限〉
　従業員が入社した日から起算して5日以内

　平成24年7月から外国人に住民票が作成され，氏名は原則としてアルファベットで表記されることになりました。
　これに伴い平成25年7月から日本年金機構でも，これまでのカナ氏名に加えてアルファベット氏名を記録することとしています。
　よって今後，外国人の従業員や被扶養配偶者の「被保険者資格取得届」「氏名変更届」「住所変更届」等を年金事務所に提出する際は別途「アルファベット氏名登録（変更）申出書」の提出も必要になります。

厚生年金保険　被保険者資格取得届

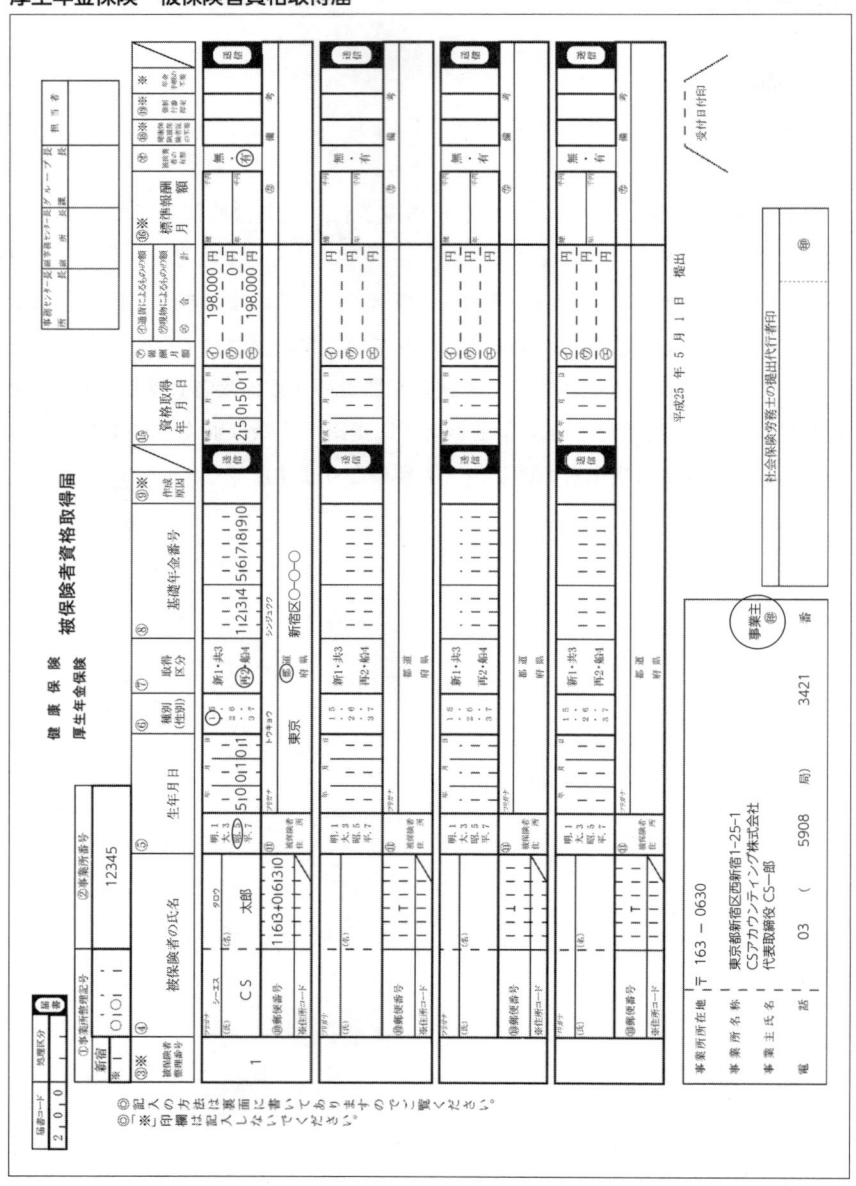

第2章 入社手続／① 社会保険・労働保険の概要

年金手帳再交付申請書

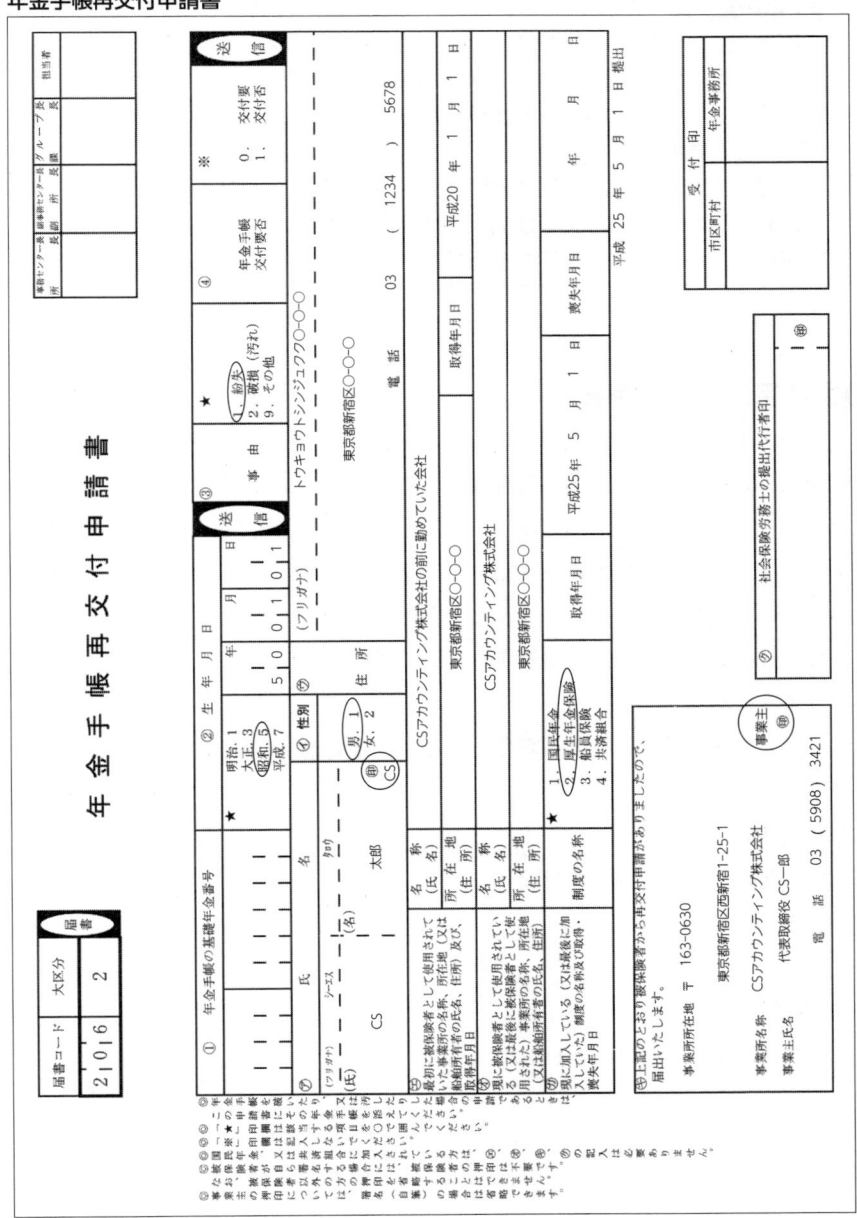

年金手帳再交付申請書

届書コード	大区分	届書
21016	2	

① 年金手帳の基礎年金番号　1234 - 5678

（フリガナ）シーエス タロウ
氏名　CS 太郎

② 生年月日　昭和50年10月1日

③ 性別　1. 男 / 2. 女 → ②

④ 年金手帳交付要否　0. 交付要 / 1. 交付否

★事由　1. 紛失 / 2. 破損（汚れ）/ 9. その他

住所　東京都新宿区〇-〇-〇
（フリガナ）トウキョウトシンジュクク〇-〇-〇
電話　03 (1234) 5678

送信年月日　平成25年5月1日提出

最初に被保険者として使用されていた事業所の名称（又は船舶所有者の氏名）及び所在地（又は住所）、取得年月日

名称（氏名）　CSアカウンティング株式会社の前に勤めていた会社
所在地（住所）　東京都新宿区〇-〇-〇
取得年月日　平成20年1月1日

最後に被保険者として使用された事業所の名称（又は船舶所有者の氏名）、所在地（又は住所）、取得年月日

名称（氏名）　CSアカウンティング株式会社
所在地（住所）　東京都新宿区〇-〇-〇
取得年月日　平成25年5月1日　喪失年月日　平成　年　月　日

現に加入している制度に加入した年月日又は最後の加入制度の名称及びその取得・喪失年月日

制度の名称　1. 国民年金 / 2. 厚生年金保険 / 3. 船員保険 / 4. 共済組合

上記のとおり被保険者から再交付申請がありましたので、提出いたします。

届出いたします。

事業所所在地　〒163-0630　東京都新宿区西新宿1-25-1
事業所名称　CSアカウンティング株式会社
事業主氏名　代表取締役 CS一郎　㊞
電話　03 (5908) 3421

事業主　㊞

社会保険労務士の提出代行者印

受付印　市区町村　年金事務所

事業所センター長　副所長　グループ長　担当者
長　確認　長

> ⚠️ **Attention**
> 税と社会保障の一体改革により，消費税率10％への変更にあわせて2015年10月からは年金加入期間を通算して10年になれば年金の受給資格が得られるようになることから，今後は日本の年金を受けられる外国人が増えると思われます。
> ただし，社会保険加入手続の際に，本人が既に持っている基礎年金番号を記載しなかった場合，年金加入期間が通算されず，本来得られるべき受給資格が得られなくなってしまう可能性もあるため注意が必要です。

Ⅱ 雇用保険加入手続

　この届出には雇用保険被保険者番号を記載する欄があるため，過去に雇用保険に加入していたことがある場合は，あらかじめ従業員に雇用保険被保険者証を提出してもらう必要があります。従業員が雇用保険被保険者証を紛失している場合は，離職票や雇用保険受給資格者証に被保険者番号が記載されているため，その番号を転記します。これらの書類が一切ない場合は，直前に勤務していた会社の名称・所在地・退職年月日等の情報からハローワークで照会してもらうようにします。

　外国人の従業員が入社する際は，国籍・在留資格・在留期限等の記入も必要です。

〈届出書類〉
　雇用保険被保険者資格取得届
〈提 出 先〉
　所轄のハローワーク
〈提出期限〉
　従業員が入社した月の翌月10日まで

第2章 入社手続／① 社会保険・労働保険の概要

雇用保険被保険者資格取得届

様式第2号　　雇用保険被保険者資格取得届　　帳票字体 `0123456789`
（必ず第2面の注意事項を読んでから記載してください。）

帳票種別 `13101`　シーエスタロウ

1. 被保険者番号 `□□□□-□□□□□□-□`
2. 取得区分 `1`（1 新規／2 再取得）
3. 被保険者氏名 `CS 太郎`　フリガナ（カタカナ）`シーエスタロウ`
4. 変更後の氏名　フリガナ（カタカナ）
5. 性別 `1`（1 男／2 女）
6. 生年月日 `3-500101`（2 大正　3 昭和　4 平成　元号 年 月 日）
7. 事業所番号 `0000-000000-0`
8. 資格取得年月日 `4-250501`
9. 被保険者となったことの原因 `2`
   1 新規雇用（新規学卒）
   2 新規雇用（その他）
   3 日雇からの切替
   4 その他
   8 出向元への復帰等（65歳以上）
10. 賃金（支払の態様＝賃金月額：単位千円）`1-198`（百万 十万 万 千円）
    1 月給　2 週給　3 日給
    4 時間給　5 その他
11. 雇用形態 `7`
    1 日雇　2 派遣
    3 パートタイム　4 有期契約労働者
    5 季節的雇用　6 船員　7 その他
12. 職種 `1`（1〜9 第2面参照）

公共職業安定所記載欄
13. 取得時被保険者種類
    1 一般　2 短期常用
    3 季節　4 高年齢（任意加入）
    5 出向元への復帰（65歳以上）等・高年齢
14. 番号複数取得チェック不要
    チェック・リストが出力されたが、調査の結果、同一人でなかった場合に「1」を記入。

15. 契約期間の定め `2`　1 有—契約期間 平成　□□□□□□ から平成 □□□□□□ まで（年 月 日）
    契約更新条項の有無（1 有／2 無）
    2 無

16. 1週間の所定労働時間（ 40 時間（ 0 ）分）
17. 事業所名 `CSアカウンティング株式会社`
18. 国籍 `アメリカ`　在留資格 `技術`
    在留期間　資格外活動許可の有無
    西暦2015年12月31日まで　　有・無
    □ 派遣・請負労働者として主として17以外の事業所で就労する場合

備考

雇用保険法施行規則第6条第1項の規定により上記のとおり届けます。

住　所　東京都新宿区西新宿1-25-1
事業主　氏　名　CSアカウンティング株式会社　代表取締役CS一郎　記名押印又は署名 印
電話番号　03-5908-3421

平成 25 年 5 月 1 日
新宿公共職業安定所長　殿

社会保険労務士記載欄	作成年月日・提出代行者・事務代理者の表示	氏　名	電話番号
		印	

※ | 所長 | 次長 | 課長 | 係長 | 係 | 操作者 |

備考　確認通知 平成 年 月 日

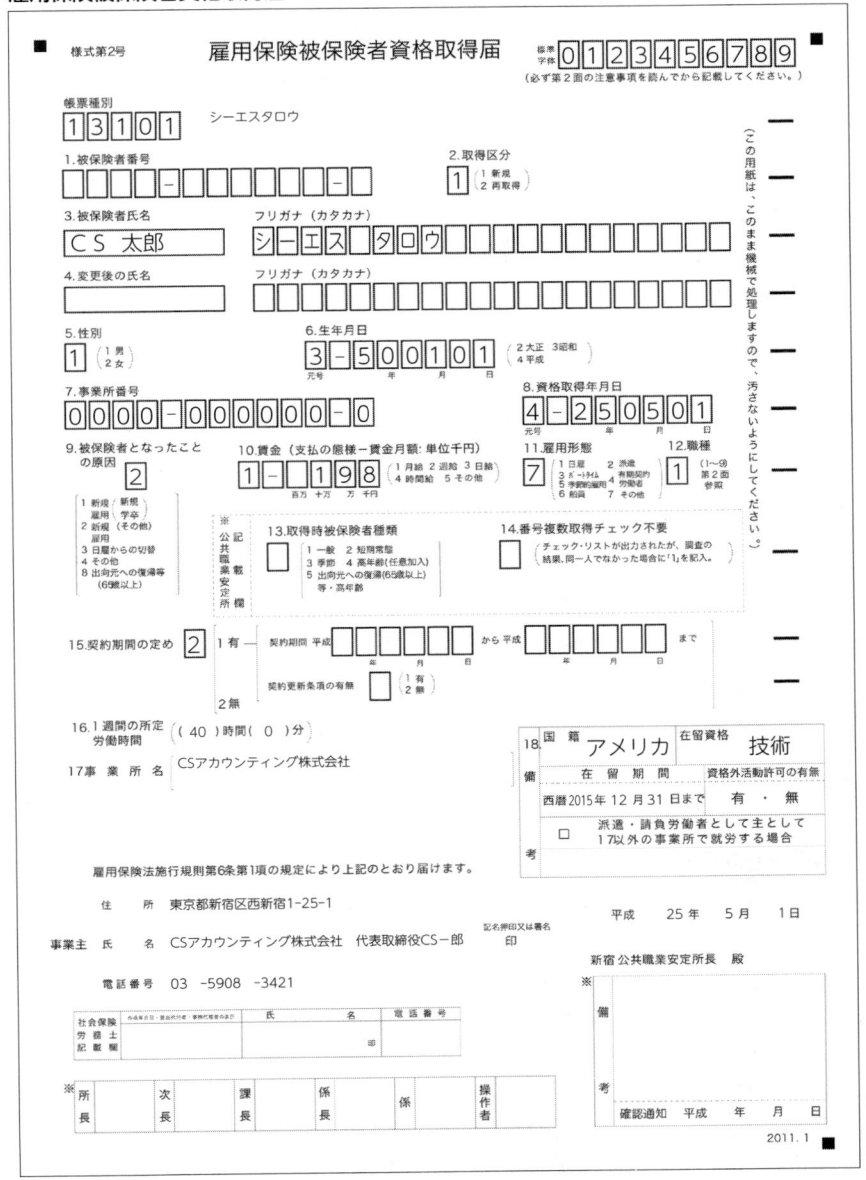

2011.1

Ⅲ 外国人の氏名の登録

　外国人の場合は，日本人のように苗字⇒名前の順番ではなく，名前⇒苗字の順に表記することが多くあります。そのため，給与計算ソフトで氏名を登録する時や社会保険・雇用保険の書類を作成する時など，名前⇒苗字の順で表記するべきか迷う方も多いようですが，税務署や市役所・区役所，年金事務所，ハローワーク等の役所に提出する書類に関しては，在留カードの表記どおりの苗字⇒名前の順での表記が適切です。

　社会保険の加入手続の際に，名前⇒苗字の順で表記して書類を作成してしまった場合，年金事務所のほうで気付いてもらえれば苗字⇒名前の順に直して登録してもらえることもありますが，苗字と名前の区別がつきにくい名前では，届出どおりに登録されてしまいます。

　前に勤務していた会社で間違えて手続をした等で外国人従業員の年金手帳で苗字と名前が逆に登録されている場合は，被保険者取得届を提出する際に，氏名を証明する書類（在留カードのコピー等）を添付の上，「被保険者氏名変更（訂正）届」を所轄の年金事務所に提出します。こうすれば，年金事務所での氏名の登録を苗字⇒名前の順に直してもらうことが可能です。

　雇用保険の被保険者証の氏名が逆に登録されていた場合は，被保険者資格取得届の3欄にもともと登録されていた氏名を，4欄に正しい氏名を記入して届出すると，登録の変更が可能です。

> ⚠ **ATTENTION**
>
> 　育児休業給付金や介護休業給付金，失業給付等の雇用保険の給付は，労働局から従業員の口座へ直接振り込まれることになります。その際に，口座名義とハローワークで登録されている氏名が違っていると同一人物とみなされず給付金の振込みができない可能性があります。
> 　給付金受給手続の際に慌てて氏名の訂正手続をすることないよう，雇用保険被保険者資格取得届に記載する氏名，銀行口座名等は，最初から全て統一して登録しておくと安心です。
> 　詳細は，育児休業給付金 受給の際の注意点をご参照ください。

健康保険 厚生年金保険 被保険者氏名変更(訂正)届

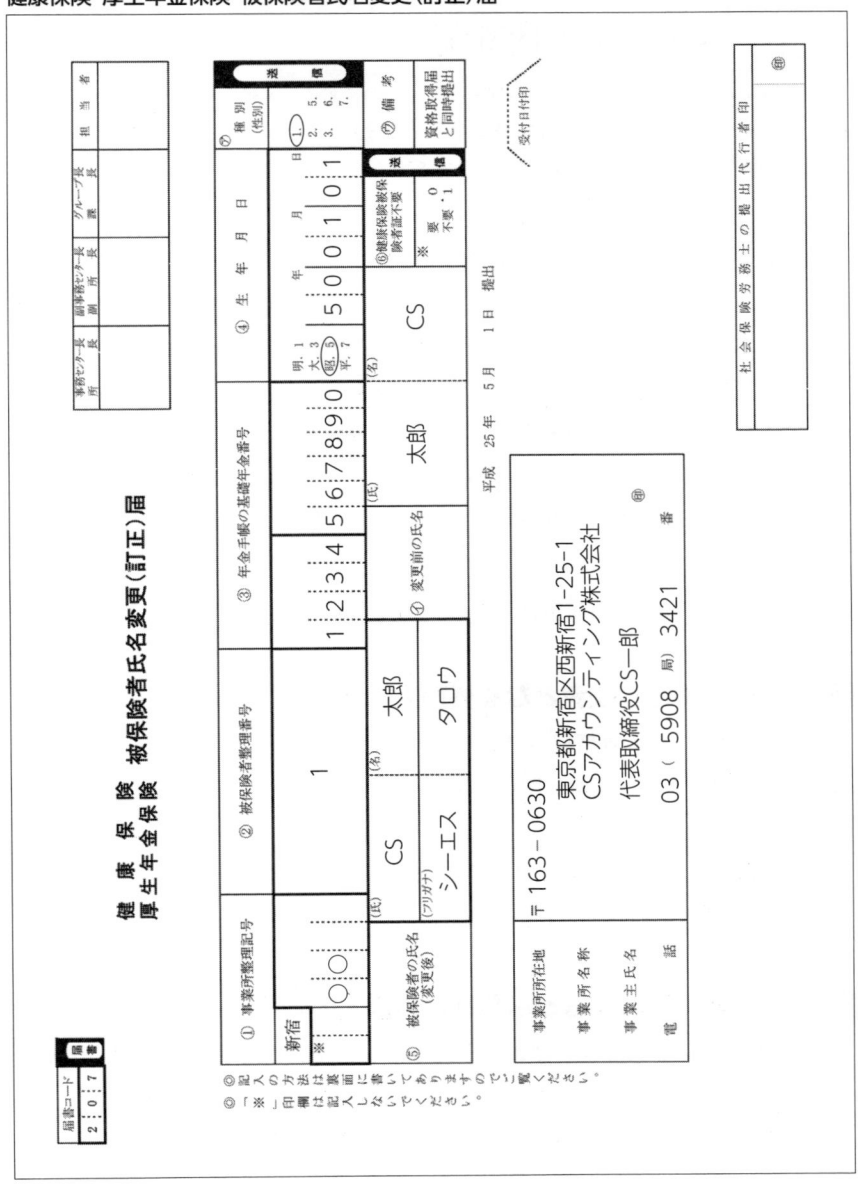

3 外国人雇用状況届

> 事業主は，外国人労働者の雇入れ又は離職の際に，氏名，在留資格，在留期間等を届け出なければなりません。

　雇用対策法の改正により，平成19年10月1日から，全ての事業主は，外国人労働者（特別永住者及び在留資格「外交」・「公用」の者を除く）の雇入れ又は離職の際に，外国人労働者の氏名・在留資格・在留期間等についてハローワークへ届け出ることが義務付けられています。

　外国人雇用状況届の届出を怠った場合や，虚偽の届出を行った場合には，30万円以下の罰金が科せられることがあります。

　届出は事業所の所在地を管轄するハローワーク窓口のほか，インターネット（外国人雇用状況報告システム）による届出も可能です。

　ハローワーク窓口での届出は以下のとおりです。

Ⅰ 雇用保険の被保険者となる外国人の場合

　「雇用保険被保険者資格取得届」，「雇用保険被保険者資格喪失届」の備考欄に，国籍，在留資格，在留期限等を記載して届出します（雇用保険資格取得届の記載例をご参照ください）。

　届出期限は，雇入れの場合は採用した日の属する月の翌月10日までで，離職の場合は離職した日の翌日から10日以内になります。

Ⅱ 雇用保険の被保険者とならない外国人の場合

　「外国人雇用状況届出書（様式第3号）」に，氏名，生年月日，性別，国籍，在留資格，在留期限，資格外活動許可の有無等を記載して届出します。

　届出期限は，雇入れ，離職ともに，雇入れ，離職の日の属する月のそれぞれ翌月末日までです。

第2章 入社手続／1 社会保険・労働保険の概要

外国人雇用状況届出書（様式3号） 記載例

（日本工業規格A列4）

様式第3号（第10条関係）（表面）

雇入れ／離職 に係る 外国人雇用状況届出書

平成19年10月1日時点で現に雇い入れている者

①外国人の氏名 （ローマ字又は漢字）	フリガナ（カタカナ） 姓 シーエス CS	名 タロウ Taro	ミドルネーム
②①の者の在留資格	技術	③①の者の在留期間 （期限） （西暦）	2015年12月31日 まで
④①の者の生年月日 （西暦）	1975年1月1日	⑤①の者の性別	①男 ・ 2女
⑥①の者の国籍	アメリカ	⑦①の者の資格外活動許可の有無	1有 ・ 2無

雇入れ年月日（西暦）	2013年5月1日	離職年月日（西暦）	年 月 日
	年 月 日		年 月 日
	年 月 日		年 月 日

雇用対策法施行規則第10条第3項・整備省令附則第2条 の規定により上記のとおり届けます。

平成 25年 5月 1日

事業主

雇入れ又は離職に係る事業所

雇用保険適用事業所番号
0000 000000 0
①の者が主として左記以外の事業所で稼働する場合

事業所の名称、所在地、電話番号等
（名称）CSアカウンティング株式会社
（所在地）東京都新宿区西新宿1-25-1　TEL 03-5908-3421

主たる事務所
（名称）
（所在地）　　　　　　　　　TEL

氏名　代表取締役 CS一郎　　　　㊞

新宿　公共職業安定所長　殿

4 外国人従業員の扶養家族

日本人の従業員同様，扶養の要件を満たしていれば，外国人従業員の家族も健康保険の被扶養者として健康保険の給付を受けることができます。海外に在住している家族についても被扶養者になることが可能です。

1 生計維持要件

健康保険法で，「被扶養者」として認められる親族（血族・姻族）の要件は，まずは主として被保険者（外国人本人）の収入により，その親族が生計を維持している（＝養っている）ことが原則になります。

具体的には
- その親族の年収が130万円未満（60歳以上又は障害者の場合は180万円未満）　　　　　　　　　　かつ
- 同居の場合は収入が被保険者の年間収入の2分の1未満
- 別居の場合は収入が被保険者からの仕送り額より少ない

の場合に被扶養者に該当します。

なお生計維持要件を満たしている場合でも，75歳以上の高齢者は後期高齢者医療制度の対象となるため，健康保険の被扶養者にはなれません。

> ⚠ **ATTENTION**
> - 所得税法上の扶養親族の要件は，その年の1月1日から12月31日の収入額で判断しますが，健康保険の場合は申請日から向こう1年間の見込み収入額で判断します。
> - 年収の金額には失業給付や年金等も含みます。よって失業給付を受給中の場合，1日あたりの受給額が3,612円以上あると被扶養者にはなれません。（130万円÷360＝3,611.111円）ただし，失業給付の受給が終了した時点で収入の見込みがなければ被扶養者になることが可能です。

Ⅱ 同居要件

Ⅰの生計維持要件を満たしていても，同居の要件を満たしていない場合は健康保険上の扶養家族にできない場合があります。

① **被保険者と同居していなくても被扶養者になれる親族の範囲**

被保険者の配偶者（内縁関係含む），直系尊属（父母・祖父母・曾祖父母），子，孫，弟妹

② **被保険者と同居していることを条件に被扶養者になれる親族の範囲**
・ 内縁関係にある配偶者の父母・子
・ ①以外の3親等内の親族
・ 内縁関係にあった配偶者の死亡後の配偶者の父母・子（死亡前から同居している必要があります）

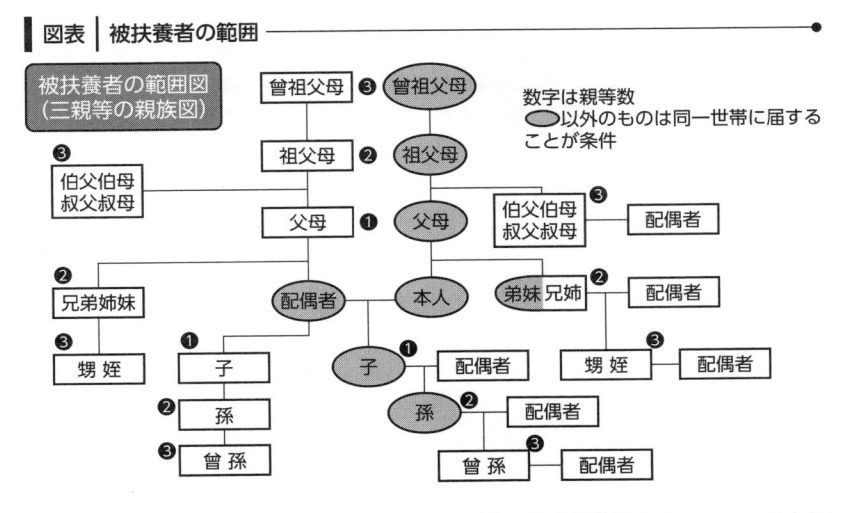

| 図表 | 被扶養者の範囲 |

被扶養者の範囲図（三親等の親族図）

数字は親等数
●以外のものは同一世帯に届することが条件

（全国健康保険協会ホームページより）

つまり，外国人従業員の配偶者や子，実の父母等は同居していなくても扶養家族にできますが，同居していない義理の父母等は生計維持要件を満たしていても扶養家族にできないことになります。

〈提出書類〉

　健康保険被扶養者異動届

〈提 出 先〉

　所轄年金事務所　又は　健康保険組合

〈提出期限〉

　異動があった日から起算して5日以内

　外国人従業員の入社と同時に扶養に入れる場合は，被保険者取得届と一緒に提出します。

　なお年金事務所の健康保険被扶養者異動届は，国民年金第3号被保険者※と一体化した複写式となっています。よって健康保険組合の所定の被扶養者異動届を使用する際は，別途，国民年金第3号被保険者取得届の用意をする必要があります。

※　国民年金第3号被保険者とは，会社員や公務員など国民年金の第2号被保険者に扶養される配偶者（20歳以上60歳未満）が対象になります。国民年金第3号被保険者である期間は，保険料納付済期間として将来の年金額に反映されますが，保険料を納付する必要はありません。

第2章 入社手続／① 社会保険・労働保険の概要

健康保険被扶養者異動届

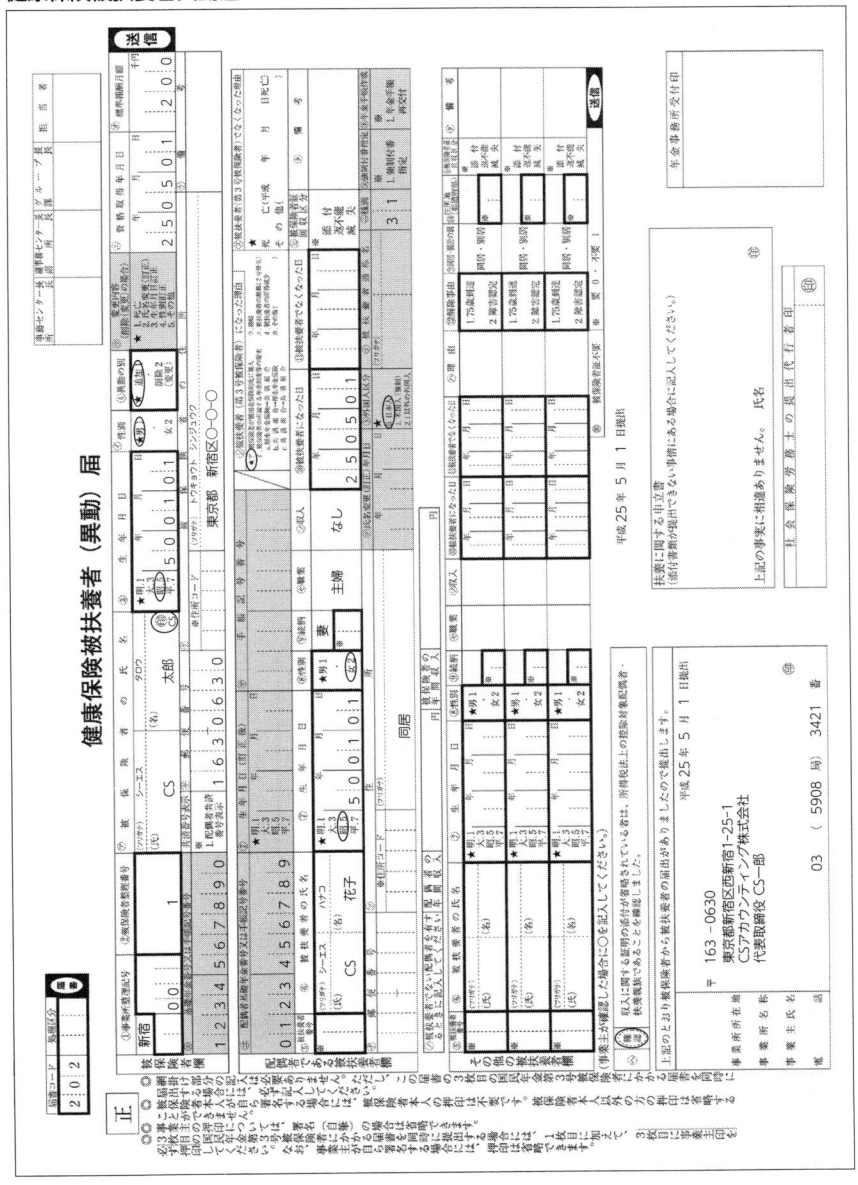

健康保険被扶養者異動届

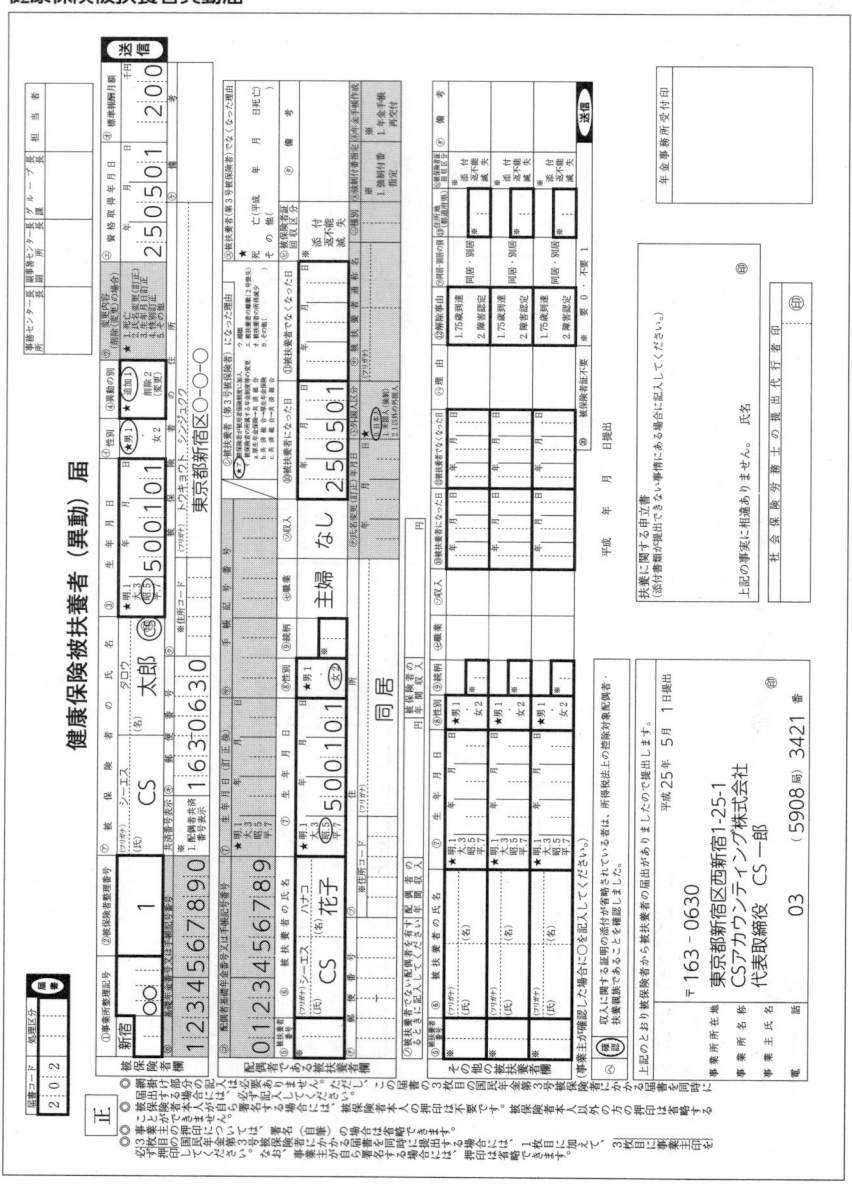

〈提出書類〉

健康保険被扶養者異動届

〈提出先〉

所轄年金事務所　又は　健康保険組合

〈提出期限〉

異動があった日から起算して5日以内

　外国人従業員の入社と同時に扶養に入れる場合は，被保険者取得届と一緒に提出します。

　なお，16歳から60歳までの親族を扶養に入れる場合等は
- 非課税証明書又は在学証明書（学生）
- 年金振込通知書（年金受給者）
- 世帯全員が記載された住民票（同居が条件の親族を扶養に入れる場合）
- 通帳のコピー等，被保険者が親族に送金をしている旨を証明する書類（別居の場合）

等の確認書類の添付が必要な場合があります。

　届出時に追加で書類を求められることもあるため，必要な書類は事前に年金事務所や健康保険組合に確認しておくと手続が早く済み，健康保険証を早く発行してもらえます。

> ⚠ **ATTENTION**
>
> 日本では夫婦同姓が一般的ですが，国によっては夫婦別姓のところもあります。扶養に入れたい親族の苗字が外国人従業員と違っている場合は，親族であることを証明する書類の提出を求められることがあります。

Ⅲ 海外に住んでいる家族を扶養に入れる場合

　既に説明したとおり，被保険者の配偶者，直系尊属（父母・祖父母・曾祖父母），子，孫，弟妹等は，生計維持要件を満たしていれば海外に住んでいても

健康保険の扶養家族にすることが可能です。

　ただし，健康保険組合によっては，生計維持要件を満たしていても，生活の拠点が日本にない家族（海外に在住している家族）は被扶養者として認定しないとするところもあるようです。外国人従業員に「家族も健康保険の扶養に入れられますよ」と説明し書類を提出してもらってから，「実は健保組合のほうで扶養認定をしてもらえませんでした」ということになると，従業員からクレームを受けてしまう可能性もあります。よって海外在住の家族を扶養に入れたい場合は，事前に年金事務所や健保組合に認定の基準や必要な書類について十分に確認しておく必要があります。

　なお，海外では戸籍や住民票の制度がない国が多いため，日本のように世帯全員の住民票を用意して家族関係を証明するわけにはいかない場合が多くあります。

　こういった場合は，結婚証明書や出生証明書のようなその国の行政機関が発行する書類により家族関係を証明することもあります（最終的には年金事務所や健保組合が判断することになります）。

> ⚠️ **ATTENTION**
> 　海外では日本の健康保険証を使って医療機関で診察を受けることはできません。よって海外在住の家族の医療費については，いったん全額医療費を支払った後で還付申請をする「海外療養費」の制度を利用することになります。手続方法は「外国人の一時帰国時の医療費」と同じです。

2 いろいろなケースへの対応

1 アメリカ合衆国国籍（永住権取得）者を雇用する場合

日本国籍者であってもアメリカの永住権を持っている者が日本で働く際と，アメリカで所得税の納付義務が発生することがあります。

I アメリカの社会保障制度

アメリカでは，社会保障税を支払った期間（年金加入期間）が40クレジット（10年相当）以上あると，老齢年金の受給資格が得られます。

この社会保障制度はアメリカに居住している者だけが対象ではありません。アメリカ国籍者とアメリカの永住権保持者（グリーン・カード所有者）は，居住地がどこであるかに関係なく，全世界に持っている所得や財産（不動産，株，預貯金など）が社会保障税の課税対象になります。よって，アメリカ国籍者はもちろんですが，アメリカ永住権を持つ外国籍者がアメリカを出国し国外に居住した場合も，アメリカ国外での所得に対してもアメリカの社会保障税を課税されることがあります。

II 社会保障協定適用証明書の必要性

現在，日本とアメリカの間では日米社会保障協定により社会保険制度の二重加入が禁止されています。よって，アメリカから日本に5年を超える予定で長期派遣される人や日本の事業所に直接採用されて就労する人は，原則として日本の社会保障制度のみに加入することになり，アメリカの社会保障税の支払いが免除されます。ただし，アメリカの社会保障税の支払いが免除になるためには，日米社会保障協定の適用証明書を持っていることが前提になるので，まずは日米社会保障協定の適用証明書の交付を受ける必要があります。

日本から赴任させる場合と同様に，事業主が年金事務所に「適用証明書交付申請書」を提出して証明書の交付を受け，これをアメリカの勤務先若しくはアメリカの内国歳入庁に提示することで，アメリカの社会保障税の支払いが免除になります。

「アメリカ合衆国国籍（永住者取得）者を雇用する場合」の記載例

事務センター長所長	副事務センター長副所長	グループ長課長	担当者

届書コード 243　処理区分　届書

日米社会保障協定　厚生年金保険／健康保険／船員保険　適用証明書交付申請書

○ ※欄は記入しないでください。
○ この申請書を記入する際には、裏面をよく読んでください。

①事業所の記号	②被保険者整理番号	③生年月日	⑦基礎年金番号
新宿　○○	001	☒5. 昭和　□7. 平成　50.01.01	1234-56789

④被保険者氏名	⑤性別	⑥日本国における被保険者住所	⑦協定相手国
(フリガナ) シーエス　タロウ CS 太郎	☒1. 男　□2. 女	(フリガナ) トウキョウトシンジュククニシシンジュク 〒163-0630　東京都新宿区西新宿○-○-○	(アメリカ合衆国) 004

⑥就労の形態 / ⑧協定条文該当区分

☒ 30. 合衆国より適用証明書が交付されない合衆国国籍（永住権取得）者が日本国内の事業所で就労する（協定第4条1該当）
□ 31. 日本の事業所から合衆国内の事業所へ一時的(5年以内の見込)に派遣される（協定第4条2該当）
　　　（派遣直前6ヶ月間は日本の年金制度に加入している被保険者であり、派遣期間中も日本の事業所と雇用関係が継続します）
□ 00. 船員として就労し、日米両国の制度が適用されうる（通常居住地が日本国内である）（協定第4条5該当）
□ 32. 日本に本社のある国際線航空の乗組員として就労し、日米両国の制度が適用されうる（協定第4条6該当）
□ 33. 日本の事業所から合衆国の事業所へ一時的(5年以内の見込)に派遣される
　　　（日本の年金制度に派遣直前6ヶ月間加入していない被保険者であるが派遣期間中も日本の事業所と雇用関係が継続します）
　　　（協定第4条8該当）※「備考」欄に派遣開始前・終了後の雇用・居住(予定)状況を具体的に記入してください。
□ 33. 上記以外で合衆国内の事業所で就労するが、合衆国の制度のみに適用されることにより不利益を被る
　　　（協定第4条8該当）※「備考」欄にどのような不利益を被るかを具体的に記入してください。

送信　※　30. 4条1該当　31. 4条2該当　・　4条5該当　32. 4条6該当　33. 4条8該当

⑩就労開始年月日	⑪就労終了予定年月日
(西暦) 20○○0201	(西暦) 年　月　日

⑫合衆国における事業所の名称
(カナ)

⑬合衆国における事業所の所在地
(カナ)

⑰適用証明書要否	送信	㉑被保険者氏名（ローマ字）	
※ 0. 要　1. 否		姓 CS	名 Taro

備考

裏面を理解したうえで、上記のとおり申請します。

事業所の所在地及び名称
(所在地) 〒163-0630
(名称) シーエスアカウンティング　カブシキガイシャ
　　　　CSアカウンティング株式会社
(事業主氏名) CS 一郎　㊞
(電話) (03)-(5908)-(3421)

受付日付印

社会保険労務士の提出代行者印　㊞

平成　年　月　日　提出

第２章 入社手続／② いろいろなケースへの対応

日米社会保障協定適用証明書

社会保障に関する日本国とアメリカ合衆国との間の協定
Agreement between Japan and the United States of America on Social Security

J／USA6

日本国の公的年金及び公的医療保険
各法の適用に関する証明書

Certificate of continuing coverage under legislation concerning the Japanese public pension systems and the Japanese health insurance systems

・協定第４条　　　　　　　　　　　・Article 4 of the Agreement
・行政取決め第４条　　　　　　　　・Article 4 of the Administrative Arrangement

1 ☐ 被用者／Employee　　　　☐ 自営業者／Self-employed person

氏／Surname　　　　　名／Forename　　　　　生年月日／Date of birth
(Year)　(Month)　(Day)
年　月　日

(ローマ字／In the Latin alphabet)

日本国における住所／Permanent Japan address

基礎年金番号／Basic Pension Number

2 日本国における事業所／Place of work in Japan

事業所名／Name of company
所在地／Address

3 合衆国における事業所／Place of work in the United States

事業所名／Name of company
所在地／Address

（見本）

4 証明／Certification

上記１に氏名のある労働者は日本の公的年金制度及び日本の公的医療保険制度（協定第２条１）について法の適用を受けており、協定の以下の条項に従って、退職年金、遺族年金、障害年金及びメディケアについて合衆国の法規から免除される。／The worker named in 1 is covered by the legislation concerning the Japanese public pensions systems and the Japanese public health insurance systems (Article 2.1 of the Agreement) and is exempt from U.S. laws with respect to Retirement, Survivors, Disability and Medicare in accordance with the following Article of the Agreement.

☐ 4.1　☐ 4.2　☐ 4.4　☐ 4.5　☐ 4.6　☐ 4.7(c)　☐ 4.8

期間／The period
(Year) (Month) (Day)　　(Year) (Month) (Day)
　年　月　日　～　　年　月　日

5 連絡機関／Liaison agency

名称／Name　　　　　　　　　　　　　　　　　　　　　　印／Stamp
所在地／Address

(Year) (Month) (Day)
年月日／Date　　　　　　　　　　　　　　　　　年　月　日

2 エクスパッツとは

エクスパッツの定義や在留資格を理解しましょう。

Ⅰ エクスパッツとは

　海外に本社・親会社・関連会社などがある企業が，日本に駐在員事務所・外国会社の日本支店・現地法人を設立したりしたときは，海外に所属している従業員を日本へ社員を派遣することがあります。このように，海外の本社・親会社・関連会社などの企業に所属している従業員で日本に派遣された者は，一般にExpatriate（Expats，エクスパッツ又はエクスパット）などと呼ばれます。

Ⅱ エクスパッツの在留資格

　エクスパッツの在留資格として多いものは，「企業内転勤」になります。「企業内転勤」の在留資格の要件には，派遣される社員が「人文知識・国際業務」「技術」の在留資格に対応する活動をすることが必要ですが，「人文知識・国際業務」「技術」の在留資格で要求している大学を卒業しているか又は10年以上の実務経験を持っている必要はありません。

　企業内転勤の在留資格につき，入国管理局ホームページによると，本邦において行うことができる活動は「本邦に本店，支店その他の事業所のある公私の機関の外国にある事業所の職員が本邦にある事業所に期間を定めて転勤して当該事業所において行うこの表の技術の項又は人文知識・国際業務の項に掲げる活動」とされています。

　外国の事業所からの転勤者などがこれに該当し，在留期間は5年，3年，1年又は3ヶ月とされています。

Ⅲ 帯同家族の在留資格

　エクスパッツには単身の方もいれば，配偶者や子などの家族を帯同して派遣される方も多くいます。このようなエクスパッツの配偶者や子の在留資格は「家族滞在」になります。エクスパッツの「企業内転勤」「人文知識・国際業務」「技術」の在留資格認定証明書交付申請をする際には家族の「家族滞在」の在留資格認定書も一緒に交付申請が可能です。申請の際には，添付書類として，配偶者との婚姻証明書，子どもについては出生証明書などが必要になりますが，その他の必要書類はエクスパッツ本人の申請書の添付書類を利用できます。

3 エクスパッツの社会保険の適用

日本で現地採用する場合と，取り扱いが違う部分を把握しておきましょう。

I 健康保険・厚生年金保険の適用

「海外赴任者の労務」の書籍でも説明しましたが，例えば転籍（移籍出向）の形で日本から海外へ赴任する場合であれば，日本の会社では退職扱いになるため，社会保険の資格は当然に喪失することになります。

ただし日本から海外へ在籍出向する場合は，事実上の使用関係や日本での給料の支払いの有無により，社会保険の資格がそのまま継続することがあります。

これと同じことが海外から日本へ派遣されるエクスパッツにも該当することになります。

出向	日本で本給が支払われていない場合： 会社経由で社会保険に加入する必要はないと解釈されます。
	日本で本給が支払われている場合： 会社経由で社会保険に加入が必要になる可能性があります。 ただし，日本から本給の支払いがなく，各種手当のみが支払われている場合は，会社経由で社会保険に加入する必要はないとみなされる可能性が高くなります。
転籍	海外の企業との雇用契約は終了し，雇用関係は日本のみとなるため，会社経由で社会保険に加入する必要が生じます。

一般的に年金事務所では，日本の会社から直接本人に本給が払われているかどうかで判断しているケースがほとんどになりますが，これらの取り扱いは，それぞれの雇用環境や保険者の判断によって異なりますので，ケースごとに確認が必要です。また，同じケースでも年金事務所と健康保険組合で見解が分かれる場合があるため，必ず両方に問い合わせ，取り扱いに整合性を持たせることも必要です。

Ⅱ 健康保険組合・年金事務所への問い合わせ

　皆さんにもご経験があるかと思いますが、質問の仕方により、役所からの回答が違ってくる場合があります。適正な取り扱いをするためには、問い合わせの際に実態についてできるだけ詳しい説明をすることが必要になります。

　エクスパッツの社会保険適用について問い合わせる際には、下記についてできるだけ詳しく説明するとよいでしょう。

- 派遣の形態（出向 or 転籍）
- 地位（役員 or 従業員）
- 派遣期間
- 給与の額（本国・日本のそれぞれの額）
- 上記給与の内訳（本給・各種手当等）
- 指揮命令関係（本国 or 日本）
- 人事考課（本国 or 日本）
- 給与負担金（本国 or 日本、それぞれ一定の割合で負担する場合はその負担割合）

> ⚠ **ATTENTION**
>
> 　健康保険料（介護保険料を含む）・厚生年金保険料（社会保険料）は、個々の従業員の毎月の給与（標準報酬月額）と賞与（標準賞与額）に保険料率をかけて計算されます。
> 　健康保険組合等、保険者によって、日本で支払われる給与と海外本社から支払われる給与を合算した額を毎月の給与の額（報酬）とみなすところがあるため、この額により毎月の社会保険料も変わります。
> 　よって、会社経由で社会保険に加入すると保険者が判断した場合は、あわせて報酬の額がいくらになるかについても確認しておくと、何度も質問をしなくて済みますし、被保険者取得届作成や、算定・随時改定の手続の際に整合性のある対応ができます。

Ⅲ 介護保険適用除外

　平成12年4月1日より施行された介護保険制度により，市町村に住所を有する40歳以上の者は，介護保険の被保険者となり，介護保険料を納付することになりました。よって，40歳以上65歳未満の健康保険の被保険者は，外国人であっても健康保険料とともに介護保険料も支払う義務が生じます。
　ただし，下記の方々は介護保険の適用が除外になります。
　① 　海外赴任等により海外へ居住するため，日本の住民登録を削除した場合
　② 　身体障害者施設等に入所した場合
　③ 　在留資格が3ヶ月以下の外国人の場合
　短期間の派遣等で外国人従業員が適用除外の③に該当する場合には，「介護保険適用除外該当届」を事業主経由で保険者に提出すると，事業主・被保険者とも介護保険料の支払いが免除になります。

> ⚠ **Attention**
> 　平成24年7月9日施行の「住民記帳台帳法の一部を改正する法律」の施行にあわせて，介護保険が適用される在留外国人は，従来の「在留資格1年以上の者」から「在留資格3ヶ月を超える者」に変更となりました。

〈提出書類〉
　「介護保険適用除外（該当・非該当）届」
〈添付書類〉
　在留期間を証明する書類（旅券（パスポート）の裏面に押される「上陸許可認印（写）」，「資格外活動許可書（写）」など）及び雇用契約書のコピー
〈提　出　先〉
　所轄年金事務所又は健康保険組合
〈提出期限〉
　遅滞なく

介護保険適用除外等該当届

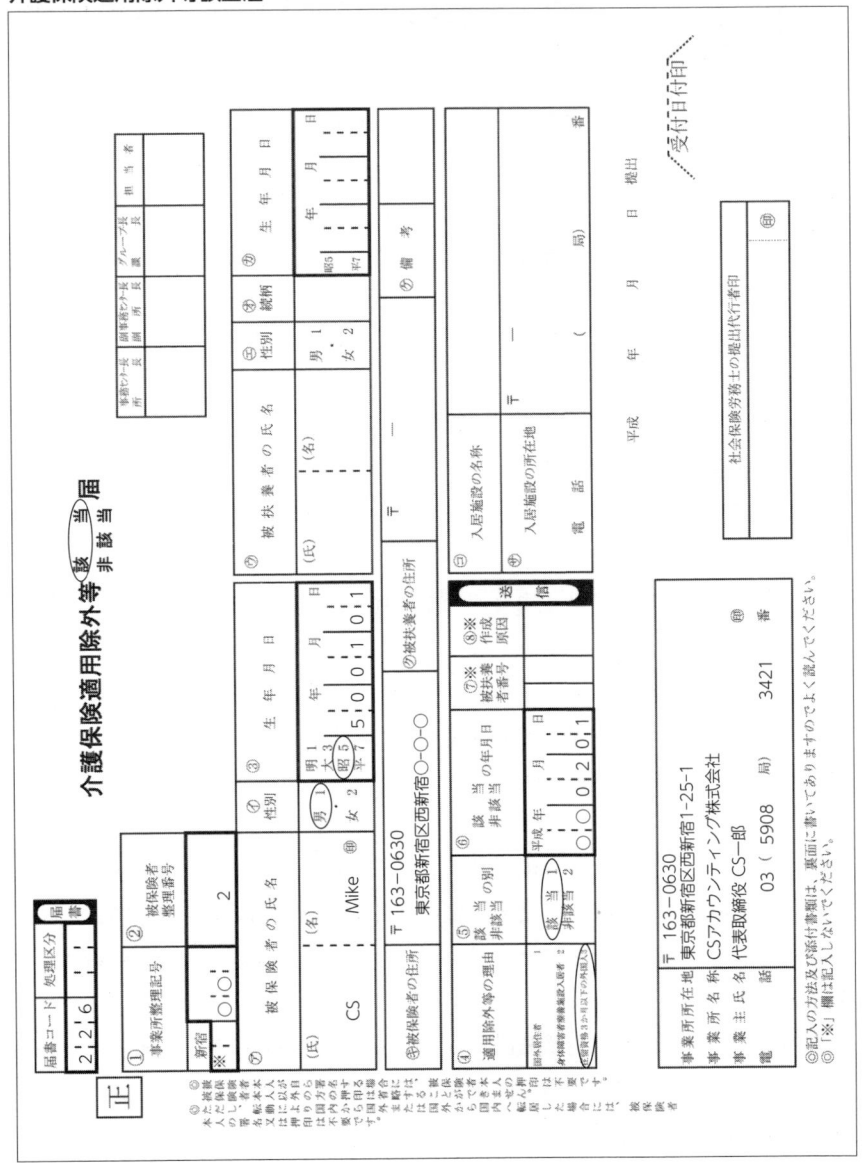

4 社会保障協定締結国からのエクスパッツの場合

> エクスパッツが本国で発行された社会保障協定適用証明書を持っている場合は，日本での社会保険の加入が免除になります。

　日本では国籍に関係なく年金制度が適用されるため，日本に居住する外国人も要件を満たせば日本の年金制度への加入が義務付けられます。ただし，社会保障協定締結国から5年以内の予定で日本に赴任する場合は，申請により日本での社会保険の加入が免除になります。

Ⅰ 社会保障協定とは

　社会保障協定は，
① 保険料の二重負担の防止
② 保険料の掛け捨て防止のための年金加入期間の通算（イギリス・韓国は対象外）
の目的で締結された協定です。
　2000年2月の日本・ドイツ間の協定をはじめとして，2013年6月現在，日本では14カ国と協定が発効されています。

　よって「社会保険・労働保険の適用」で，健康保険や厚生年金の被保険者と保険者が判断した場合であっても，社会保障協定締結国から5年以内の比較的短期間の予定で赴任されるエクスパッツについては，日本での社会保険加入が免除されます。
　そのため，社会保障協定締結国からエクスパッツが赴任される場合は，赴任期間や社会保障協定適用証明書の有無を確認することが必要です。通常，エクスパッツは海外赴任に伴い，赴任期間やその他の労働条件が記載されたアサインメントレター（辞令）を渡されていますので，それにより赴任予定期間を確

認することができます。

　エクスパッツの日本での赴任期間が5年以内で社会保障協定が適用されるのに，本国で申請をしておらず社会保障協定適用証明書を持っていない場合は，派遣元のオフィスに連絡し，速やかに適用証明書申請の手続をしてもらうよう案内が必要です。

　なお，協定相手国の社会保障制度のみに継続して加入し，日本の社会保障制度の免除を受けるためには，次の全ての状況を満たす必要があります。
　①　協定相手国の社会保障制度に加入していること
　②　派遣期間中も協定相手国の事業所との雇用関係が継続していること
　③　派遣期間が5年以内と見込まれる場合であること
「雇用関係が継続している」とは，協定相手国の事業主に役務を提供し，その事業主が労務管理をしていることをいいます。

> ⚠ **ATTENTION**
> 　年金事務所等による社会保険（健康保険・厚生年金保険）の調査では，従業員が適正に社会保険に加入しているかについても，よくチェックされるポイントになります。よって，調査官から質問を受けた場合にすぐ提示できるように，エクスパッツのアサインメントレターや社会保障協定適用証明書のコピーを保管しておくと安心です。

Ⅱ 社会保障協定国と対象となる制度

2013年6月現在，日本と社会保障協定を締結・発効している国は下記のようになります。国により，年金のみでなく医療保険や労災，雇用保険も二重加入防止の対象となっています。

相手国	協定発効年月	期間通算	二重防止の対象となる社会保障制度 日本	二重防止の対象となる社会保障制度 相手国
ドイツ	平成12年2月	○	・公的年金制度	・公的年金制度
イギリス	平成13年2月	—		
韓国	平成17年4月	—		
アメリカ	平成17年10月	○		・社会保障制度（公的年金制度） ・公的医療保険制度（メディケア）
ベルギー	平成19年1月	○	・公的年金制度 ・公的医療保険制度	・公的年金制度 ・公的医療保険制度 ・公的労災保険制度 ・公的雇用保険制度
フランス	平成19年6月	○		・公的年金制度 ・公的医療保険制度 ・公的労災保険制度
カナダ	平成20年3月	○	・公的年金制度	・公的年金制度 ※ケベック州年金制度を除く
オーストラリア	平成21年1月	○		・退職年金保障制度
オランダ	平成21年3月	○	・公的年金制度 ・公的医療保険制度	・公的年金制度 ・公的医療保険制度 ・雇用保険制度
チェコ	平成21年6月	○		
スペイン	平成22年12月	○	・公的年金制度	・公的年金制度
アイルランド	平成22年12月	○		
ブラジル	平成24年3月	○	・公的年金制度	・公的年金制度
スイス	平成24年3月	○	・公的年金制度 ・公的医療保険制度	・公的年金制度 ・公的医療保険制度

Ⅲ 各国別の注意事項

1．ドイツ

　日独協定では，当初5年を超えると見込まれる場合の派遣であっても，派遣開始から60暦月までは，派遣元の国の年金制度にのみ加入し，派遣先の国の年金制度の加入が免除されます。

2．アメリカ

　アメリカから日本に一時派遣される人が，アメリカの社会保障制度に引き続き加入する場合，アメリカの民間医療保険に加入している場合に，日本の医療保険制度への加入が免除されることになります。

　ただし，配偶者や子などが一緒に日本に滞在する場合には，その全員が民間医療保険に加入していなければなりません。もし，本人及び家族の中に民間医療保険に加入していない人がいる場合は，本人及び家族の全員について日本の医療保険制度への加入が免除されないことになります。

日英社会保障協定適用証明書の例

Certificate of continuing liability under United Kingdom National Insurance Legislation for people working in Japan form UK/JAPAN1

Agreement on Social Security between the United Kingdom of Great Britain and Northern Ireland and Japan

日英社会保障協定適用証明書

- Articles 4, 5, 6, 7 and 8 of the Agreement
- Articles 3.1 and 5 of the Administrative Arrangements

Why we are sending this form
We are sending you this form as your certificate of continuing liability to United Kingdom National Insurance Legislation. Please check the details are correct. If not, please return the certificate to us and advise us of the correct details.

Person's details

National Insurance number	xxxxxxxxx
Surname	Smith
First forename	Mike
Other forename(s)	
Date of birth	25/01/xxxx
Permanent United Kingdom address	2 Church road West Ewell, Surrey KTxx xxx
Postcode	CFxx9xx

← エクスパッツ本人の情報

Employee's details
The person shown overleaf is insured under United Kingdom legislation and is:

Employed by — Name of company   CS Accounting
Self employed for — Name of company

Address for correspondence   Epsom
                               Surrey

← イギリスの会社の情報

Postcode   KTxx xxx

Daytime telephone and fax number
(including national dialing code)

Place of work in Japan ← 勤務する日本の会社の情報

The employment in Japan of the person shown overleaf is:

Name of company	CS Accounting
Address	Shinjuku centre building
	1-25-1 Nishi-shinjuku
	Shinjuku-Ku
	Tokyo
	163-0630
	Japan

Certification

In accordance with Article 5(1) of the Agreement and Articles 3.1 and 5 of the Administrative Agreements, the person named overleaf will remain subject to United Kingdom legislation during the period 01 April 2012 to 31 March 2017. ←

社会保障協定適用期間

For official United Kingdom use only

Signature (on behalf of the competent   Signature of authority
Authority of the United Kingdom)

Date

Stamp
```
          HM REVENUE & CUSTOMS
                RESIDENCY
            BENTON PARK VIEW
     NEWCASTLE UPON TIME, NE98 1ZZ
                DD/MM/YYYY
```

5 エクスパッツの労働保険の適用

日本で採用した外国人従業員とは違い，当然には労働保険の適用とはならない場合があります。

I 雇用保険

社会保障協定により雇用保険の加入が免除されている場合や，本国にて失業補償制度の適用を受けている場合以外では，雇用保険の加入が必要とされます。

> ■　被保険者となる者
> 　日本国に在住し，合法的に就労する外国人は，国籍（無国籍を含む）のいかんを問わず被保険者となります。
> 　また，外国人技能実習生として受け入れられ，技能等の習得をする活動を行う場合には，受入先の事業主と雇用関係にあるので，被保険者となります。
> ■　被保険者とならない者
> 　外国公務員及び外国の失業補償制度の適用を受けていることが立証された者は被保険者となりません。
> 　外国人技能実習生のうち，入国当初に雇用契約に基づかない講習（座学（見学を含む）により実施され，実習実施期間の工場の生産ライン等商品を生産するための施設における機械操作教育や安全衛生教育は含まれない。）が行われる場合には，当該講習期間中は受入先の事業主と雇用関係にないので，被保険者となりません。
> 　　　　　　　（ハローワーク「雇用保険事務手続きの手引き　平成24年8月」より）

なお「事業主の行う雇用保険の事務手続」では，以前は「外国において雇用関係が成立した後，日本国内にある事務所に赴き勤務している場合は，被保険者となりません。」という記載がありましたが，現在は削除されています。

まずはエクスパッツの本国で失業給付や失業補償制度が適用になっているか

どうかを確認の上，雇用保険の加入の有無について不明な点があれば，所轄のハローワークに問い合わせて判断を仰ぐようにしてください。

エクスパッツが雇用保険に加入しない場合は，当然ながら日本で退職しても失業給付は受けられないことになります。このようなエクスパッツが退職時に失業給付について会社に問い合わせをしてくる場合があります。雇用保険の適用について赴任の段階で確実に確認を取っておくと安心です。

II 労災保険

労災保険には被保険者という概念がないため，雇用保険や社会保険制度のように個人単位で被保険者として加入するのではなく，事業所を一つの単位として加入します。

したがって，法人の役員・事業主の同居の親族等の一部の例外を除き，適用事業所に使用され賃金を支払われている労働者には全て労災保険が適用されます。

ただし，必ずしも賃金を直接支払われていることのみが労災の適用労働者の条件ではなく，出向者も労災の適用労働者になります。例えば，出向先事業組織に組み入れられ，出向先の事業主の指揮監督を受けて労働に従事している出向労働者については，出向元から賃金が全額支払われていて，出向先から賃金が直接支払われていなくても出向先での労災保険が適用になります。

以上のことから，日本から直接賃金の支払いを受けていないエクスパッツであっても，日本の組織に組み入れられ，日本の事業主の指揮監督を受けて労働に従事するエクスパッツであれば，日本の労災が適用されることになります。

この場合，本国から支払われている賃金を基に計算した額で労働保険料を申告します。

代表権・業務執行権を有する役員は労働保険（雇用保険・労災保険）の対象にならないため，エクスパッツが日本法人の代表取締役等である場合は，労働保険の適用対象から外れることになります。

6 エクスパッツの労働保険年度更新

> エクスパッツの雇用保険・労災保険の適用の有無により，取り扱いが異なります。

　労働保険の保険料は，社会保険料のように毎月納付する方法ではなく，毎年4月1日から翌年3月31日までの1年間を単位として計算し納付することになっています。

　具体的には，前年に支払い済みの概算保険料から実際の保険料を精算するための確定保険料の申告・納付と新年度の概算保険料を納付するための申告・納付の手続が必要となります。これが年度更新の手続です。この年度更新の手続は，毎年6月1日から7月10日までの間に行います。

Ⅰ 確定保険料・一般拠出金算定基礎賃金集計表の記載

　毎年の労働保険の年度更新で，確定保険料・一般拠出金算定基礎賃金集計表を記載する際に，それぞれのエクスパッツについて，①常用労働者②役員で労働者扱いの人③臨時労働者　のどのカテゴリの適用になるか留意して進める必要があります。

Ⅱ 労災保険及び一般拠出金

1．常用労働者

　エクスパッツが労災保険・雇用保険の対象になる場合はこのカテゴリに入ります。

2．役員で労働者扱いの人

　いわゆる使用人兼務役員のことになります。エクスパッツが日本法人の代表取締役である場合等で，労働保険の適用対象から全面的に外れている場合はこ

のカテゴリには該当しません。
　記載する賃金には「役員報酬」は含めず，労働者としての「賃金」部分のみになります。

3．臨時労働者

　雇用保険には適用せず，労災保険のみの適用になる場合等に該当します。日本の企業から賃金を直接支払われていなくても，日本の企業の指揮命令を受けて労働に従事している場合については，ここに該当します。

※　エクスパッツの給料が海外から支給されているときは，海外で支払われた給与を日本円に換算した額を記載します（支給日又は賃金締切日のレート）。

Ⅲ 雇用保険

1．常用労働者，パート，アルバイトで雇用保険の資格のある人

　エクスパッツが雇用保険に加入している場合は，このカテゴリに入ります（役員でない場合）。

2．役員で雇用保険の資格のある人

　エクスパッツが雇用保険に加入していて，かつ役員の場合，このカテゴリに入ります。

確定保険料・一般拠出金算定基礎賃金集計表

7 インターンシップ生受け入れ時の留意点

> インターンシップ生が労働者とみなされる場合，労働関係法令（労働基準法，最低賃金法等）が適用されます。

　インターンシップ制度とは，学生が在学中に一定期間企業で研修生として勤務し，自分の専門分野や興味のある分野の就業体験を積むことができる制度で，多くは夏休みなどの長期休暇を利用して学生が自発的に申し込むことにより行われます。

　文部科学省，経済産業省，厚生労働省などの各団体では，インターンシップ制度を積極的に推進しているため，制度を取り入れている企業は年々増加しています。学生のときに就業体験しておくことにより，企業のニーズと学生が抱く企業イメージとの落差などのミスマッチを防ぐ助けにもなります。

Ⅰ 労働者性

　インターンシップは，雇用契約に基づく就業ではなく学業の一環としての就業体験と位置付けされるため，実習内容は軽度の補助的作業にとどめ，直接の生産活動に従事させることのないよう留意が必要です。そのためインターンシップ生が，欠勤・遅刻・早退状況及び会社の諸規則について違反をした場合，通常は会社として制裁は課せないことになります。また，インターンシップ生に交通費・食費等の実費弁償を負担したり，1人暮らしである場合に社宅費を支払ったりする会社がありますが，いずれも労働基準法での賃金とはみなされないことになります。

　ただし，インターンシップ生に実際の業務を担当させる場合は，いわゆるアルバイトと同様に労働基準法の労働者に該当するため労働基準関係法令が適用されます。この場合は一般の従業員と同様に給料が最低賃金を下回らないようにする必要があります。また，時間外労働が発生した場合には時間外手当を支

払う必要が生じます。

平成9年9月18日基発636号の通達では，労働者性について下記のように示されています。

労基法9条の労働者※	内容
該当しない	見学や体験的なものであり，使用者から業務に係る指揮命令を受けていると解されないなど使用従属関係が認められない場合
該当する	直接生産活動に従事するなど当該作業による利益・効果が当該事業場に帰属し，かつ，事業場と学生との間に使用従属関係が認められる場合

※　労働基準法9条：労働者を「職業の種類を問わず，事業又は事務所に使用される者で，賃金を支払われる者」と規定しています。
※　労働基準法9条の労働者とみなされる場合には，賃金その他の労働条件に関して，労働基準法，最低賃金法，労災保険法等の労働基準関係法令が適用されます。

なお，インターンシップ生が労働者に該当する場合，1日又は1週間の所定労働時間及び1ヶ月の所定労働日数が通常の社員のおおむね4分の3以上であり，雇用期間が2ヶ月を超える場合は，社会保険の加入が必要になります。雇用保険に関しては，昼間の学生の場合は被保険者に該当しないため，加入の必要はありません。

Ⅱ インターンシップ中の事故の補償

インターンシップに伴う往復途中での事故や実習中の事故については，労働者ではないため労災保険が適用になりません。ただしその場合でも，実習中の事故に対しては，労災保険の適用の有無にかかわらず，企業が学生に対し安全配慮義務を負うことになり，事故への過失が認められれば企業に損害賠償の責任が発生することになります。よって，インターンシップを実施する企業としては，事故の可能性を考慮して実習内容を決める必要があります。

就労中の事故のリスクを完全に回避するためには，座学の一般研修のみにとどめる方法もありますが，それではインターンシップの目的である実地体験の

意味がなくなってしまうことになります。

よって万一の事故に備えて，民間のインターンシップ保険の加入をすることが理想的です。インターンシップ生自身のケガに対する傷害保険としての役割だけでなく，他人にケガをさせたり物を壊したりした場合の賠償責任保険の役割を兼ねたプラン等もあります。

なお，アルバイトとして働いてもらう場合であれば，通常の従業員同様に業務や通勤に伴う事故について労災保険が適用されます。

Ⅲ 在留資格

外国人のインターンシップを受け入れる場合も，在留資格や在留期限の確認が必要です。特にアルバイトとして勤務してもらう場合は，就労できる在留資格を所持しているか確認が必要です。必要に応じ資格外活動許可を得る等の対応も必要になります。

Ⅳ インターンシップ誓約書・覚書

従業員の採用時には誓約書を提出させているように，インターンシップ生に誓約書を提出してもらうようにすると，インターンシップに対する意識を高めてもらう効果を期待できます。

同様に学校側とは覚書を交わしておくと，後でトラブルになるリスクを抑えることができます。

インターンシップ誓約書の例（労働者ではない場合）

平成　年　月　日

○○○○株式会社
代表取締役　○○○○　殿

　　　　　　　　　　　　　　　　　　　　住　所
　　　　　　　　　　　　　　　　　　　　氏　名　　　　　　　　　　印

　　　　　　　　　　　　インターンシップ誓約書

　このたび，貴社においてインターンシップを受けるにあたり，以下の事項を遵守することを誓約いたします。

　　　　　　　　　　　　　　　　記

1．実習期間中は，貴社の諸規則及び管理者の指導に従い，誠実に実習を受けるものといたします。
2．貴社の機械設備，備品，器具及び商品を大切に取り扱います。
3．安全・衛生には十分留意いたします。
4．実習により知り得た情報（公開されているものを除く。）は，口頭で開示されたものも含めて，実習期間中・実習終了後にかかわらず，第三者に一切開示・漏洩，または提供することはいたしません。
5．インターンシップ中に製作した知的財産権は，すべて会社に譲渡され，会社に帰属されるものとします。
6．貴社の名誉を毀損するような行動はいたしません。
7．貴社の営む事業を妨害するような行動はいたしません。
8．故意または過失により貴社に損害を与えたときは，直ちに賠償いたします。
9．実習中に自己の不注意により万一災害を受けた場合は，貴社に補償を求めることなく自己の責任で対応いたします。

　　　　　　　　　　　　　　　　　　　　　　　　　　　　　　　以上

インターンシップに関する覚書（労働者ではない場合）

受入側　　　　　（以下「甲」という）と，学校側　　　　　（以下「乙」という）とは，甲を受入れ先とし，乙に在籍する学生を対象としたインターンシップの実施について，次のとおり覚書を締結する。

記

第1条　（実施期間）
　　　年　　月　　日～　　月　　日
　但し，受入れ先で定めた休業日及び日曜祝日は休日とする。

第2条　（大学の指導）
　乙は学生に対し，本覚書に定める事項を周知するとともに，インターンシップを円滑に実施するために必要な事前指導及び事後指導を行う。

第3条　（連携及び体制）
　甲と乙は，インターンシップの実施にあたって連携協力するため，それぞれ下記の者を実務担当者として定める。
　　　　　甲＿＿＿＿＿＿＿＿＿＿＿＿＿＿＿＿＿＿＿＿＿＿＿＿
　　　　　乙＿＿＿＿＿＿＿＿＿＿＿＿＿＿＿＿＿＿＿＿＿＿＿＿

第4条　（報酬，手当）
　甲は学生に対し，インターンシップ中の報酬，及び通勤費，食費等の手当は支給しない。

第5条　（機密の保持）
　インターンシップ中，乙の学生が知り得た甲及び甲の顧客取引先の秘密及び個人情報は，現在及び将来にわたり，乙を含めて他に一切洩らしてはならない。また乙は，これを学生に遵守するよう指導監督する。

第6条　（服務）
　インターンシップ中，学生は甲の担当者の指示に従うとともに，甲の信用を傷つけるなど業務に支障をきたすような行為を行ってはならない。

第7条　（誓約書）
　インターンシップの実施に先立ち，学生は，甲に対し別途誓約書を，乙を通じて提出する。

第8条 （期間中の事故，損害賠償等）
　事故及び通勤による学生の災害は，乙が加入する傷害保険により補償する。また学生が，甲及び第三者に損害を与えた場合に備え，乙において損害賠償責任保険に加入する。

第9条 （協議）
　覚書に定めのない事項，又は本覚書に疑義が生じた場合はその都度甲乙協議して決める。

　本覚書の締結を証するため，本書2通を作成し甲，乙それぞれ記名押印し各1通を保有する。

　　　　　　　　　　　　　　　　　　　　　　　平成　　年　　月　　日
　　　　　　　甲
　　　　　　　　　　　　　　　　　　　　　　　　　　　　　　　　　　㊞
　　　　　　　乙
　　　　　　　　　　　　　　　　　　　　　　　　　　　　　　　　　　㊞

8 技能実習生

> 外国人の研修・技能実習制度は，開発途上国から送り出されてきた者を日本の企業で受け入れ，研修や技能実習を行い，送出し国の経済発展を担う人材となるように協力することを目的として平成5年に創設された制度です。

　平成21年7月15日の「出入国管理及び難民認定法及び日本国との平和条約に基づき日本の国籍を離脱した者等の出入国管理に関する特例法の一部を改正する等の法律」の公布に伴い，平成22年7月1日から新しい研修・技能実習制度が導入されています。

I 研修・技能実習制度の変遷

　かつては研修生・技能実習生を受け入れている機関の一部には，研修生の本来の目的を十分に理解せず，実質的に低賃金労働者として扱う等の問題が生じており，実際に研修生から労働基準監督署に是正勧告の申し入れがあった事例もありました。また技能実習生は，工場での単純労働者として極めて低い賃金で労働させられており，本来の目的である技能移転のための適正な実習指導が行われていないことも問題となっていました。

　平成22年7月1日に施行された新しい研修・技能実習制度では，研修生と技能実習生の保護の強化を図るため，新たな在留資格「技能実習」を設けるようになりました。

　これにより1年目は「技能実習1号」，2年目以降は「技能実習2号」に分類されるようになり，講習を受けた後の技能実習活動であれば，1年目でも労働基準法や最低賃金法，労災保険法等の労働関係法令が適用されることになりました。技能実習1号（1年目）が終了した後，技能実習2号へ在留資格の変更

を希望する際は，在留資格変更の手続が必要になります。

なお，技能実習の期間は，技能実習1号，技能実習2号の期間をあわせて最長3年となっており，技能実習2号への移行に対しては，技能検定基礎2級等の検定試験の合格が必要となっています。

また，外国人技能実習生を実習実施機関にあっせんする行為は，「職業紹介事業」の該当になったことにより，第一次受入団体（監理団体）については，職業安定法に基づいて，職業紹介事業の許可又は届出が必要になりました。

外国人技能実習の受入れは，形態により次の2種類に分けられます。

「企業単独型」：日本国内に本社がある企業等が，海外にある現地法人・合弁企業等の事業上の関係を有する企業の社員を受け入れて技能実習を行う活動。

「団体監理型」：商工会や中小企業団体等の営利を目的としない管理団体が技能実習生を受け入れ，技能実習を実施する各企業等（実習実施機関）の責任及び監理の下で行う活動。

Ⅱ 技能実習生の取り扱い

1．講　習

技能実習生の講習は座学により行われます。この講習期間中は，雇用契約に基づかず労働基準関係法令も適用されないため，技能実習生に業務を行わせることは一切できません。

※　講習を雇用契約に基づいて実施する場合は，労働基準関係法令が適用されます。

2．技能実習

講習終了後は，技能実習生は受入企業で雇用契約に基づき労働者として働くことになります。これにより，労働基準関係法令が適用されます。

Ⅲ 技能実習生の雇用契約締結の際の留意事項

原則，通常の労働者と同じ扱いになります。外国人だから，技能実習生だか

らという理由で差別的取り扱いはできないことになっています。

1．労働条件等の明示

① 労働条件の明示（労働基準法15条）

　雇入れの際に，労働条件通知書を交付することにより，労働条件の明示が必要です。

② 就業規則の整備（労働基準法89条）

　技能実習生を含め労働者が常時10人以上使用している場合は，就業規則を作成の上，労働基準監督署に届け出る必要があります。

2．賃　金

① 賃金支払いの5原則の遵守（労働基準法24条）

　賃金は，通貨で，全額を毎月1回以上，一定期日に支払うことが必要です。

　受入団体等の役員等が，技能実習生の賃金を，団体名義の銀行口座や団体が管理する技能実習生名義の口座に振り込ませ，これを引き出す等して不当に利益を得ることは労働基準法6条（中間搾取）により禁止されています。

② 最低賃金以上の賃金の支払い（最低賃金法4条）

　賃金は最低賃金以上の額を支払う必要があり，最低賃金を下回る賃金額で労働契約を締結した場合は，その労働契約は無効となり，最低賃金により労働契約を締結したものとみなされます。技能実習の1年目であっても対象になります。

③ 強制貯金の禁止（労働基準法18条）

　技能実習生の合意があっても，労働契約に付随して預貯金を管理する契約（技能実習生名義の通帳・印鑑を使用者が保管することを含む）をすることは禁止されています。

3．労働時間・休日

① 時間外・休日・深夜割増賃金の支払い（労働基準法37条）

技能実習生に時間外労働・休日労働・深夜労働をさせた場合は，所定の率で計算した割増賃金の支払いが必要です。

② 年次有給休暇の付与（労働基準法39条）

雇用契約日から起算して，6ヶ月以上継続勤務し，全労働日の8割以上出勤した技能実習生に対しては，年次有給休暇を付与する必要があります。また，年次有給休暇を取得した技能実習生に対して，不利益な取り扱いをしてはいけないことになっています。

4．その他

① 解雇（労働契約法17条）

有期雇用契約により雇用されている技能実習生は，やむを得ない事由がない限り，契約期間中に解雇することはできません。期間の定めのない雇用契約の場合よりも，解雇の有効性は厳しく判断されます。

また外国人という理由で優先的に解雇することも労働基準法3条により禁じられています。

② 寄宿舎（労働基準法96条）

技能実習生を，事業主が用意した宿舎に居住させ，共同生活（トイレ・炊事場・浴室が共同で，一緒に食事を取る等）を行っている場合は，労働基準法96条の寄宿舎に該当します。この場合は，技能実習生の私生活の自由を侵さない・寄宿舎規則の届出・寄宿舎設置届の作成等の措置が必要です。

各部屋にトイレ・炊事場・浴室当が備わっており，共同生活の実態がない場合は寄宿舎には該当しません。

③ 健康診断の実施（労働安全衛生法66条）

雇入れ時健康診断，定期健康診断，特殊健康診断（有害業務を行わせる場合）を実地する必要が生じます。

図表　各種保険の加入・適用

健康保険	強制適用事業所※に雇われる技能実習生は全て健康保険に加入することになります。任意適用事業所※の場合であっても，技能実習生を含めて常時5人以上の従業員がいる事業所（農林水産業及び一部のサービス業等を除く）に雇われる技能実習生は，全て健康保険に加入することになります。 　事業所が健康保険の適用事業所でない場合は，国民健康保険に加入することになります。
年金保険	健康保険と同様に，強制適用事業所※に雇われる技能実習生は全て厚生年金保険に加入することになります。任意適用事業所※の場合であっても，技能実習生を含めて常時5人以上の従業員がいる事業所（農林水産業及び一部のサービス業等を除く）に雇われる技能実習生は，全て厚生年金保険に加入することになります。 　事業所が厚生年金の適用事業所でない場合は，国民健康保険に加入することになります。 　なお，外国人技能実習生が脱退一時金の請求を適切に行っていないケースもあるため，企業が制度の内容を外国人技能実習生に適切に説明しておく必要があります。 　脱退一時金については，脱退一時金受給の要件をご参照ください。
雇用保険	雇用保険制度は労働者を1人でも雇用している事業に対し事業主や労働者の意思に関係なく強制的に適用されます。よって外国人技能実習生についても加入が必要です。 ・外国人技能実習生として技能等の習得をする活動を行う場合には，受入先の事業主と雇用関係にあるので，雇用保険の被保険者となります。外国人雇用状況の届出も必要になります。 ・外国人技能実習生のうち，入国当初に雇用契約に基づかない講習（座学（見学を含む）により実施され，実習実施期間の工場の生産ライン等商品を生産するための施設における機械操作教育や安全衛生教育は含まれない）が行われる期間は，受入先の事業主と雇用関係にないので，雇用保険の被保険者となりません。
労災保険	労災保険は，労働者を1人でも使用する全ての事業に対し事業主や労働者の意思に関係なく強制的に適用されます。 　農林水産業の一部は暫定任意適用事業とされ，労災保険の適用について，事業主又は使用されている労働者の過半数の意思に任されています。ただし，入管関係法令では，技能実習生を受け入れる場合は暫定任意適用事業であっても労災保険への加入またはそれに類する保険への加入を義務付けています。

※　強制適用事業所：法人の事業所のほか個人の事業所で常時5人以上の従業員を使用する一定範囲の業種の事業所です。事業主や従業員の意思に関係なく加入が義務付けられています。
※　任意適用事業所：一定範囲の個人事業所で厚生労働大臣の認可を受けることによって加入することができる事業所です。

> ⚠️ **Attention**
> 外国人技能実習制度は，原則として外国人1人につき1度の利用に限られます。過去にもこの制度で来日していた外国人について，不正に技能実習の資格を取得させることは，出入国管理法違反になります。

第3章

会社等の設立・撤退・再編

　外資系企業で日本支店や日本法人の設立・撤退をする場合，登記の申請をする以外にも，年金事務所や労働基準監督署，ハローワーク等への様々な届出が必要になります。その他，企業再編の場合でも様々な届出が必要になります。
　この章では，会社設立・撤退・企業再編（合併・事業譲渡・会社分割）等それぞれの場面で必要な手続について説明します。

1 会社設立

1 社会保険・労働保険・給与の事業所設置手続

会社の設立登記が完了したら,次は各関係官公庁に届出をする必要があります。

税金に関しては国税(所得税等)であれば税務署,地方税(住民税等)であれば都道府県税事務所や市区町村が届出先になります。

健康保険・年金関係の窓口は年金保険事務所になりますが,健康保険組合・厚生年金基金に加入する場合は別途届出が必要になります。

また,労働基準法関係・労災保険は労働基準監督署,雇用保険はハローワーク(公共職業安定所)など,内容により届出先は様々になります。

なお,届出にはそれぞれ期限がありますので,遅れないように提出する必要があります。

I 労働基準法関係

1.適用事業報告

業種を問わず従業員を1名でも使用すると,その会社は労働基準法の適用事業となります。この場合は,所轄の労働基準監督署に「適用事業報告」の届出が必要になります。

〈提出書類〉

　適用事業報告

〈提 出 先〉

　所轄の労働基準監督署

〈提出期限〉

　労働基準法の適用事業となったとき遅滞なく

第3章　会社等の設立・撤退・再編／1 会社設立

適用事業報告

			適　用　事　業　報　告						
様式第23号の2（第57条関係）									
事　業　の　種　類			事　業　の　名　称		事　業　の　所　在　地　(電　話　番　号)				
○○製造業			CSアカウンティング株式会社		東京都新宿区西新宿1-25-1　新宿センタービル30階 電話　03　(　5908　)　3421　番				
労働者数	通勤	種別	満18歳以上		満15歳以上満18歳未満		満15歳未満		計
		男	12( )		1( )		( )		13( )
		女	10( )		1( )		( )		11( )
		計	22( )		2( )		( )		24( )
	寄宿	男	0( )		0( )		( )		0( )
		女	0( )		0( )		( )		0( )
		計	0( )		0( )		( )		0( )
	総　計		22( )		2( )		( )		24( )
備　考			適用年月日　平成25年　5月　1日						

平成25年　5月　1日

使用者　職　名　CSアカウンティング株式会社
　　　　氏　名　代表取締役 CS一郎　　㊞

新宿　労働基準監督署長　殿

記載心得
1　坑内労働者を使用する場合は、労働者数の欄にその数を括弧して内書すること。
2　備考の欄には適用年月日を記入すること。

社会保険労務士記載欄	作成年月日	氏名・事務所名	所在地・電話番号
		㊞	

（厚生労働省ホームページより）

2．時間外労働・休日労働に関する協定書

　労働基準法32条により，会社は，原則として法定労働時間（1日8時間，1週間40時間※）を超えて従業員を労働させてはいけないことになっています。法定労働時間を超えて従業員を労働させる場合は，あらかじめ「時間外労働・休日労働に関する協定届」を届出しておく必要があります。「時間外労働・休日労働に関する協定届」は労働基準法36条に定めがあることから，一般に「36（サブロク）協定」と呼ばれています。

〈提出書類〉
　時間外労働・休日労働に関する協定書

〈提出先〉
　所轄の労働基準監督署

― 137 ―

〈提出期限〉

　時間外・休日労働を行う前

※　パート・アルバイトを含めた常時使用する従業員が10人未満の，商業（卸・小売業），理・美容業，倉庫業，映画・演劇業，保健衛生業（病院・診療所等），社会福祉施設，接客・娯楽業，飲食店等では，週の法定労働時間は44時間になります。

時間外労働・休日労働に関する協定書

様式第9号（第17条関係）			時間外労働 休日労働 に関する協定届					
事業の種類	事業の名称				事業の所在地（電話番号）			
○○業	CSアカウンティング株式会社				東京都新宿区1-25-1　新宿センタービル30階			
	時間外労働をさせる必要のある具体的事由	業務の種類	労働者数 「満18歳以上の者」	所定労働時間	延長することができる時間			期間
					1日	1日を超える一定の期間（起算日） 1ヶ月（毎月1日）／1年（4月1日）		
① 下記②に該当しない労働者	給与計算業務	事務	1人	1日8時間	3時間	30時間	250時間	平成25年4月1日から1年間
② 1年単位の変形労働時間制により労働する労働者								
	休日労働をさせる必要のある具体的事由	業務の種類	労働者数 「満18歳以上の者」	所定休日	労働させることができる休日 並びに始業及び終業の時刻			期間
	月末の決算業務	事務	1人	毎週土日	1ヶ月に1日，9：00～18：00			平成25年4月1日から1年間

協定の成立年月日　平成25年3月20日
協定の当事者である労働組合の名称又は労働者の過半数を代表する者の　職名　チーフ
　　　　　　　　　　　　　　　　　　　　　　　　　　　　　　　　　氏名　永井知子
協定の当事者（労働者の過半数を代表する者の場合）の選出方法（　投票による選挙　）
　　　平成25年3月20日　　　　　　　　　　　　　　職名　代表取締役社長
　　　　　　　　　　　　　　　　　　　使用者　　　氏名　CS一郎　　　（印）

　　　新宿　労働基準監督署長殿

記載心得
1　「業務の種類」の欄には，時間外労働又は休日労働をさせる必要のある業務を具体的に記入し，労働基準法第36条第1項ただし書の健康上特に有害な業務について協定をした場合には，当該業務を他の業務と区別して記入すること。
2　「延長することができる時間」の欄の記入に当たっては，次のとおりとすること。
　(1)　「1日」の欄には，労働基準法第32条から第32条の5まで又は第40条の規定により労働させることができる最長の労働時間を超えて延長することができる時間であって，1日についての限度となる時間を記入すること。
　(2)　「1日を超える一定の期間（起算日）」の欄には，労働基準法第32条から第32条の5まで又は第40条の規定により労働させることができる最長の労働時間を超えて延長することができる時間であって，同法第36条の1項の協定で定められた1日を超え3箇月以内の期間及び1年についての延長することができる時間の限度に関して，その上覧に当該協定で定められたすべての期間を記入し，当該期間の総計日を付属書きとし，その下欄に，当該期間に応じ，それぞれ当該欄記入についての限度となる時間を記入すること。
3　「労働基準法第32条の4の規定により労働時間により労働する労働者（対象期間が3箇月を超える変形労働時間制により労働する者に限る。）」について記入すること。
4　「労働させることができる休日並びに始業及び終業の時刻」の欄には，労働基準法第35条の規定による休日であって労働させることができる日並びに当該休日の労働の始業及び終業の時刻を記入すること。
5　「期間」の欄には，時間外労働又は休日労働をさせることができる日の属する期間を記入すること。

３．就業規則

　常時10人以上の従業員を使用している場合は就業規則を作成し，所轄の労働基準監督署に届け出る必要があります。就業規則を変更した場合も同様に届出が必要です。

〈提出書類〉

　就業規則，意見書（労働者の過半数で組織する労働組合がある場合にはその労働組合，又は労働者の過半数を代表する者の記名押印があるもの）

〈提 出 先〉

所轄の労働基準監督署

> ⚠ **Attention**
>
> 　支店や営業所等を含めた事業場が複数存在する場合，原則として常時10人以上の労働者を使用するそれぞれの事業所で就業規則を作成し，それぞれの事業場の所轄の労働基準監督署に提出する必要があります。ただし，各事業場の就業規則が本社の就業規則と同一の内容のものである場合に，本社の所轄の労働基準監督署を経由して一括して届出することができます。

Ⅱ 労働保険

1．保険関係成立届

　労災保険についても，アルバイトやパートタイマー等も含め従業員がたとえ1名であったとしても適用になります。外国の法人が日本に駐在員事務所や日本支店・日本法人を設立した場合も，雇用形態に関係なく労働者を1人でも雇用する場合は，労災保険の適用事業所になるため，この届出が必要です。

※　国の直営事業，官公署の事業，農林水産業の一部の事業所等を除きます。
※　新規に会社を開設した場合に限らず，支店や営業所を開設し，労働者を1人でも雇用すると届出が必要になります。

〈提出書類〉

労働保険　保険関係成立届

〈確認書類〉

会社登記簿謄本（コピー可）

賃貸借契約書（登記上の所在と事業を行っている所在が異なる場合）

〈提 出 先〉

所轄の労働基準監督署

〈提出期限〉
　保険関係成立の日（労働者を1人でも雇用した日）から10日以内
※　原則として労働保険概算保険料申告書と一緒に提出します。

第3章 会社等の設立・撤退・再編／① 会社設立

労働保険　保険関係成立届

様式第1号（第4条,第64条,附則第2条関係）（1）（表面）　　　　　　　　　　　　　　提出用

労働保険
- 0：保険関係成立届（継続）（事務処理委託届）
- 1：保険関係成立届（有期）
- 2：任意加入申請書（事務処理委託届）

25年5月1日

種別 31600

新宿

住所：〒163-0630　新宿区西新宿1-25-1
電話番号：03-5908-3421

名称：CSアカウンティング株式会社

事業の概要：その他の各種事業

事業の種類：会計・人事アウトソーシング

加入済の労働保険：労災保険・雇用保険

保険関係成立年月日：（労災）25年5月1日／（雇用）25年5月1日

雇用保険被保険者数：一般・短期 10人／日雇 0人

賃金総額の見込額：34,095千円

事業所

住所（カナ）：
- 〒163-0630
- シンジュク
- シンジュク
- 1-25-1

住所（漢字）：
- 新宿区
- 西新宿
- 1-25-1

名称・氏名（カナ）：
- シーエスアカウンティング
- カブシキガイシャ

電話番号：03-5908-3421

名称・氏名（漢字）：
- CSアカウンティング
- 株式会社

保険関係成立年月日：元号7-25-05-01

常時使用労働者数：10人

雇用保険被保険者数：10人
免除対象高年齢労働者数：0人

事業主氏名：
CSアカウンティング株式会社
代表取締役　CS一郎　㊞

> ⚠ **ATTENTION**
>
> 「事業の種類」の記載を間違ってしまうと、納付する労災保険料の額も違ってきます。労災保険料率は厚生労働省のホームページ等に掲載されている労災保険率表あるいは、労災保険率適用事業細目表で確認できますが、労災保険率表を参照しても事業の種類が不明な場合は、所轄の労働基準監督署に必ず確認が必要です。

2．概算保険料申告書

「保険関係成立届」を提出する時にあわせて提出します。

保険関係が成立（労働者を雇用）した日から保険年度の末日（3月31日）までの全従業員の賃金見込額（1,000円未満を切り捨て）を、その事業に係る労災保険料率、及び雇用保険料率を乗じて、概算保険料を算出します。

賃金の見込額を算出する際には、毎月の給与額はもちろん、賞与額や通勤手当も忘れずに入れるようにします。

〈提出書類〉
労働保険概算保険料申告書

〈提 出 先〉
都道府県労働局または所轄の労働基準監督署（納付金額があるときは、金融機関・郵便局も可）

〈提出期限〉
保険関係成立の日から50日以内

> ⚠ **ATTENTION**
>
> 領収済通知書は訂正ができないため、書き損じた場合は書き直す必要があります。

第3章 会社等の設立・撤退・再編／① 会社設立

労働保険概算保険料申告書

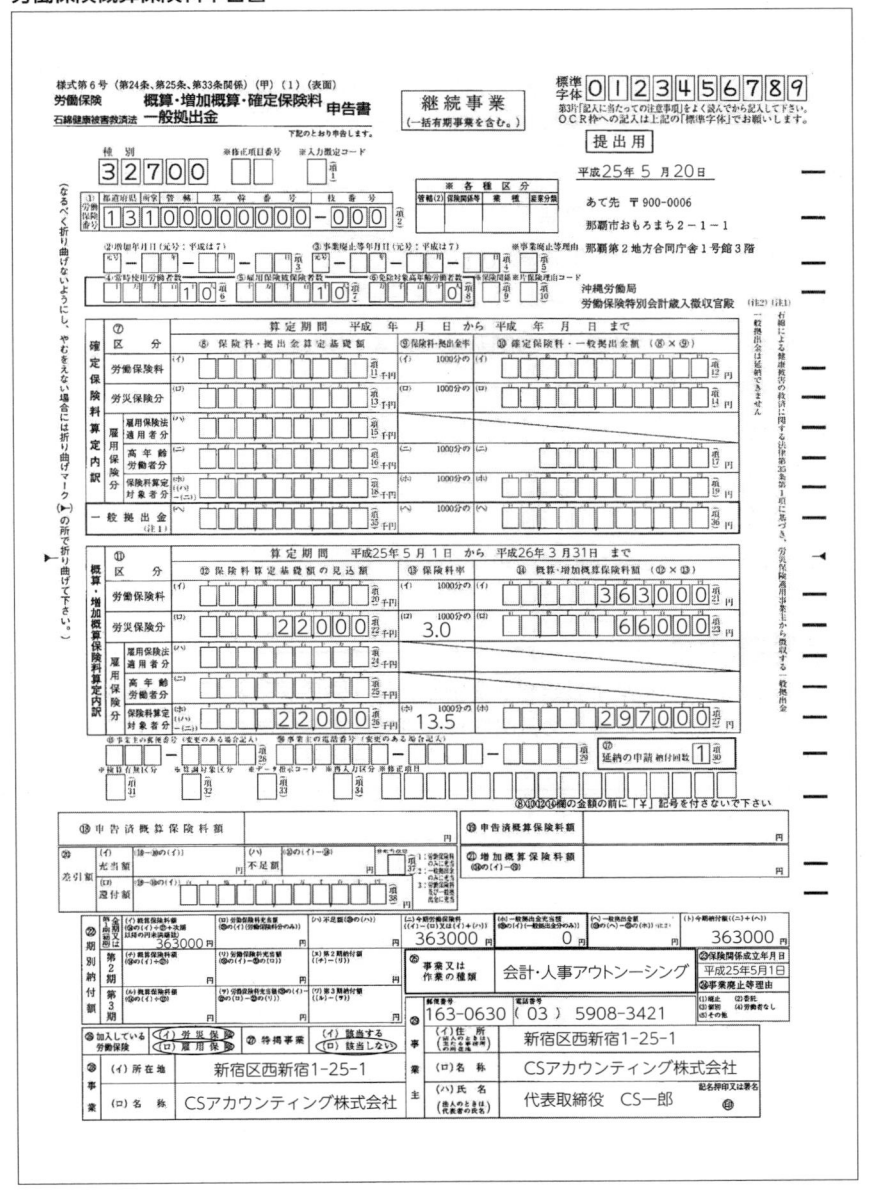

Ⅲ 雇用保険

従業員の1週間の所定労働時間が20時間以上，かつ31日以上雇用が継続する場合は，雇用保険の被保険者となります。従業員を雇用保険に加入させるには，雇用保険被保険者資格取得届を提出します。

〈提出書類〉

　雇用保険適用事業所設置届

　雇用保険被保険者資格取得届（加入する従業員のもの）

〈確認書類〉

　労働保険関係成立届の控（労働基準監督署で届出済みのもの）

　会社登記簿謄本

〈提 出 先〉

　所轄のハローワーク（公共職業安定所）

〈提出期限〉

　保険関係が成立した日の翌日から10日以内

> ⚠ **ATTENTION**
>
> 雇用保険適用事業所設置届を提出する際，労働保険関係成立届の事業主控の添付が必要になるため，労働保険成立届の手続を先に済ませておく必要があります。

雇用保険適用事業所設置届

帳票種別	11001
1. 事業所の名称（カタカナ）	シーエスアカウンティング
事業所の名称〔続き（カタカナ）〕	カブシキカイシャ
2. 事業所の名称（漢字）	CSアカウンティング
事業所の名称〔続き（漢字）〕	株式会社
3. 郵便番号	163-0630
4. 事業所の所在地（漢字）※市・区・郡及び町村名	新宿区西新宿
事業所の所在地（漢字）※丁目・番地	1丁目25番1号
事業所の所在地（漢字）※ビル、マンション名等	新宿センタービル
5. 事業所の電話番号	03-5908-3421
6. 設置年月日	4-250501（3 昭和 4 平成）
7. 労働保険番号	13100000000000

12. 事業主		
（フリガナ）住所	トウキョウト シンジュクク ニシシンジュク	
	東京都新宿区西新宿1-25-1	
（フリガナ）名称	シーエス アカウンティング カブシキガイシャ	
	CSアカウンティング株式会社	
（フリガナ）氏名	ダイヒョウトリシマリヤク シーエス イチロウ	
	代表取締役　CS一郎　印 事業主	

16. 常時使用労働者数	10人
17. 雇用保険被保険者数 一般	10人
日雇	人
18. 賃金支払関係 賃金締切日	25日
賃金支払日	当 翌月末日

13. 事業の概要	経理・人事アウトソーシング
19. 雇用保険担当課名	人事支援事業 課係
14. 事業の開始年月日	平成25年5月1日
15. 事業の廃止年月日	平成　年　月　日
20. 社会保険加入状況	健康保険　厚生年金保険　労災保険

（この届出は、事業所を設置した日の翌日から起算して10日以内に提出してください。）

2011. 1

Ⅳ 社会保険（健康保険・厚生年金保険）

　法人の事業所は社会保険の適用事業所となります。労働保険と違って社会保険では，社長1人で法人（株式会社等）を設立した場合は，労働者を雇用していなくても適用事業所となります。また，従業員が常時5人以上いる個人の事業所については，農林漁業，サービス業などの場合を除いて適用事業所となります。

　上記の適用事業所以外の事業所であっても，従業員の半数以上が適用事業所となることに同意した場合，事業主が申請して厚生労働大臣の認可を受けることにより適用事業所となることができます。

　健康保険について健康保険協会に加入する場合は，年金事務所でまとめて加入手続をします（健康保険組合・厚生年金基金に加入する場合は，別途手続が必要です）。

　同じ都道府県内であっても，地域により必要な書類も異なりますし，年金事務所での受付日時の指定や事前予約の要・不要等も様々です。詳細は，必ず事業所の所在地を管轄する年金事務所に確認してください。

〈提出書類〉
　新規適用届
　保険料口座振替納付申出書（保険料の支払いで口座振替を希望する場合）
　被保険者資格取得届（加入する従業員の分）
　被扶養者（異動）届（加入者で扶養する家族のいる従業員）

〈確認書類〉
　会社登記簿謄本（60日以内に取得したもの）
　賃貸借契約書（登記上の所在と事業を行っている所在が異なる場合）

〈提　出　先〉
　所轄の年金事務所

〈提出期限〉
　会社が適用事業所になってから5日以内

第3章 会社等の設立・撤退・再編／① 会社設立

> ⚠ **ATTENTION**
>
> 小さなお子様のいる従業員の場合からは，健康保険証を早く発行して欲しいという要望をよく聞かれます。手続が遅れるとその分健康保険証の発行も遅くなるため，必要書類は早めに入手しておき，必要以上に手続に時間がかからないようにすることが大切です。

健康保険　厚生年金保険　新規適用届

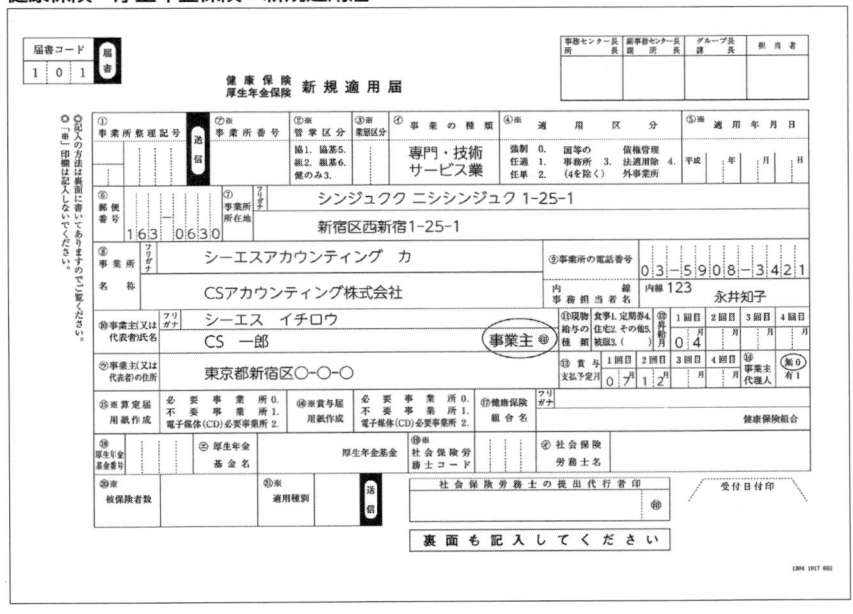

V 給与

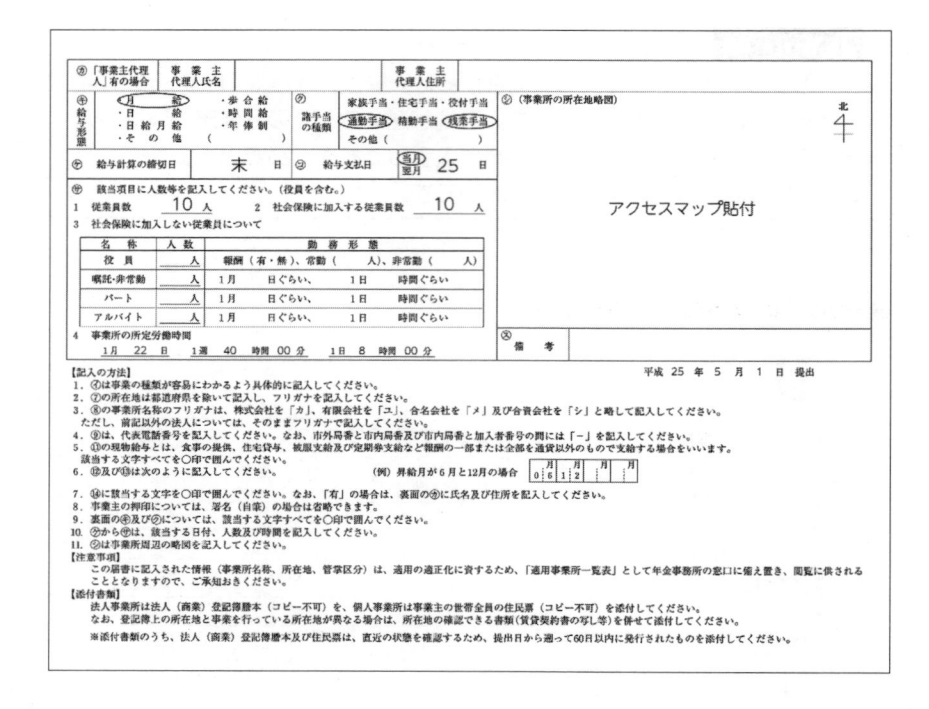

日本国内で給与等の支払事務を取り扱う事務所等を開設，移転又は廃止した場合に所轄税務署長に対して届出が必要になります。

〈提出書類〉

給与支払事務所等の開設届出書

〈提出先〉

所轄の税務署

〈提出期限〉

会社を開設してから1ヶ月以内

第3章 会社等の設立・撤退・再編／① 会社設立

給与支払事務所等の開設届出書

※整理番号	

給与支払事務所等の開設・移転・廃止届出書

税務署受付印

平成　年　月　日

税務署長殿

所得税法第230条の規定により次のとおり届け出ます。

事務所開設者	（フリガナ）	
	氏名又は名称	
	住所又は本店所在地	〒 電話（　　）　－
	（フリガナ）	
	代表者氏名	㊞

（注）「住所又は本店所在地」欄については、個人の方については申告所得税の納税地、法人については本店所在地を記載してください。

開設・移転・廃止年月日	平成　年　月　日	給与支払を開始する年月日	平成　年　月　日

○届出の内容及び理由
（該当する事項のチェック欄□に✓印を付してください。）

「給与支払事務所等について」欄の記載事項

		開設・異動前	異動後
開設	□ 開業又は法人の設立 □ 上記以外 ※本店所在地等とは別の所在地に支店等を開設した場合	開設した支店等の所在地	
移転	□ 所在地の移転	移転前の所在地	移転後の所在地
	□ 既存の給与支払事務所等への引継ぎ （理由）□ 法人の合併　□ 法人の分割　□ 支店等の閉鎖 　　　　□ その他	引継ぎをする前の給与支払事務所	引継先の給与支払事務所等
廃止	□ 廃業又は清算結了　□ 休業		
その他（　　　　　　　　　　　　）		異動前の事項	異動後の事項

○給与支払事務所等について

	開設・異動前	異動後
（フリガナ）		
氏名又は名称		
住所又は所在地	〒 電話（　　）　－	〒 電話（　　）　－
（フリガナ）		
責任者氏名		

従事員数	役員　　人	従業員　　人	（　　）　人	（　　）　人	（　　）　人	計　　人

（その他参考事項）

税理士署名押印	㊞

（規格A4）

※税務署処理欄	部門	決算期	業種番号	入力	名簿等	月紙交付	通信日付印	年月日	確認印

23.12改正

（源0301）

Ⅵ 少人数の会社の場合の所得税の納付

　源泉所得税の納期限は原則として徴収した日の翌月10日ですが，給与の支給人員が常時10人未満の場合，源泉所得税の納付を年2回にすることができます。
1月から6月までに支払った所得から源泉徴収をした所得税額…7月10日
7月から12月までに支払った所得から源泉徴収をした所得税額…翌年1月20日
〈提出書類〉
　源泉所得税の納期の特例の承認に関する申請書

　申請書を提出した月の翌月末日までに税務署長から承認又は却下の通知がなければ，申請の翌々月の納付分からこの特例が適用されます。
　なお，給与の支給人員が常時10人未満でなくなり，納期の特例の要件に該当しなくなった場合は，「源泉所得税の納期の特例の要件に該当しなくなったことの届出書」の提出が必要です。

源泉所得税の納期の特例の承認に関する申請書

		源泉所得税の納期の特例の承認に関する申請書		
	税務署受付印		※整理番号	
		（フリガナ）		
		氏名又は名称		
平成　年　月　日		住所又は本店の所在地	〒 電話　　－　　－	
		（フリガナ）		
	税務署長殿	代表者氏名		㊞

次の給与支払事務所等につき、所得税法第216条の規定による源泉所得税の納期の特例についての承認を申請します。

給与支払事務所等に関する事項	給与支払事務所等の所在地 ※ 申請者の住所（居所）又は本店（主たる事務所）の所在地と給与支払事務所等の所在地とが異なる場合に記載してください。	〒 電話　　－　　－		
	申請の日前6か月間の各月末の給与の支払を受ける者の人員及び各月の支給金額 〔外書は、臨時雇用者に係るもの〕	月区分	支給人員	支給額
		年　月	外 　　　　　人	外 　　　　　円
		年　月	外 　　　　　人	外 　　　　　円
		年　月	外 　　　　　人	外 　　　　　円
		年　月	外 　　　　　人	外 　　　　　円
		年　月	外 　　　　　人	外 　　　　　円
		年　月	外 　　　　　人	外 　　　　　円
	1　現に国税の滞納があり又は最近において著しい納付遅延の事実がある場合で、それがやむを得ない理由によるものであるときは、その理由の詳細			
	2　申請の日前1年以内に納期の特例の承認を取り消されたことがある場合には、その年月日			

税理士署名押印								㊞
※税務署処理欄	部門	決算期	業種番号	入力	名簿	通信日付印	年月日	確認印

24.06改正　　　　　　　　　　　　　　　　　　　　　　　　　　　（源1401-1）

2 役員の労働保険

> 従業員と会社間では雇用契約が結ばれていますが、役員と会社間では委任契約が結ばれています。よって役員には労働基準法の規定が適用されないため、労働保険の取り扱いについても従業員とは異なります。

Ⅰ 労働者と使用者の定義

労働基準法では、労働者とは「職業の種類を問わず、事業又は事務所に使用される者で賃金を支払われる者をいう。」とされています。また使用者については「事業主又は事業の経営担当者その他その事業の労働者に関する事項について、事業主のために行為をするすべての者をいう。」とされています。

なお、中小企業では、「使用人兼務役員」として役員が使用人としての職務を兼ねていることはよくあります。この使用人兼務役員とは、役員として登記されながら、部長・課長、その他法人の使用人（労働者）としての地位を持ち、使用人としての職務に従事する者をいいます。

なお、次のような役員は、使用人兼務役員とはなりません。

① 代表取締役、代表執行役、代表理事及び清算人
② 副社長、専務、常務その他これらに準ずる地位を持つ役員
③ 監査役
④ 非常勤取締役

Ⅱ 労災保険

労災保険は、代表権・業務執行権を有する役員は労災保険の適用労働者とはなりません。業務執行権とは、株主総会・取締役会の決議を実行し、日常的な取締役会の委任事項を決定、執行する権限（代表者が行う対外的な代表行為を除く会社の諸行為のほとんど全てを行う権限）をいいます。

ただし役員でも、使用人兼務役員については労災保険を適用することができ

ます。この場合は，役員としてではなく労働者としての勤務に伴い発生した業務災害や通勤災害が労災給付の対象になります。労災保険料の対象となる賃金には役員報酬は含まれず，労働者としての賃金部分のみになります（労働保険の保険料の徴収等に関する法律11条2項）。

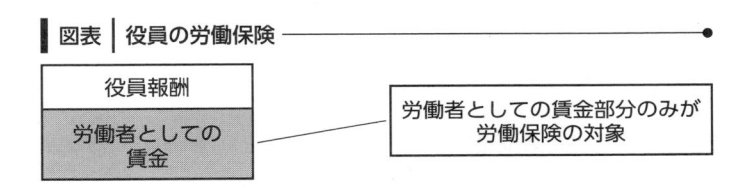

図表｜役員の労働保険

役員報酬
労働者としての賃金

労働者としての賃金部分のみが労働保険の対象

　事業主と同居している親族については，常時同居の親族以外を使用する場合，一般事務又は現場作業等に従事し，事業主の指揮命令に従っていることが明確であり，就労の実態や賃金の支払いが他の労働者と同様である場合，労災保険法の労働者として取り扱います。

　一方，代表取締役や，事業主と同居して事業主の事業を手伝っている親族は，基本的に労災保険の適用外となりますが，「特別加入」という制度によって，特別に労災保険の適用労働者になることができます。労災給付は，特別加入の申請時において労働者とみなす業務（事業主としての業務行為は含まれません）をあらかじめ特定し，この特定した業務及びその付帯業務の範囲内で受けられることになります。

　「特別加入制度」によって労災保険に加入するためには，労働保険事務組合に加入した上で，労働保険（労災・雇用保険）の事務手続を，労働保険事務組合に委託する必要があります。

> ⚠ **ATTENTION**
>
> 　労災保険に加入するべき「労働者」の判断は，勤務の実態や個々の労働基準監督官の判断により多少の相違があるようです。
> 　実際に給付の申請をしても労災認定がおりない等の問題が起こらないよう，判断に迷った場合は，あらかじめ所轄の労働基準監督署の判断を仰いでおくようにしてください。

Ⅲ 雇用保険

　雇用保険についても労災保険と同様に，原則として役員は加入できません。ただし使用人兼務役員であると判断された場合，雇用保険の被保険者になることができます。

　雇用保険での使用人兼務役員については，法律等で明確な記述はありませんが，次の基準に基づき総合的に判断されます。

１．役員報酬と賃金の額の割合

　使用人兼務役員には，通常，役員報酬と賃金の両方の支払いがあります。役員報酬額と賃金額を比較して賃金額のほうが高い場合は，役員としての役割よりも労働者性は高いと判断され，役員報酬額が賃金額より高い場合は役員としての役割が大きく労働者性は低いと判断されます。よって，使用人兼務役員として取り扱うには，取締役会議事録や役員報酬規程，賃金台帳等をハローワークに提出し，賃金額と役員報酬額の割合を証明する必要があります。

２．労働者としての取り扱い

　使用人兼務役員であることを証明するには，勤怠管理されていることや就業規則等が他の労働者と同様に適用されている必要があります。役員としての立場だけであれば勤怠管理がされないことも多いですが，労働者であれば何らかの形で勤怠管理されているはずなので出勤簿等の実態により労働者性が判断されます。

　その他，定款・議事録・組織図・就業規則・賃金台帳等を基に労働者性を有している者であることを総合的にみて，役員としての性格よりも労働者性が強い場合であれば，使用人兼務役員であると判断されます。定款や議事録等での業務執行権の有無について明確な記載がない場合は，その他の資料により総合的に判断されます。

Ⅳ 使用人兼務役員の手続

　使用人兼務役員として取り扱う従業員がいる場合，事業主はハローワークへ「兼務役員雇用実態証明書」と確認書類を届出します。この書類は複写式のものではありませんので，提出時にはコピーを取って会社控としておくとよいでしょう。ハローワークで雇用保険における使用人兼務役員であると認定された場合は，雇用保険被保険者資格取得等確認通知書（事業主通知用）に兼務役員である旨が記載されます。

〈提出書類〉

　兼務役員雇用実態証明書

　雇用保険被保険者資格取得届（雇入れと同時に兼務役員就任する場合）

　雇用保険被保険者資格取得確認通知書（事業主通知用）既に雇用保険に加入済みの従業員が兼務役員になる場合

※　兼務役員雇用実態証明書は都道府県により様式が違うため，手続の際は事業所の所在地を管轄する労働局やハローワークから書類を入手してください。

〈確認書類〉

　労働者名簿，賃金台帳，出勤簿，商業登記簿謄本，定款，就業規則，賃金規定，役員報酬規定又は議事録，人事組織図，役員就任議事録，法人税関連資料⑭号「役員報酬手当等及び人事費の内訳書」，その他

〈提　出　先〉

　所轄のハローワーク（公共職業安定所）

Ⅴ 給与・賞与計算

　給与・賞与計算では使用人兼務役員に該当した月から雇用保険料を徴収します。その際の雇用保険料は，従業員としての賃金部分に対してのみ計算します（労働保険の保険料の徴収等に関する法律11条2項）。　よって使用人兼務役員が離職した時に受給できる失業給付の額も，従業員としての賃金額のみを基に算出されることになります。

兼務役員雇用実態証明書

兼務役員雇用実態証明書

事業所名		事業所番号	－　　－
氏　　名		被保険者番号	－　　－
生年月日	年　月　日　年齢	歳　性別	男・女

服務態様	就業規則等の適用状況	適用なし　全条項適用 一部条項適用（適用除外条項　　　　　　　　　　　　）		
	出勤義務	常勤　非常勤（出勤指定日　　　　　　　　　　　　　） 出勤日における勤務拘束時間　時　分～　時　分　所定労働時間　週　時間　分		
	役　員　（委　任）　関　係		従　業　員　（雇　用）　関　係	
	役員名称		職　名	
	役員就任年月日	年　月　日	雇用年月日	年　月　日
	代表権	有・無	従業員としての業務	
	業務執行権	有・無		
	役員としての業務			
給与	報　酬	月額・年棒　　　　円	賃　金	月額・年棒　　　　円
	決算の際 役員報酬として	1．計上する 2．計上しない	決算の際 賃金・給料として	1．計上する 2．計上しない
その他	加入済の社会保険制度	労災保険・健康保険・厚生年金保険	常用雇用労働者数	人
	諸帳簿への登載整備等	労働者名簿・賃金台帳・出勤簿		

上記の者は、役員であるとともに従業員としての身分を有し、服務態様等は以上のとおりです。
なお、役員専任、役員報酬が賃金を上回る等により、資格を喪失する場合は、速やかに届出ます。

平成　　年　　月　　日

　　　　　　　　　　所在地
　　　事業主　　名　称
　　　　　　　　　　電　話　　　　　　　　　　　　㊞
　　　　　　　　　　　　（記名押印又は自筆による署名）

公共職業安定所長　殿

安定所記載欄	（確認資料）　登記簿謄本、就業規則、給与規定、役員報酬規定、賃金台帳、出勤簿、 労働者名簿、人事組織図、定款、議事録等 その他（　　　　　　　　　　　　　　　　　　　　　　　）	
		受付日付印

Ⅵ 経営者保険の利用

　これまでに説明したように，企業の代表者については通常の従業員と比べ労災保険や雇用保険等の公的保障が非常に薄いです。そのため，外資系企業の日本法人などでは代表者になりたがらないケースもよくあります。こういった場合，役員退職慰労金等の制度を整備して公的保障の代わりとするのも方法です。民間の保険会社では，役員退職慰労金の財源を確保するための商品もいろいろ出ていますので，調べてみるとよいでしょう。

Ⅶ 従業員が役員に就任した場合

　従業員が役員に就任した場合は，雇用保険の資格喪失の手続が必要になります。また給与計算では雇用保険料の控除を止める処理が必要になります。
　労働保険料の確定清算を行う場合も，賃金部分と報酬部分を混同して計算しないよう注意が必要です。

2 日本からの撤退

1 人員整理の際の注意点

人員整理をする際には，事業主の解雇権の濫用とみなされないよう，まずは解雇回避の努力が必須になります。

　毎年多くの外資系企業が日本に進出する一方で，経営方針の変更や採算等の理由で，日本から撤退したり一部の部門や営業所を閉鎖したりする企業も少なくありません。

　日本支店の閉鎖，子会社（日本法人）の解散・清算等については，会社法等の関係法規にしたがって手続を行い，法務局への登記申請や管轄の税務署・都道府県税事務所等に届出をする必要があります。

　設立形態や撤退の時期，内容により登記終了までの期間や手順が異なるため，登記申請については司法書士等の専門家と相談の上準備を進めるようにしてください。

　なお，企業の資金繰りが厳しく，手形の不渡りを発生させないためであっても，従業員への賃金の支払いより取引先等への支払いを優先してはいけません。賃金は一般の債権に優先される先取特権がありますので，賃金の支払いを優先させる必要があります。

Ⅰ 人員整理を行う際の注意点

　外国人労働者の雇用管理の改善等に関して事業主が適切に対処するための指針では，「事業主は，事業規模の縮小等を行おうとするときは，外国人労働者に対して安易な解雇等を行わないようにするとともに，やむを得ず解雇等を行う場合は，その対象となる外国人労働者で再就職を希望する者に対して，関連企業等へのあっせん，教育訓練等の実施・受講あっせん，求人情報の提供等当該外国人労働者の在留資格に応じた再就職が可能となるよう，必要な援助を行うように努めること。」としています。

このことからもいえるように事業の縮小により人員整理が必要となった場合でも安易に従業員の解雇をするのではなく，まずは雇用を継続する方法を検討する必要があります。

具体的には，
- 役員報酬をカットする
- 残業時間を削減する方法により人件費のカットを試みる
- 別のセクションで欠員が出た際，新規採用は見合わせ，配置転換による対応をする
- 希望退職者の募集をする

等の方法が考えられます。

その上でやはり人員を削減する必要が生じる際には，いきなり解雇をするのではなく，事前に退職勧奨を行うようにします。従業員が退職勧奨に応じた場合は，合意による退職となるため解雇には該当しません。また，退職勧奨に応じるかどうかは従業員本人の意思によるため，従業員は退職勧奨に応じないといけない義務はありません。退職勧奨はこのことを念頭において進める必要があります。執拗な退職勧奨等，手段や方法が社会通念上の相当性を欠く場合などは，その退職勧奨は民法709条の不法行為となり損害賠償の対象となる可能性があるため注意が必要です。

退職勧奨の際には，個々の従業員の状況も考慮した上で，次のようなベネフィットを用意すると，従業員にとっても検討しやすくなると思われます。
- 特別退職金を支払う
- 未使用の有給を買い取る
- 再就職支援会社を紹介する
- 営業時間中の就職活動を許可する

> **従業員の再就職を支援するもらえる助成金**
> 事業活動の縮小などに伴い離職を余儀なくされる従業員に対して，企業が再就職支援を行った場合に，企業に助成金が支給されることがあります。

労働移動支援助成金（再就職支援給付金）　※平成25年3月時点の情報です
　中小企業が対象の助成金です。従業員に求職活動のための有給の休暇を1日以上付与し，民間の職業紹介事業者に再就職支援を委託することにより従業員が再就職できた場合に，企業に対して委託費用の2分の1（55歳以上の従業員は3分の2）が支給されます。なお従業員1人あたりの限度額は40万円です。

　助成金の受給に対しては，必要な手続の流れや受給の要件，書類の提出期限等を最初の段階できちんと把握しておく必要があります。また，助成金制度は毎年頻繁に見直されていますので，厚生労働省等のホームページを常にチェックし最新の情報を得ておくことが大切です。

II 契約社員について

　契約社員等の期間の定めのある労働契約（有期労働契約）の従業員については，会社と従業員の間で合意して契約期間を定めているため，やむを得ない事情がなければ契約期間の途中で解雇することはできません（労働契約法17条）。労働契約法16条により，解雇は客観的合理的理由と社会通念上の相当性が認められなければ権利濫用により無効になると規定されていますが，契約期間の途中の解雇は期間の定めのない労働契約での解雇よりも，有効性について厳しく判断されます。

　また，3回以上契約が更新されている場合や1年を超えて継続勤務している契約社員等に対して契約を更新しない場合は，会社は従業員に30日前までに予告する必要があります（「有期労働契約の締結，更新及び雇止めに関する基準」〈厚生労働省告示〉）。

　なお，更新が何回も繰り返し行われるなど，事実上，期間の定めのない契約と変わらない場合の雇止め（契約を更新せず従業員を退職させること）については，正社員の解雇と同様に客観的・合理的な理由が必要になる場合があります。

Ⅲ やむを得ず労働者を解雇する場合について

従業員解雇時の注意事項でも説明しましたが、解雇の種類には、
① 普通解雇：勤務成績不良等を理由とする解雇
② 整理解雇：会社の経営悪化により、人員整理を行うための解雇
③ 懲戒解雇：労働者の職場規律違反・非行等を理由とする解雇

などがあります。

外資系企業が、事業の縮小や撤退をするために従業員を解雇する場合は「整理解雇」に該当することになります。

解雇については、労働基準法等によって一定の制限がなされており、整理解雇については「整理解雇の4要件」を満たしている必要があります。この4要件のうち、満たしていないものがある場合には、その解雇は無効とされる可能性が強くなります。

ただし、解雇の有効性は、企業の規模や解雇の対象となった従業員の職務等の事情によって判断されるため、個々の要件は必須ではなく、総合的にみて一定の必要性・許容性が認められれば解雇を有効とする、という考え方が最近の傾向のようです。

整理解雇の4要件
1 経営上の必要性
　倒産寸前に追い込まれているなど、整理解雇をしなければならないほどの経営上の必要性が客観的に認められること。
2 解雇回避の努力
　配置転換、出向、希望退職の募集、賃金の引下げその他整理解雇を回避するために、会社が最大限の努力を尽くしたこと。
3 人選の合理性
　解雇の対象者を選定する基準が合理的で、かつ、基準に沿った運用が行われていること。
4 労使間での協議
　整理解雇の必要性やその時期、方法、規模、人選の基準などについて、

> 労働者側と十分に協議し納得を得るための努力を尽くしていること。

Ⅳ 整理解雇が有効とされた判例

　外資系企業の整理解雇が有効とされた裁判例に，「ナショナル・ウエストミンスター事件（東京地裁平成12年1月21日）」があります。
　この裁判例では，まず，外資系銀行Yが貿易金融業務に従事する従業員X（年収約1,000万円）が所属している部門の廃止に伴い，
・　就職の援助
・　約1,870万円の特別退職手当の支給
等の条件を提示しつつ，退職勧奨をしています。
　また，退職干渉にあたってY銀行はXに対し
・　一般事務職（年収約650万円）への配置転換
の提案もしていますが，これにXが応じなかったために，Y銀行はXを解雇する意思表示を行いました。
　これに対しXは労働契約の存続を求める訴えを起こしましたが，解雇に至るまでの間に，Y銀行は3ヶ月あまりの間全7回にわたって団体交渉を行ってきたこともあり，解雇権の濫用とはみなされず解雇が有効とされる判決が出されました。
　この裁判例では，整理解雇の4要件の全てを満たしたものではないにも関わらず，解雇が有効と認められたケースとなりました。よって最近の裁判例では，必ずしも整理解雇の全ての要件を満たしていなくても，総合的に判断して合理的な理由があり，社会的にも相当であればその整理解雇を有効と判断されることもあるようです。

Ⅴ 整理解雇が無効とされた判例

　整理解雇が無効とされた裁判例に，地方営業所の事業縮小のために営業事務職員を解雇しようとした「ビー・エム・シー・ソフトウェア地位確認等請求事

件（大阪地裁　平成22年6月25日）」があります。

　この事件で解雇が無効とされた理由の一つには，会社に一定の利益が発生していることや東京本社の営業部で新規募集をしていること等のことから，経営上の必要性があったとはみなされにくい点が挙げられています。

　また，もう一つの理由には，従業員の雇用継続に向けた提案がなされていないこと，解雇に先立って希望退職の募集をしていないこと，賃金減額等の解雇回避措置がなされたとはいい難い状況であること等から，解雇回避の努力に努めたとは認め難い点が挙げられています。

　これらのことから総合的に勘案し，人員削減の必要性があったとは認められず，かつ，解雇回避の措置が十分になされていなかったため，解雇権を濫用したものとして解雇無効の判決となっています。

2 社会保険手続

会社設立後には，社会保険・労働保険・税無関係について各関係官公庁に届出が必要なように，事業所を閉鎖する際にも閉鎖登記の手続とは別に，各関係官公庁に従業員の資格喪失と事業所の閉鎖に関する手続が必要です。

Ⅰ 健康保険・厚生年金保険　被保険者資格喪失届

被保険者資格喪失届の提出期限は資格喪失日（退職日の翌日）から5日以内のため，従業員には退職後は速やかに健康保険証を返却してもらうよう，あらかじめ案内しておく必要があります。従業員から保険証を紛失したとの申出があった場合は，健康保険証回収不能届・滅失届を保険証の代わりに添付します。

なお，健康保険に1年以上加入していた従業員が退職する場合には，傷病手当金・出産手当金・出産育児一時金等は被保険者の資格喪失後も継続して給付を受けることが可能です。また2ヶ月以上の被保険者期間がある従業員は任意継続被保険者制度を利用すると，会社を退職したあと最長2年間は会社に所属していたときとほぼ同様の保険給付を受けられます。該当する従業員がいる場合には，あらかじめ説明しておくとよいでしょう。

〈提出書類〉

　被保険者資格喪失届

〈提出期限〉

　資格を喪失した日（退職日の翌日）から5日以内

〈提 出 先〉

　所轄年金事務所，健康保険組合・厚生年金基金

〈添付書類〉

　健康保険証又は健康保険証回収不能届・滅失届

被保険者資格喪失届

健康保険
厚生年金保険　被保険者資格喪失届

届書コード	処理区分
2 0 1	

①事業所整理記号：新宿 ○○

◎記入の方法は裏面に書いてありますのでよくお読みください。
◎「※」印欄は記入しないでください。

②被保険者整理番号	⑦被保険者の氏名	③生年月日	④種別(性別)	⑰年金手帳の基礎年金番号	⑤資格喪失年月日	⑮資格喪失原因	⑱標準報酬月額	⑲被保険者証回収区分	被扶養者の有無	※被扶養者番号 / ※被保険者証(被扶養者用)回収区分	※作成原因	備考
1	(氏) CS (名) 太郎	昭5 50 01 01	1	1234 567890	平成 25 02 01	その他 4	240 / 240	添付 1	有 1人			平成25年1月31日退職
	(氏) (名)	年 月 日			平成 年 月 日		千円					平成 年 月 日退職
	(氏) (名)	年 月 日			平成 年 月 日		千円					平成 年 月 日退職
	(氏) (名)	年 月 日			平成 年 月 日		千円					平成 年 月 日退職
	(氏) (名)	年 月 日			平成 年 月 日		千円					平成 年 月 日退職

平成　年　月　日提出　　受付日付印

事業所所在地	〒 163−630
事業所名称	東京都新宿区新宿1-25-1 CSアカウンティング株式会社
事業主氏名	代表取締役 CS一郎　㊞
電話	03 （5908 局） 3421 番

社会保険労務士の提出代行者印　㊞

健康保険被保険者証回収不能・滅失届

※督促	年　月　日
※回収	年　月　日

健康保険被保険者証回収不能・滅失届

被保険者証の記号・番号	記号	12345678	番号	1
被保険者であった者の氏名・住所	氏名	CS太郎	住所	東京都新宿区○-○-○

回収不能等の対象者

被扶養者番号		氏名	生年月日	性別	続柄	高齢受給者証 交付	返納	被保険者証を返納できない理由
0 0	被保険者	(氏) CS (名) 太郎	昭5 50 01 01	男 1.	本人	無	有・無	紛失したため
	被扶養者	(氏) (名)	年 月 日	男 1. 女 2.		有・無	有・無	
	被扶養者	(氏) (名)	年 月 日	男 1. 女 2.		有・無	有・無	
	被扶養者	(氏) (名)	年 月 日	男 1. 女 2.		有・無	有・無	
	被扶養者	(氏) (名)	年 月 日	男 1. 女 2.		有・無	有・無	
	被扶養者	(氏) (名)	年 月 日	男 1. 女 2.		有・無	有・無	

上記の者について、被保険者証(高齢受給者証)が回収不能であるため届出します。なお、被保険者証を回収したときは、ただちに返納します。

平成　年　月　日

事業所所在地　東京都新宿区新宿1-25-1
事業所名称　ＣＳアカウンティング株式会社
事業主氏名　代表取締役　ＣＳ一郎　㊞

※　この届は被保険者証を返納できない場合に提出します。
※　事業主の押印については、署名(自筆)の場合は省略できます。

受付印

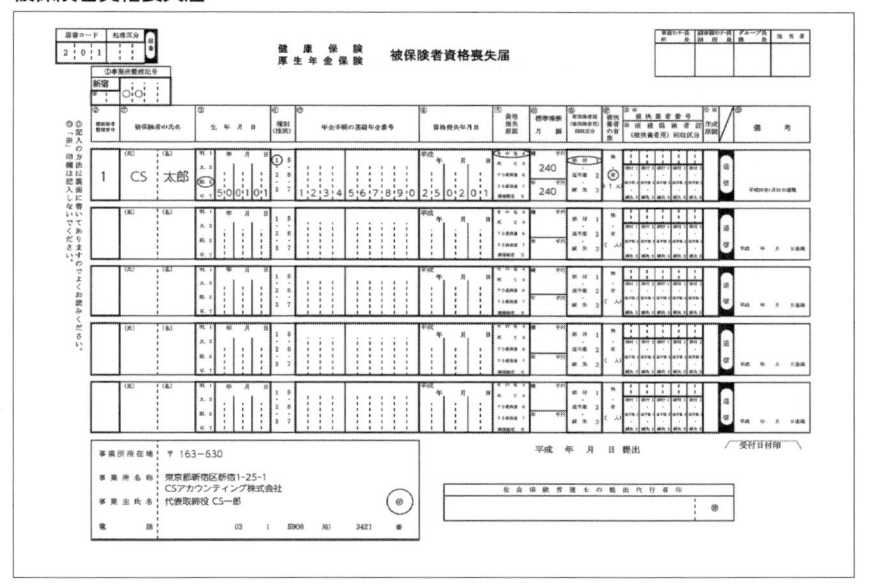

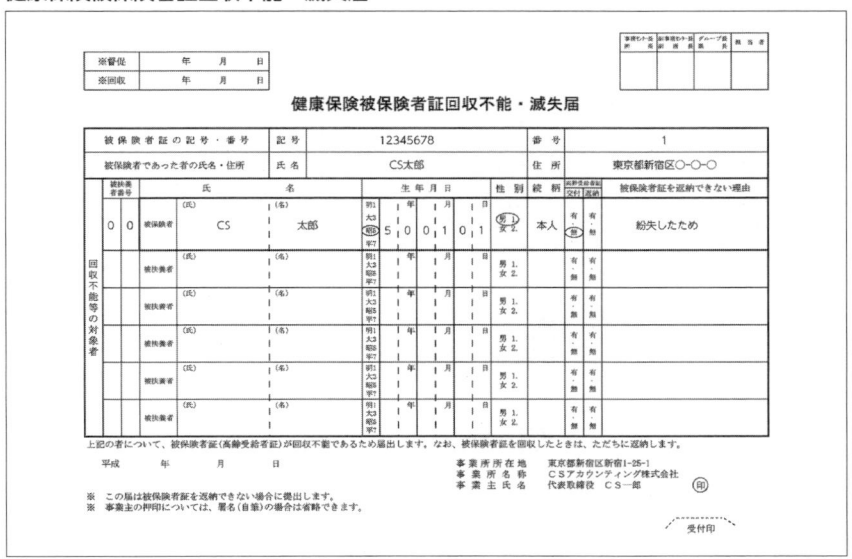

健康保険　任意継続被保険者　資格取得申出書

健康保険　任意継続被保険者　資格取得申出書

届書コード 2 3 1 0

1	勤務していた時に使用していた被保険者証の発行都道府県支部名称	東京　支部
2	勤務していた時に使用していた被保険者証の記号および番号	0 0 0 0 0 0 0 0 - 0 0 1
3	申出者の生年月日	昭和・平成　5 0 年 0 1 月 0 1 日
4	申出者の氏名	(フリガナ) シーエス　タロウ　(氏) CS　(名) 太郎　㊞ CS
5	性別	男・女
6	申出者の住所	郵便番号 1 6 3 - 0 6 3 0　(フリガナ) トウキョウト シンジュクク ニシシンジュク　東京 都道府県　新宿区西新宿○-○-○
7	電話番号	03 (1234) 5678
8	被扶養者の有無	有・無　「有」を「○」で囲んだ場合は、下記の「健康保険　被扶養者届【資格取得時】」を記入してください。
9	勤務していた事業所名称等	事業所名称　シーエス　アカウンティング　カブシキガイシャ
10		事業所所在地　CSアカウンティング株式会社
11		資格喪失年月日(退職日の翌日)　平成　2 4 年 0 9 月 0 1 日
12	保険料の納付方法	保険料の納付方法について、次のいずれか一つに○をつけてください。 ☑ 口座振替(毎月納付のみ)　□ 毎月納付　□ 6ヵ月前納　□ 12ヵ月前納 ※1「口座振替」を希望される方は、別途「口座振替依頼書」の提出が必要になります。 ※2「6ヵ月前納」および「12ヵ月前納」を希望された場合、資格取得年月日(上記11欄の日)の属する月の月末までに前納保険料を納付していただく必要があります。

健康保険　被扶養者届【資格取得時】

・任意継続被保険者の資格取得時に、被扶養者となられる方について記入してください。
・資格取得日の翌日以降に被扶養者となられる方は、別途「被扶養者(異動)届」を提出してください。

	13 被扶養者の氏名	14 被扶養者の生年月日	15 性別	16 続柄	17 職業	18 年間収入	19 同居別居の別
被扶養者欄	(フリガナ) シーエス ハナコ　CS 花子	昭和・平成　○年 1 月 1 日	男・女	子	○○大学 1年	0 万円	同居・別居
	(フリガナ)	昭和・平成　年 月 日	男・女			万円	同居・別居
	(フリガナ)	昭和・平成　年 月 日	男・女			万円	同居・別居
	(フリガナ)	昭和・平成　年 月 日	男・女			万円	同居・別居

20	扶養に関する申立欄 ※添付書類が提出できない事情にある場合、その理由を記入してください。	
21	配偶者が申出者の扶養とならないときは、その配偶者の年間収入を記入してください。	万円

上記の事実に相違ありません。　資格取得申出者氏名　　　　　㊞

受付日付印

22	社会保険労務士の提出代行者名記載欄　㊞

協会使用欄

決裁		登録	審査

記号番号 500000 -

全国健康保険協会

Ⅱ 健康保険　厚生年金保険　適用事業所全喪届

　社会保険の適用事業所が，事業所を解散又は廃止したときに提出するものになります。この場合，従業員は申請により被保険者喪失後も任意継続被保険者になることが可能です。

　適用事業所全喪届が提出されると，日本年金機構のホームページの「全喪事業所一覧表」に事業所名称・所在地・全喪年月日が掲載されます。

　これらの目的は，全喪届が提出された事業所の被保険者に当該事業所が社会保険の適用から外れ全喪事業所となったことについて確認できるようにするとともに，全喪事業所が事業を再開した場合に被保険者となるべき方が厚生年金保険への加入状況を確認できるようにするためとなっています。

　なお，事業所自体は存続していて，従業員がいなくなり役員だけになった場合には，適用事業所全喪届は提出しません。

〈提出書類〉
　適用事業所全喪届
〈提出期限〉
　事実があった日から5日以内
〈提　出　先〉
　所轄年金事務所，健康保険組合・厚生年金基金
〈添付書類〉
　解散登記の記載のある登記簿謄本等

健康保険　厚生年金保険　適用事業所全喪届

届書コード	
1 0 2	

事務センター長	部門センター長	グループ長	担当者
事務所長	部長	課長	
	副所長		

① 事業所整理記号　新宿　〇〇

② 事業所番号　12345

③ 全喪年月日　平成 25 10 20 1

④ 全喪の原因　(○1 任意脱退認可)　2 解散　3 休業　4 認定全喪　5 その他　6 合併　7 一括適用　8

⑤ 事業所名称　株式会社 CS関連

全喪の理由：事業を廃止したため

送信後の連絡先：
住所　〒163-0630　東京都新宿区〇-〇-〇
氏名　CS一郎
電話番号　03-〇〇〇〇-〇〇〇〇

⑥ 事業再開見込年月日　平成　年　月　日

備考

受付日付印

平成　年　月　日　提出

事業所在地　〒163-0630　東京都新宿区〇-〇-〇
事業所名称　株式会社 CS関連
事業主氏名　代表取締役　CS一郎　㊞
電話　03(5908)局 4321 番

社会保険労務士の提出代行者印

◎記入の方法は裏面に書いてありますのでよく見てください。

3 労働保険の精算・申告手続

労働保険制度の概要については，社会保険の仕組みをご参照ください。

❶ 労働保険料の精算手続

労働保険の保険関係が成立している適用事業所が倒産・解散・廃止等によって労働保険の保険関係が消滅した場合は，労働保険の精算の手続が必要になります。この場合に，確定保険料申告書を提出します。

計算の結果，確定した労働保険料が申告済概算保険料より少ない場合は，差額を申告・納付します。

〈提出書類〉

労働保険確定保険料申告書

〈提出期限〉

保険関係が消滅した日（事業の廃止の日の翌日）から50日以内

〈提 出 先〉

所轄労働基準監督署　納付金額がある場合は日本銀行，郵便局も可

〈添付書類〉

特になし

> ⚠ **Attention**
>
> 労働保険料の口座振替手続をしている場合，確定保険料申告書を提出した後でも，2期や3期分の労働保険料が口座から引き落とされる可能性もあります。引き落とされてしまった労働保険料は後で労働局より返金されますが，あらかじめ「労働保険 保険料口座振替納付書送付依頼書（解除）兼口座振替依頼書（解除）」を金融機関に提出しておくと引き落としが止められるため，経理処理や資金管理の手間が増えず安心です。

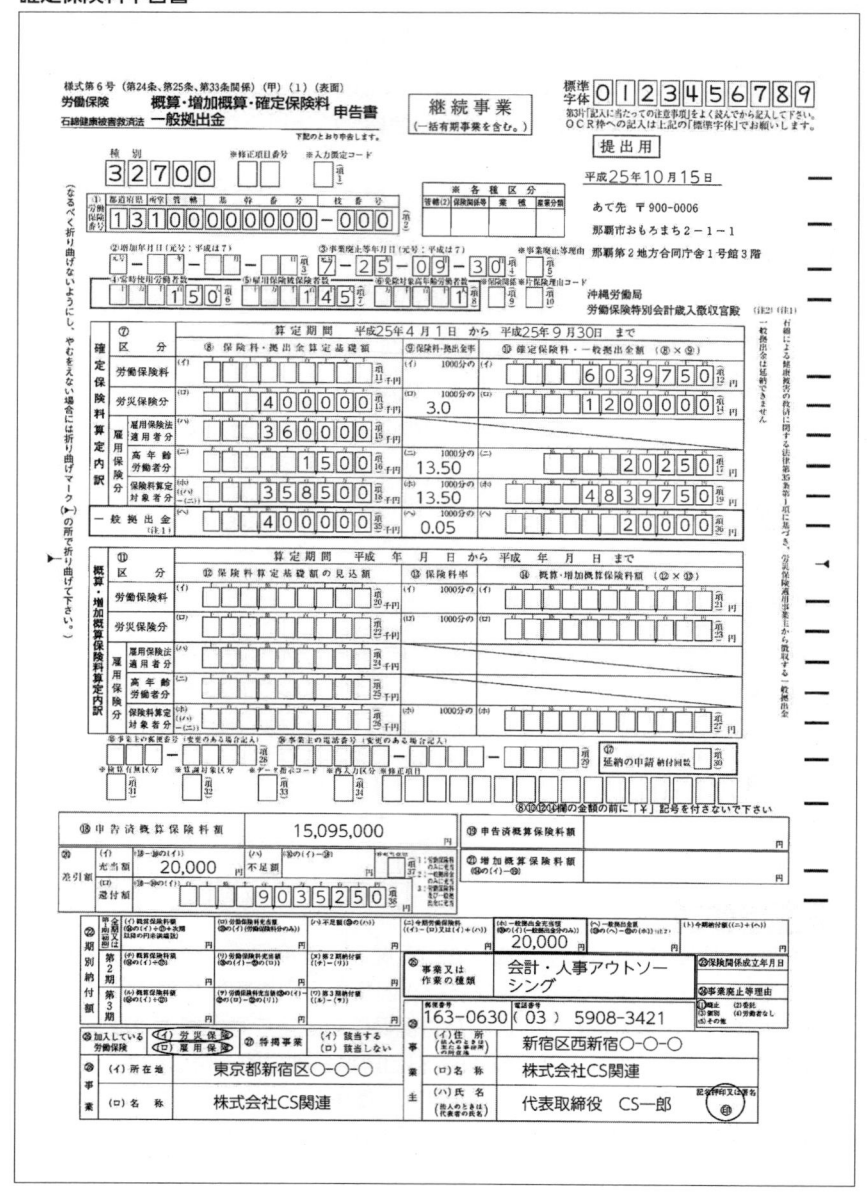

確定保険料申告書

様式第6号（第24条、第25条、第33条関係）（甲）（1）（表面）
労働保険　概算・増加概算・確定保険料 申告書
石綿健康被害救済法　一般拠出金

継続事業（一括有期事業を含む。）

標準字体 0123456789

提出用

平成25年10月15日

あて先　〒900-0006
那覇市おもろまち2-1-1
那覇第2地方合同庁舎1号館3階

沖縄労働局
労働保険特別会計歳入徴収官殿

種別: 32700

労働保険番号: 13 1 00000000 000

増加年月日: -
事業廃止等年月日: 7-25-09-30
常時使用労働者数: 150
雇用保険被保険者数: 145
高年齢労働者数: 1

⑦ 確定保険料算定内訳

算定期間　平成25年4月1日から平成25年9月30日まで

区分	⑧保険料・拠出金算定基礎額	⑨保険料・拠出金率	⑩確定保険料・一般拠出金額 (⑧×⑨)
(イ)労働保険料			6,039,750
(ロ)労災保険分	400,000 千円	1000分の 3.0	1,200,000
雇用保険法適用分	360,000 千円		
(ハ)高年齢労働者分	1,500 千円	1000分の 13.50	20,250
(ニ)保険料算定対象者分	358,500 千円	1000分の 13.50	4,839,750
(ホ)一般拠出金	400,000 千円	1000分の 0.05	20,000

⑪ 概算・増加概算保険料算定内訳

算定期間　平成　年　月　日から平成　年　月　日まで

区分	⑫保険料算定基礎額の見込額	⑬保険料率	⑭概算・増加概算保険料額 (⑫×⑬)
労働保険料			
労災保険分			
雇用保険法適用分			
高年齢労働者分			
保険料算定対象者分			

⑱申告済概算保険料額: 15,095,000
⑲申告済概算保険料額:
⑳差引額　充当額: 20,000　不足額: 　　還付額: 9,035,250
㉑増加概算保険料額:

㉒期別納付額
- 第1期: 20,000
- 第2期:
- 第3期:

事業又は作業の種類: 会計・人事アウトソーシング
郵便番号: 163-0630　電話番号: (03) 5908-3421

加入している労働保険: 労災保険・雇用保険
特掲事業: 該当する・該当しない

事業所 (イ)所在地: 東京都新宿区○-○-○
(ロ)名称: 株式会社CS関連

事業主 (イ)住所: 新宿区西新宿○-○-○
(ロ)名称: 株式会社CS関連
(ハ)氏名: 代表取締役　CS一郎 ㊞

-170-

Ⅱ 労働保険料の還付手続

　毎年の労働保険料の年度更新では，確定済みの保険料とあわせて翌年度1年分の概算保険料を納付します。よって，適用事業所の解散の時期や従業員の増減にもよりますが，年度の途中で労働保険料の清算をする場合の多くは，過払い分の労働保険料の還付の手続を取ることになります。

　なお，還付金は申告済概算保険料から確定した保険料の額を差し引いたものとなりますが，実際には一般拠出金※を控除した額が還付されることになります。

　労働保険料還付請求書を提出してから還付金が振り込まれるまで多少日にちがかかります。よって還付請求書提出の際に還付金振込みの時期を確認しておき，それまでの間は会社の銀行口座を空けておくようにしておくと，還付金の受取りの際に便利です。

※　一般拠出金とは，石綿健康被害救済法に基づき，平成19年4月1日から納付が必要となったもので，金額は労働者に支払った賃金総額の1,000分の0.05となっています。

〈提出書類〉

　労働保険料還付請求書

〈提出期限〉

　事業を廃止した日から起算して2年以内

〈提 出 先〉

　所轄労働基準監督署

> ⚠ **ATTENTION**
>
> 　労働保険還付請求書は平成25年から新しい様式になっています。昨年までの様式は使用できないため注意が必要です。

労働保険料還付請求書

様式第8号（第36条関係）

労働保険 労働保険料
石綿健康被害救済法 一般拠出金　**還付請求書**

還付金の種別：労働保険料・一般拠出金

種別 `3 1 7 5 1`

労働保険番号：都道府県`13` 所掌`1` 管轄(1)`00` 基幹番号`000000` 枝番号`000`

※修正項目番号 □□　※漢字修正項目番号 □

① 還付金の払渡しを受けることを希望する金融機関（金融機関のない場合は郵便局）

金融機関
- 金融機関名称（漢字）: CS銀行
- 支店名称（漢字）: 新宿支店
- 金融機関コード: `1234`
- 支店コード: `567`
- 種別: `1`（1.普通 2.当座 3.通知 4.別段）
- 口座番号: `0123456`
- ゆうちょ銀行記号番号: ――
- フリガナ: カブシキガイシャ シーエス カンレン
- 口座名義人: 株式会社CS関連

郵便局
- 郵便局名称（漢字）:
- 区・市・郡（漢字）:

② 還付請求額　（注意）各欄の金額の前に「¥」記号を付さないで下さい

労働保険料

(ア) 納付した概算保険料の額	15,095,000 円
(イ) 確定保険料の額又は改定確定保険料の額	6,039,750 円
(ウ) 差額	9,055,250 円
(エ) 労働保険料等・一般拠出金への充当額（詳細は以下③）	
(オ) 労働保険料等に充当	0 円
(カ) 一般拠出金に充当	20,000 円
(キ) 労働保険料還付請求額 (ウ)-(オ)-(カ)	9,035,250 円

一般拠出金

(ク) 納付した一般拠出金の額	0 円
(ケ) 改定した一般拠出金	0 円
(コ) 差額	0 円
(サ) 一般拠出金・労働保険料等への充当額（詳細は以下③）	
(シ) 一般拠出金に充当	0 円
(ス) 労働保険料等に充当	0 円
(セ) 一般拠出金還付請求額 (コ)-(シ)-(ス)	0 円

③ 労働保険料等への充当額内訳

充当先事業の労働保険番号	労働保険料等の種別	充当額
13 1 00 000000 000	年度、概算、確定、追徴金、延滞金、**一般拠出金**	20,000 円
	年度、概算、確定、追徴金、延滞金、一般拠出金	
	年度、概算、確定、追徴金、延滞金、一般拠出金	
	年度、概算、確定、追徴金、延滞金、一般拠出金	

上記のとおり還付を請求します。

25 年 10 月 15 日

（郵便番号）163-0630　電話（ ）03-5908-3421
住所：新宿区西新宿〇-〇-〇
事業主　名称：株式会社CS関連
氏名：代表取締役　CS一郎　㊞
（法人のときは、その名称及び代表者の氏名）

官署支出官厚生労働省労働基準局長　殿
労働局労働保険特別会計資金前渡官吏　殿

※修正項目（英数・カナ）
※修正項目（漢字）

還付理由：`2`（1. 年度更新　2. 事業終了　3. その他(算調等)）
還付金発生年度（元号：平成は7）：`7-25`
※元号 □　※徴収区分 □□

歳入徴収官 / 部長 / 課室長 / 補佐 / 係長 / 係

社会保険労務士記載欄：作成年月日・提出代行者・事務代理者の表示 / 氏名㊞ / 電話番号

（注意）
1. ①欄について、ゆうちょ銀行を指定した場合、「ゆうちょ銀行記号番号」を記入すること。また、ゆうちょ銀行以外を指定した場合、「種別」「口座番号」を記入すること。
2. 還付金の種別欄及び①欄については、事項を選択する場合には該当事項を○で囲むこと。
3. 社会保険労務士記載欄は、この書面を社会保険労務士が作成した場合のみ記載すること。

4 雇用保険手続

> 退職する従業員の不安が和らぐよう，会社側から従業員へ雇用保険制度の説明を十分にしておくことが大切です。

■ 雇用保険被保険者資格喪失手続

　従業員が退職する場合には，必ず「雇用保険被保険者資格喪失届」を提出しますが，失業給付受給の際に必要な「雇用保険被保険者離職証明書」は，本人から交付の希望がない場合には必ずしも作成する必要はないものとなっています。

　ただし，会社が閉鎖された後で従業員から離職証明書の交付の依頼があった場合，作成できる事務担当者がいない可能性があることや，事業主印を管理する者がいない可能性があることから，離職証明書作成の対応が難しいことも予想されます。よって，事業所を閉鎖するときに全員に対して離職証明書を作成・交付しておくと，後から依頼を受けて作成する必要がなくなります。

　「雇用保険被保険者離職証明書」に記載する離職理由は，「会社都合による退職」「事業廃止による退職」等の，個々の事情に該当する理由を記載します。不明な場合は所轄のハローワークに確認してください。

　なお，事業所の倒産・廃止，解雇などの離職理由から特定受給資格者に該当する場合は，自己都合で退職した場合に比べ，約3ヶ月の給付制限期間がなかったり，失業手当の給付日数が多くなったりすることがあります。従業員にはこのあたりも説明しておき，退職後の不安を軽くする配慮が必要になります。

自己都合で退職した場合の失業給付の所定給付日数

被保険者期間	1年未満	1年以上 5年未満	5年以上 10年未満	10年以上 20年未満	20年以上
全年齢	—	90日	90日	120日	150日

特定受給資格者の失業給付の所定給付日数

被保険者期間	1年未満	1年以上5年未満	5年以上10年未満	10年以上20年未満	20年以上
30歳未満	90日	90日	120日	180日	—
30歳以上35歳未満	90日	90日	180日	210日	240日
35歳以上45歳未満	90日	90日	180日	240日	270日
45歳以上60歳未満	90日	180日	240日	270日	330日
60歳以上65歳未満	90日	150日	180日	210日	240日

〈提出書類〉

　雇用保険被保険者資格喪失届

　雇用保険被保険者離職証明書

〈提出期限〉

　被保険者でなくなった日（退職日の翌日）の翌日から起算して10日以内

〈提 出 先〉

　所轄ハローワーク

※　従業員が外国人の場合は，雇用保険資格喪失届の備考欄に国籍・在留資格・在留期間の記入が必要です。

第3章 会社等の設立・撤退・再編／②日本からの撤退

雇用保険被保険者資格喪失届

様式第4号　（移行処理用）　雇用保険被保険者　資格喪失届／氏名変更届

標準字体：0123456789
（必ず第2面の注意事項を読んでから記載してください。）

※帳票種別：1219　0 氏名変更届／1 資格喪失届

1. 被保険者番号：5000-000000-0
2. 事業所番号：1300-000000-0
3. 資格取得年月日：4-000201（3 昭和／4 平成）
4. 離職等年月日：4-000131
5. 喪失原因：3（1 離職以外の理由／2 3以外の離職／3 事業主の都合による離職）
6. 離職票交付希望：1 有／2 無
※7. 喪失時被保険者種類：（3 季節）
8. 新氏名／フリガナ（カタカナ）
9. 補充採用予定の有無：（空白 無／1 有）

10. （フリガナ）被保険者氏名	シーエス タロウ／CS 太郎	11. 性別 男・女	12. 生年月日 昭和 50年1月1日
13. 被保険者の住所又は居所	新宿区西新宿〇-〇-〇		
14. 事業所名称	株式会社CS関連	15. 氏名変更年月日	平成　年　月　日
16. 被保険者でなくなったことの原因	事業所の廃止のため		

17. 1週間の所定労働時間（ 40 ）時間（ 00 ）分

雇用保険法施行規則第7条第1項・第14条第1項の規定により、上記のとおり届けます。

平成〇〇年 2 月 10 日

住　所　新宿区西新宿〇-〇-〇
事業主　氏　名　株式会社CS関連
　　　　　　　　代表取締役　CS一郎
　　　　電話番号　03-5908-3421

新宿 公共職業安定所長 殿

備考：国籍・地域／在留資格／在留期間　西暦　年　月　日　まで
派遣・請負労働者として主として14以外の事業所で就労していた場合

2013. 3

雇用保険被保険者離職証明書

様式第5号

雇用保険被保険者離職証明書（安定所提出用）

①被保険者番号	5000-000000-0	③フリガナ	シーエス タロウ	④離職年月日	平成 00 年 1 月 31 日
②事業所番号	1300-000000-0	離職者氏名	CS 太郎		

⑤事業所	名称	株式会社CS関連	⑥離職者の	〒163-0000
	所在地	新宿区西新宿〇-〇-〇	住所又は居所	新宿区西新宿〇-〇-〇
	電話番号	03-5908-3421		電話番号（ 03 ）0000 - 0000

この証明書の記載は、事実に相違ないことを証明します。
住所　新宿区西新宿〇-〇-〇
事業主　株式会社CS関連
氏名　代表取締役　CS一郎　㊞（代表者印）

※離職票交付　平成　年　月　日
（交付番号　　　番）

離職票受領印

離職の日以前の賃金支払状況等

⑧被保険者期間算定対象期間		⑨⑧の期間における賃金支払基礎日数	⑩賃金支払対象期間	⑪⑩の基礎日数	⑫賃金額			⑬備考
Ⓐ一般被保険者等	Ⓑ短期雇用特例被保険者				Ⓐ	Ⓑ	計	
離職日の翌日　月　日	月　日							
1月 1日～離職日	月	31日	1月 1日～離職日	31日	240,000			
12月 1日～12月31日	月	31日	12月 1日～12月31日	31日	240,000			
11月 1日～11月30日	月	30日	11月 1日～11月30日	30日	240,000			
10月 1日～10月31日	月	31日	10月 1日～10月31日	31日	240,000			
9月 1日～ 9月30日	月	30日	9月 1日～ 9月30日	30日	240,000			
8月 1日～ 8月31日	月	31日	8月 1日～ 8月31日	31日	240,000			
7月 1日～ 7月31日	月	31日	7月 1日～ 7月31日	31日	240,000			
6月 1日～ 6月30日	月	30日	6月 1日～ 6月30日	30日	240,000			
5月 1日～ 5月31日	月	31日	5月 1日～ 5月31日	31日	240,000			
4月 1日～ 4月30日	月	30日	4月 1日～ 4月30日	30日	240,000			
3月 1日～ 3月31日	月	31日	3月 1日～ 3月31日	31日	240,000			
2月 1日～ 2月28日	月	28日	2月 1日～ 2月28日	28日	240,000			
1月 1日～ 1月31日	月	31日	1月 1日～ 1月31日	31日	240,000			

⑭賃金に関する特記事項

⑮この証明書の記載内容（⑦欄を除く）は相違ないと認めます。
（記名押印又は自筆による署名）
（離職者氏名）CS 太郎　㊞

※公共職業安定所記載欄
⑮欄の記載　有・無
⑯欄の記載　有・無
資・聴

本手続きは電子申請による申請も可能です。本手続きについて、電子申請により行う場合には、被保険者が離職証明書の内容について確認したことを証明することができるものを本離職証明書の提出と併せて送信することをもって、当該被保険者の電子署名に代えることができます。
また、本手続について、社会保険労務士が電子申請による本届書の提出に関する手続を事業主に代わって行う場合には、当該社会保険労務士が当該事業主の提出代行者であることを証明することができるものを本届書の提出と併せて送信することをもって、当該事業主の電子署名に代えることができます。

社会保険労務士記載欄	作成年月日・提出代行者・事務代理者の表示	氏　　名	電話番号		※	所長	次長	課長	係長	係
			㊞							

第3章 会社等の設立・撤退・再編／2 日本からの撤退

事業主記入欄	離　職　理　由	※離職区分
	⑦離職理由欄…事業主の方は、離職者の主たる離職理由が該当する理由を1つ選択し、左の事業主記入欄の□の中に○印を記入の上、下の具体的事情記載欄に具体的事情を記載してください。	
	【離職理由は所定給付日数・給付制限の有無に影響を与える場合があり、適正に記載してください。】	
	1　事業所の倒産等によるもの	
□	（1）倒産手続開始、手形取引停止による離職	1 A
□	（2）事業所の廃止又は事業活動停止後事業再開の見込みがないため離職	1 B
	2　定年によるもの	
□	定年による離職（定年　　歳）	2 A
	定年後の継続雇用｛　を希望していた（以下のaからcまでのいずれかを1つ選択してください）	
	｛　を希望していなかった	
	a　就業規則に定める解雇事由又は退職事由（年齢に係るものを除く。以下同じ。）に該当したため	2 B
	（解雇事由又は退職事由と同一の事由として就業規則又は労使協定に定める「継続雇用しないことができる事由」に該当して離職した場合も含む。）	
	b　平成25年3月31日以前に労使協定により定めた継続雇用制度の対象となる高年齢者に係る基準に該当しなかったため	2 C
	c　その他（具体的理由： 　　　　　　　　　　　　　　　　　　　　　　　　　　　　　　　　　　　　　　）	
	3　労働契約期間満了等によるもの	
□	（1）採用又は定年後の再雇用時等にあらかじめ定められた雇用期限到来による離職	2 D
□	（2）労働契約期間満了による離職	2 E
	①　下記②以外の労働者	
	（1回の契約期間　　箇月、通算契約期間　　箇月、契約更新回数　　回）	
	（契約を更新又は延長することの確約・合意の　有・無　（更新又は延長しない旨の明示の　有・無　））	3 A
	（直前の契約更新時に雇止め通知の　有・無　）	
	｛　を希望する旨の申出があった	3 B
	労働者から契約の更新又は延長｛　を希望しない旨の申出があった	
	｛　の希望に関する申出はなかった	3 C
	②　一般労働者派遣事業に雇用される派遣労働者のうち常時雇用される労働者以外の者	
	（1回の契約期間　　箇月、通算契約期間　　箇月、契約更新回数　　回）	
	（契約を更新又は延長することの確約・合意の　有・無　（更新又は延長しない旨の明示の　有・無　））	3 D
	｛　を希望する旨の申出があった	
	労働者から契約の更新又は延長｛　を希望しない旨の申出があった	4 D
	｛　の希望に関する申出はなかった	
	a　労働者が適用基準に該当する派遣就業の指示を拒否したことによる場合	5 E
	b　事業主が適用基準に該当する派遣就業の指示を行わなかったことによる場合（指示した派遣就業が取りやめになったことによる場合を含む。）	
	（aに該当する場合は、更に下記の5のうち、該当する主たる離職理由を更に1つ選択し、○印を記入してください。該当するものがない場合は下記の6に○印を記入した上、具体的な理由を記載してください。）	
□	（3）早期退職優遇制度、選択定年制度等により離職	
□	（4）移籍出向	
	4　事業主からの働きかけによるもの	
□	（1）解雇（重責解雇を除く。）	
□	（2）重責解雇（労働者の責めに帰すべき重大な理由による解雇）	
	（3）希望退職の募集又は退職勧奨	
□	①　事業の縮小又は一部休廃止に伴う人員整理を行うためのもの	
□	②　その他（理由を具体的に 　　　　　　　　　　　　　　　　　）	
	5　労働者の判断によるもの	
	（1）職場における事情による離職	
□	①　労働条件に係る重大な問題（賃金低下、賃金遅配、過度な時間外労働、採用条件との相違等）があったと労働者が判断したため	
□	②　就業環境に係る重大な問題（故意の排斥、嫌がらせ等）があったと労働者が判断したため	
□	③　事業所での大規模な人員整理があったことを考慮した離職	
□	④　職種転換等に適応することが困難であったため（教育訓練の　有・無　）	
□	⑤　事業所移転により通勤困難となった（なる）ため（旧（新）所在地： 　　　　　　　　　）	
□	⑥　その他（理由を具体的に 　　　　　　　　　　　　　　　　　）	
□	（2）労働者の個人的な事情による離職（一身上の都合、転職希望等）	
□	6　その他（1-5のいずれにも該当しない場合） （理由を具体的に 　　　　　　　　　　　　　　　　　　　　　　　　　　　　）	

具体的事情記載欄（事業主用）　事業所の廃止のため

⑩離職者本人の判断（○で囲むこと）
　事業主が○を付けた離職理由に異議　有り・(無し)
　記名押印又は自筆による署名（離職者氏名）　CS太郎　㊞

Ⅱ 受給期間延長申請

　雇用保険の失業給付を受給できる期間は，原則として，離職した日の翌日から1年間（所定給付日数330日の方は1年と30日，360日の方は1年と60日）です。

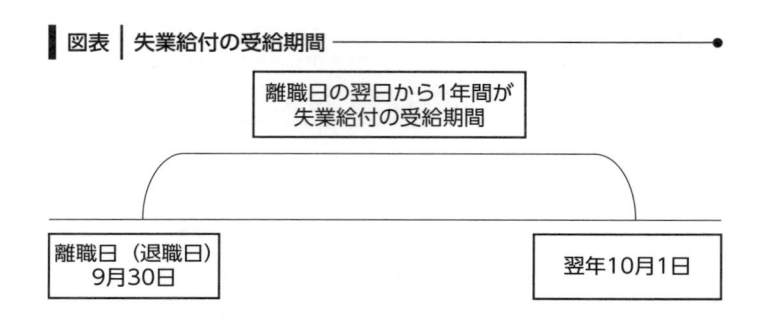

図表｜失業給付の受給期間

離職日の翌日から1年間が失業給付の受給期間

離職日（退職日）
9月30日　　　　　　　　　　　翌年10月1日

　ただし，病気やケガ，妊娠，出産，育児，親族の看護，配偶者の海外赴任に同行する等の理由ですぐに働けない方は，「失業」の状態と認められないため，雇用保険の基本手当を受けることができません。そういう場合に受給期間を延長すると通常1年の受給期間（有効期限）を最大3年間伸ばすことができます（失業給付の給付日数が多くなるわけではありません）。

　該当しそうな従業員がいれば，受給期間申請の案内をしておくとよいでしょう。

　なお，延長するのは「その期間に働くことができない」からになりますので，もしその期間中に就労すると不正となるため留意が必要です。

Ⅲ 受給期間延長の手続

　受給期間延長の措置を受けようとする場合には，住所又は居所を管轄するハローワークに届け出なければなりません（代理人又は郵送による手続も可能です）。

〈提出書類〉
　受給期間延長申請書

〈添付書類〉
　離職票-1＆2，必要に応じ各種証明書
〈提出期限〉
　離職の日の翌日から30日を過ぎてから1ヶ月以内
〈提 出 先〉
　住所地を管轄するハローワーク

受給期間延長申請書

様式第16号

受給期間・教育訓練給付適用対象期間・高年齢雇用継続給付延長申請書

1 申請者	氏 名	CS 太郎	生年月日	大正 昭和 平成 50年 1月 1日	性別	男 女
	住所又は居所	〒163-0000 新宿区西新宿〇-〇-〇 （電話03-0000-0000）				

2 申請する延長の種類	**受給期間**・教育訓練給付適用対象期間・高年齢雇用継続給付

3 離職年月日	平成 〇〇年 1月 31日	4 被保険者となった年月日	昭和 平成 〇〇年 2月 1日

5 被保険者番号	5000-000000-0

6 支給番号	

7 この申請書を提出する理由	イ 妊娠、出産、育児、疾病、負傷等により職業に就く（対象教育訓練の受講を開始する）ことができないため ロ 定年等の理由により離職し、一定期間求職の申込みをしないことを希望するため 具体的理由 育児のため

8 職業に就く（対象教育訓練の受講を開始する）ことができない期間又は求職の申込みをしないことを希望する期間	平成〇〇年 2月 1日から 平成 年 月 日まで	※処理欄	平成 年 月 日から 平成 年 月 日まで

※ 延長後の受給（教育訓練給付適用対象）期間満了年月日	平成 年 月 日

9 7のイの理由が疾病又は負傷の場合	傷病の名称		診療機関の名称・診療担当者	

雇用保険法施行規則第31条第1項・第31条の3第1項の規定により受給期間の延長、教育訓練給付に係る適用対象期間の延長、高年齢雇用継続給付の次回の支給申請可能な支給対象月に係る延長を上記のとおり申請します。

平成〇〇年 2月 15日

申請者氏名 CS 太郎 ㊞

新宿 公共職業安定所長 殿

備考		離職票交付安定所名	
		離職票交付年月日	
		離職票交付番号	

※	所長	次長	課長	係長	係	操作者

Ⅳ 適用事業所廃止届

　雇用保険の適用を受けていた事業所が，会社の解散又は廃止をする場合に提出が必要になります。

〈提出書類〉
　雇用保険適用事業所廃止届

〈提出期限〉
　事業所を廃止した日の翌日から起算して10日以内

〈提 出 先〉
　所轄公共職業安定所

〈添付書類〉
　解散登記の記載のある登記簿謄本等
　雇用保険適用事業所台帳

雇用保険適用事業所廃止届

標準字体 0123456789
(必ず第2面の注意事項を読んでから記載してください。)

※1. 本日の資格喪失・転出者数 人

帳票種別 11002

2. 事業所番号 1300-000000-0

3. 設置年月日 4-000201 (元号 3昭和 4平成)

4. 廃止年月日 4-000131 (元号)

5. 廃止区分 1

6. 統合先事業所の事業所番号

7. 統合先事業所の設置年月日 (3昭和 4平成)

8. 事業所
(フリガナ) シンジュウク ニシシンジュク
所在地 新宿区西新宿〇-〇-〇
(フリガナ) カブシキガイシャ シーエスカンレン
名称 株式会社 CS関連

9. 労働保険番号 府県 所掌 管轄 基幹番号 枝番号
13 1 00 0000000 000

10. 廃止理由 事業の撤退のため事業所閉鎖

上記のとおり届けます。
平成 〇 年 2 月 10 日
公共職業安定所長 殿

事業主
住所 新宿区西新宿〇-〇-〇
名称 (株)CS関連
氏名 代表取締役 CS一郎 ㊞
電話番号 03-5908-3421

記名押印又は署名 代表者 ㊞

※公共職業安定所記載欄
届書提出後、事業主が住所を変更する場合又は事業主に承継者等のある場合は、その者の住所・氏名
(フリガナ) 名称
(フリガナ) 住所
(フリガナ) 代表者氏名
電話番号 郵便番号

備考

※ 所長 次長 課長 係長 係 操作者

労働保険事務組合記載欄
所在地
名称
代表者氏名 ㊞

社会保険労務士記載欄 作成年月日・提出代行者・事務代理者の表示 氏名 ㊞ 電話番号

(この届出は、事業所を廃止した日の翌日から起算して10日以内に提出してください。)

2010. 2

5 給与・賞与その他

退職後に残業代や賞与が支払われることもあるため，源泉徴収票の支払金額の欄を正しく記載するよう留意が必要です。

Ⅰ 源泉徴収票

最終給与を支給したら，給与所得の源泉徴収票の作成が必要になります。

Ⅱ 賞　与

従業員が退職し最終給与を支払った後で，賞与等の支払いが発生することもあります。賞与としての性質を持つ支給である場合は，退職後であっても賞与扱いで源泉徴収する必要があります。

なお，退職後に発生する給与や賞与等の所得税は原則として源泉徴収税額表の乙欄で計算しますが，他の会社で給与所得者の扶養控除等申告書を提出していない場合（まだ転職していない場合等），甲欄でもよいとなっています。

社会保険に関しては，資格喪失後に支払われる賞与については保険料の徴収は発生しません。ただし，雇用保険については退職後に支払われる賞与であっても計算期間が在職中のものについては，雇用保険料を徴収する必要があります。

また，最終給与を支給した際に既に源泉徴収票を作成済みであっても，その後賞与の支給がある場合は新たに源泉徴収票を作成する必要が生じます。甲欄で支給した場合には賞与支給額を加算した甲欄の源泉徴収集票を作成し直すことになり，乙欄で支給した場合には乙欄の源泉徴収票の作成が必要になります。

> ⚠️ **Attention**
> 本来賞与として支給すべきものを退職金扱いで計算処理してしまうと，源泉所得税の額や雇用保険料の額等が違ってしまいます。間違えないよう注意が必要です。

III 所得税

日本国内で給与等の支払事務を取り扱う事務所等を廃止した場合に所轄税務署長に対して届出が必要になります。

〈提出書類〉

給与支払事務所等の廃止届出書

※ 様式は「社会保険・労働保険・給与についての事業所設置手続」の給与支払事務所等の開設届出書と同じになります。

〈提 出 先〉

所轄の税務署

〈提出期限〉

廃止の事実が生じた日から1ヶ月以内

第3章　会社等の設立・撤退・再編／[2] 日本からの撤退

給与支払事務所等の廃止届出書

給与支払事務所等の開設・移転・廃止届出書

※整理番号

税務署受付印

平成　年　月　日

税務署長殿

所得税法第230条の規定により次のとおり届け出ます。

事務所開設者	（フリガナ）	
	氏名又は名称	
	住所又は本店所在地	〒 電話（　　）
	（フリガナ）	
	代表者氏名	㊞

（注）「住所又は本店所在地」欄については、個人の方については申告所得税の納税地、法人については本店所在地を記載してください。

| 開設・移転・廃止年月日 | 平成　年　月　日 | 給与支払を開始する年月日 | 平成　年　月　日 |

○届出の内容及び理由
（該当する事項のチェック欄□に✓印を付してください。）

「給与支払事務所等について」欄の記載事項

		開設・異動前	異動後
開設	□ 開業又は法人の設立 □ 上記以外 ※本店所在地等とは別の所在地に支店等を開設した場合		開設した支店等の所在地
移転	□ 所在地の移転	移転前の所在地	移転後の所在地
	□ 既存の給与支払事務所等への引継ぎ （理由）□ 法人の合併　□ 法人の分割　□ 支店等の閉鎖 □ その他（　　　）	引継ぎをする前の給与支払事務所等	引継先の給与支払事務所等
廃止	□ 廃業又は清算結了　□ 休業		
その他（　　　）		異動前の事項	異動後の事項

○給与支払事務所等について

	開設・異動前	異動後
（フリガナ） 氏名又は名称		
住所又は所在地	〒 電話（　　）－	〒 電話（　　）－
（フリガナ） 責任者氏名		

| 従事員数 | 役員 | 人 | 従業員 | 人 | （　） | 人 | （　） | 人 | （　） | 人 | 計 | 人 |

（その他参考事項）

| 税理士署名押印 | ㊞ |

（規格A4）

| ※税務署処理欄 | 部門 | 決算期 | 業種番号 | 入力 | 名簿等 | 用紙交付 | 通信日付印 | 年月日 | 確認印 |

23.12改正　　　　　　　　　　　　　　　　　　　　（源0301）

Ⅳ 住民税

住民税の取り扱いについては，下記の三つのいずれかになります。
① 最終給与（又は退職金など）で住民税の残額を一括徴収
② 最終給与でその月の分の住民税を徴収し，残額を普通徴収に切り替え
③ 退職後すぐに転職する場合，翌月から別の会社で特別徴収

どの徴収方法であっても，異動（退職，転職等）のあった月の翌月10日までに「特別徴収にかかる給与所得者異動届出書」を各従業員の住所を管轄する市区町村へ送付する必要があります（なお，様式は同じでも記載方法は①～③でそれぞれ違います）。

「特別徴収にかかる給与所得者異動届出書」は各市区町村から住民税の決定通知書等と一緒に会社宛に送付されたものや各市区町村のホームページからダウンロードしたものを利用できますが，給与ソフトから出力したものを利用することも可能です。

3 企業再編

1 企業再編の際の労働条件

国内の企業が，安定した基盤作りや経営の効率化を目指して企業再編を行うように，外資系企業でも企業再編を頻繁に行っています。
企業再編の方法には，合併・会社分割・企業譲渡など様々になります。

I 合併

複数の組織が合体して一つの組織になることを合併といいます。合併のメリットは，財産や負債などの個々の権利義務の移転手続が不要である点になります。

合併には，吸収合併と新設合併の方法があります。新設会社を設立する場合は手続が煩雑になることから，実際のケースでは吸収合併が大部分となっています。

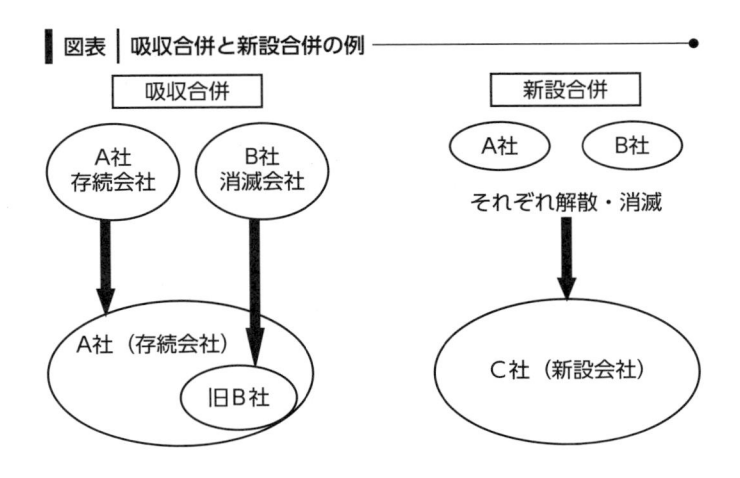

図表 | 吸収合併と新設合併の例

【吸収合併】
A社 存続会社 ／ B社 消滅会社
↓
A社（存続会社）／ 旧B社

【新設合併】
A社　B社
それぞれ解散・消滅
↓
C社（新設会社）

吸収合併と新設合併のいずれの場合でも，消滅する会社の全ての権利義務は，存続会社又は新設会社に包括的に承継されます（会社法750条1項，754条1項）。当然，全ての従業員の雇用契約も合併前の労働条件のままで，存続会社又は新

設会社に承継されます。

存続会社・新設会社や消滅会社との労働条件に相違がある場合，合併後は2以上の労働条件が併存することになります。具体的には，給与・賞与額や給与体系などの報酬面，有給の付与日数などの労働条件面，評価制度など人事制度面での相違がよく見られます。

一つの会社で複数の労働条件や人事制度が併存すると，労務管理が複雑になり，従業員によっては不公平感を感じることがあり得るため，労働条件を統一するための就業規則・労働協約※・個別の労働契約の変更の必要が生じます。その中でも始業・終業時刻，所定労働時間，休憩時間など就業に影響する分については優先的に統一を図る必要があります。労働条件や人事制度を統一するには，一方の企業の既存の制度に揃える方法もありますが，新たに制度を設計する方法もあります。

複数の会社の労働条件を統一する際には，従業員によっては前より労働条件が悪くなってしまうことも考えられます。この場合には変更内容が，従業員が受ける不利益の程度，変更後の就業規則の内容の相当性等を考慮して，合理的な範囲である必要があります（労働契約法9条，10条）。

また就業規則の作成や変更にあたっては，
・ 労働組合又は労働者の過半数を代表する者からの意見の聴取（労働基準法90条）
・ 労働基準監督署への届出（労働基準法89条）
・ 従業員への周知（労働基準法106条）

の手続も遵守する必要があります。

※ 労働協約とは，労働組合と使用者又はその団体との間の労働条件その他に関する協定で，書面に作成し，両当事者が署名又は記名押印することにより効力を生ずるものです（労働組合法14条）。

II 事業譲渡

事業譲渡とは，会社の事業の全部又は一部を他の会社に金銭により売却する

ことをいいます。会社を無条件で丸ごと譲渡するのではなく，全部又は一部の事業だけを譲渡する点が特徴です。買い手と売り手が自由に譲渡する資産や負債の内容を決めることができるため，買う方にとっては不要な資産や不良債権を買うおそれがないことがメリットになります。

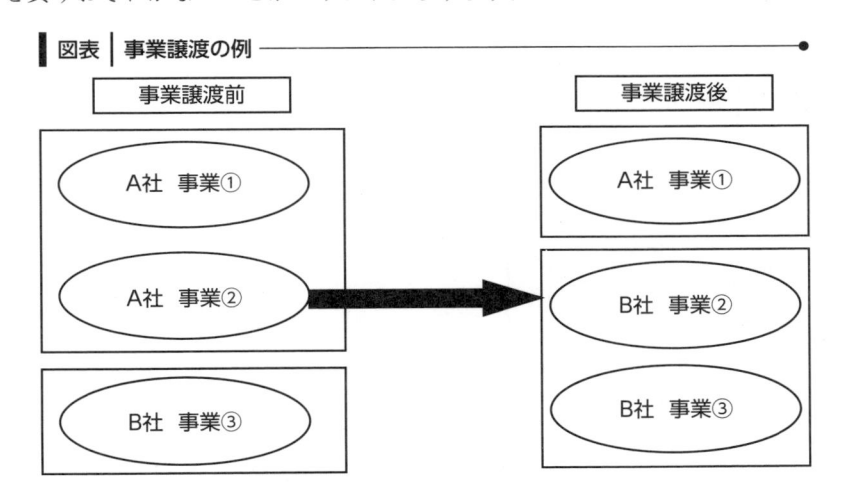

図表｜事業譲渡の例

【事業譲渡前】
- A社 事業①
- A社 事業②
- B社 事業③

【事業譲渡後】
- A社 事業①
- B社 事業②
- B社 事業③

　従業員については，譲渡元会社をとの労働契約を合意解約（退職）し，譲渡先会社で新労働契約を締結（再雇用）する方法と，譲渡元会社が譲渡先会社に労働契約上の使用者たる地位を譲渡する（雇用関係の移転）方法があります。

　前者の場合に従業員の同意が必要であるのはもちろんですが，後者の場合についても，譲渡元会社及び譲渡先会社間の合意が必要なだけでなく，民法625条により従業員本人の個別の同意が必要とされます。よって従業員に対して個別の交渉が必要になり，従業員の意思に反して労働契約を譲渡先会社に譲渡することは認められていません。

　なお，譲渡元会社を退職し譲渡先会社で再雇用された場合には，労働条件の調整の問題は発生しませんが，雇用関係の移転により一つの会社に複数の労働条件や制度が生じてしまった場合には，合併時と同様に就業規則・労働協約・個別の労働契約を調整する必要が生じます。

III 会社分割

会社分割とは，企業が事業の一部を切り離し，新会社として独立させたり（新設分割），既存の他の企業に承継させたり（吸収分割）することをいいます。会社法上の会社分割制度のもとでは，会社をどのように分割するかは基本的に分割計画書等で自由に決めることができます。

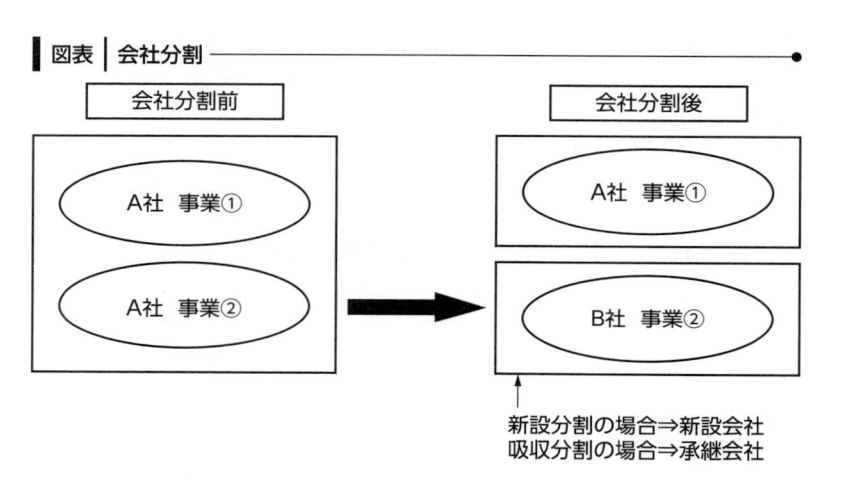

図表｜会社分割

```
会社分割前                    会社分割後

 A社 事業①                    A社 事業①

 A社 事業②                    B社 事業②
                               ↑
                         新設分割の場合⇒新設会社
                         吸収分割の場合⇒承継会社
```

労働契約を承継する際は，民法625条により本来であれば従業員の同意が必要です。

ただし会社分割の場合は，分割計画書等に労働契約が承継される旨が記載されていれば，分割の対象となる事業に主として従事する労働者の同意は不要で，当然に新設会社や承継会社など分割先の会社に承継されます（労働契約承継法3条※）。よって原則としては，従業員と個別に交渉する必要がありません。

※ 労働契約承継法は，会社法に基づく会社分割を行う場合に限られており，合併及び事業譲渡を行う場合には適用されません。

ただし，分割の対象となる事業に主として従事する労働者について，労働契約が分割先の会社に承継されないものとされた場合には，その労働者は一定期間内に書面により異議を申し出ることができ，その場合には労働契約は分割先会社に承継されます。

会社分割では合併の場合と同様に，分割対象となった事業に属する権利義務は，分割先会社にそのまま承継されます。労働契約についても，労働協約，就業規則，個別の労働契約がそのまま承継されます。

　会社分割後に就業規則・労働協約・個別の労働契約を調整する場合は，合併や事業譲渡の場合と同様に，従業員が受ける不利益の程度，変更後の就業規則の内容の相当性等を考慮して，変更内容が合理的な範囲である必要があります。

2 合併の際の労働保険と社会保険手続

企業再編の際に必要な手続は主に，①新規適用手続（事業を開始する時の手続），②撤退する時の手続（事業を廃止する時の手続），③従業員を転籍させる時の手続の三つになります。

既に説明した部分と重複するところがありますので，新規適用手続の詳細については「社会保険・労働保険・給与の事業所設置手続」，撤退する時の手続の詳細については「日本の拠点を撤退」を参照してください。

ただし，企業再編に伴う手続の場合，合併（譲渡）契約書や新旧の会社の登記簿謄本等の書類の添付を求められることがあります。必要書類を事前に確認しておくと，手続が滞りなく進められます。

Ⅰ 労働保険

1．吸収合併

存続会社では既に労働保険の保険関係が成立しているため，改めて「労働保険　保険関係成立届」を提出する必要はありません。ただし，存続会社で労働保険の対象となる賃金総額の見込額が当初の申告の2倍を超え，かつ，その賃金総額による場合の概算保険料の額が申告済の概算保険料よりも13万円以上増加する場合は，その増加額を増加概算保険料として申告・納付する必要があります。

消滅会社では，労働保険の清算の手続が必要になります。この場合に，確定保険料申告書を提出します。計算の結果，確定した労働保険料が申告済概算保険料より多い場合は，差額を申告・納付します。確定した労働保険料が申告済概算保険料より少ない場合は，労働保険料還付請求書を提出します。

2．新設合併

　新設会社では，新たに労働保険の保険関係が成立するため，新規適用の手続を行います。具体的には保険関係の成立日から10日以内に新設会社の所在地を管轄する労働基準監督署に「労働保険　保険関係成立届」を提出します。

　そして「概算保険料申告書」を提出し，その年度分の労働保険料（保険関係が成立した日からその年度の末日までに労働者に支払う賃金の総額の見込額に保険料率を乗じて得た額）を申告・納付します。概算保険料申告書の提出期限は，保険関係が成立した日から50日以内ですが，通常は保険関係成立届と一緒に提出します。

　消滅するそれぞれの会社では，労働保険の清算の手続が必要になるため，確定保険料申告書を提出します。計算の結果，確定した労働保険料が申告済概算保険料より多い場合は，差額を申告・納付します。確定した労働保険料が申告済概算保険料より少ない場合は，労働保険料還付請求書を提出します。

Ⅱ　雇用保険

1．吸収合併

　存続会社で既に雇用保険の適用事業所設置届が提出されている場合は，改めて「雇用保険　適用事業所設置届」を提出する必要はありません。

　消滅会社では，事業所を廃止した日の翌日から起算して10日以内に「雇用保険の適用事業所廃止届」の提出が必要になります。

2．新設合併

　新設会社では，会社設置の日の翌日から10日以内に，会社の所在地を管轄するハローワークに「雇用保険　適用事業所設置届」を提出します。その際，労働基準監督署に提出した「労働保険　保険関係成立届」の事業主控を添付します。

　消滅する会社については，事業所を廃止した日の翌日から起算して10日以内に雇用保険の適用事業所廃止届の提出が必要になります。

Ⅲ 同一事業主の認定

　雇用保険の被保険者が別の法人に移る際は，原則的には元の会社での資格喪失手続と新しい会社での資格取得手続が必要です。

　資格喪失届には「喪失原因」を選択する項目がありますが，移籍の際に退職金又はこれに準じた一時金の支給があった場合の喪失原因は「2」の「3（事業主の都合による離職）以外の離職」を選択します。

　一方，退職金又はこれに準じた一時金の支給がなかった場合は，喪失原因は「1」の「離職以外の理由」を選択します。この場合は，離職の扱いにはならないため離職票は作成しません。ただし，転籍先で短期間勤務した後で退職する等で，転籍後の期間だけでは失業給付の受給要件を満たさない場合は，移籍前の会社で作成した「期間等証明書」を作成します。「期間等証明書」は被保険者期間を証明する書類で，様式は離職証明書と同じです。

　従業員が失業給付の支給申請をする際には，移籍前の期間等証明書と移籍後の会社で作成した離職証明書をあわせてハローワークに提出することにより，元の会社の勤務期間も被保険者期間として証明することができます。

　なお，事業所の合併や分割等の場合，ハローワークで両社の事業主が同一事業主として認定すれば，従業員個人ごとに資格喪失・取得の手続を行うことなく，まとめて新しい会社に異動させることができます。元の会社の従業員全員が移籍する場合は，被保険者転勤届の提出は必要ありませんが，従業員の一部が移籍する場合は被保険者ごとに転勤届の提出が必要になります。

1．吸収合併

　「同一事業主の認定」により従業員（被保険者）を異動させる際は次の書類を提出します。

　① 合併契約書
　② 存続会社・消滅会社の登記簿謄本
　③ 雇用保険被保険者名簿

※　被保険者名簿には，旧事業所名，旧事業所番号，新事業所名，新事業所番号，被保

険者の氏名と被保険者番号，資格取得年月日等を記載します。

２．新設合併

「同一事業主の認定」により従業員（被保険者）を異動させる際は次の書類を提出します。

① 新旧事業実態証明書
② 合併契約書
③ 新設会社・消滅する会社の株主総会議事録
④ 新設会社・消滅する会社の登記簿謄本
⑤ 雇用保険被保険者名簿

なお同一事業主の認定の手続は，地域や企業再編の状況等によって様式や必要な添付書類が異なる場合があります。実際の手続の際は所轄のハローワークに確認するようにしてください。

雇用保険被保険者資格喪失届

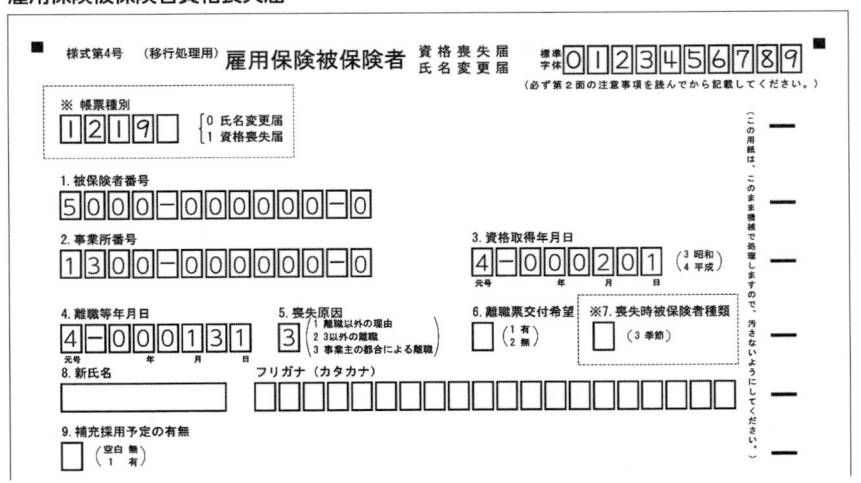

新旧事業実態証明書

新 旧 事 業 実 態 証 明 書

1. 旧事業主	2. 新事業主
所 在 地 名　　称 電話番号	所 在 地 名　　称 電話番号
事業所番号　　―　　　　―	事業所番号　　―　　　　―

3. 届出事由
① 事業（営業）の譲渡　② 営業の賃貸借　③ 法人設立　④ 事業の分割独立 ⑤ 相続　⑥ その他（具体的に：　　　　　　　　　　　　　　）

4. 旧事業主から承継した財産等の内容
① 不 動 産 関 係 … 土地・建物 ② 動 産 関 係 … 機械・設備・什器 ③ 資本・債権債務関係 … 資本・資金・売掛・買掛 ④ 権 利 関 係 … 営業権（のれん）・特許権・商標権・無体財産権 ⑤ その他承継するもの … （　　　　　　　　　　　　　　　　　　　）

5. 旧事業主から承継した労働条件
① 労働協約　② 就業規則　③ 労働基準法上の権利　④ 福利厚生 ⑤ 労働者個々人の労働契約　⑥ その他（　　　　　　　　　　　）

6. 承継年月日	年　　　　月　　　　日

上記のとおり相違ありません。

　　　平成　　　年　　　月　　　日

　　　　　　　　　　　　　　　所 在 地
　　　　　　　旧事業主　　　　名　　称
　　　　　　　　　　　　　　　代表者名　　　　　　　　　　　㊞

　　　　　　　　　　　　　　　所 在 地
　　　　　　　新事業主　　　　名　　称
　　　　　　　　　　　　　　　代表者名　　　　　　　　　　　㊞

　　　公共職業安定所長　殿

安定所記載欄	確認資料	会議録（議事録）・登記簿謄本（新旧両方） 契約書（合併・譲渡・　　　　　　　　　　） 財産目録・労働協約・労働者名簿 事業・従業員承継覚書 その他（　　　　　　　　　　　　　　　　）

Ⅳ 社会保険（健康保険・厚生年金保険）

社会保険では雇用保険のような同一事業主の認定の制度はないため，異動する被保険者ごとの資格喪失手続と資格取得手続が必要になります。

1．吸収合併

存続会社では，既に社会保険の保険関係が成立しているため，改めて新規適用手続を行う必要はありません。被保険者に対しては，消滅会社で被保険者資格喪失の手続を行い，存続会社において資格取得の手続を行います。

また，消滅する会社では，適用事業所全喪届を提出します。

2．新設合併

新設会社では，新規適用の手続を行います。被保険者に対しては，解散する会社で被保険者資格喪失の手続を行い，新設会社において資格取得の手続を行います。

消滅する会社では，適用事業所全喪届を提出します。

3 事業譲渡の際の労働保険と社会保険手続

> 事業の全部を譲渡した場合は，雇用保険の適用事業所廃止届や社会保険の適用事業所全喪届の提出が必要になります。

Ⅰ 労働保険

　譲渡先の会社で既に労働保険の保険関係が成立している場合は，改めて「労働保険　保険関係成立届」を提出する必要はありません。ただし，譲渡先の会社で労働保険の対象となる賃金総額の見込額が当初の申告の2倍を超え，かつ，その賃金総額による場合の概算保険料の額が申告済の概算保険料よりも13万円以上増加する場合は，その増加額を増加概算保険料として申告・納付する必要があります。

　譲渡元の会社では特に手続は必要ありません。事業譲渡により従業員の人数が減ったことにより，労働保険の年度更新で確定した労働保険料が申告済概算保険料より大幅に少なくなった場合，労働保険料還付請求書を提出して労働保険料を還付してもらうことも可能です。

　なお，事業の全部を譲渡した場合などで，会社解散などの清算手続が取られ事業所が物理的に消滅した場合，労働保険の清算の手続が必要になります。

Ⅱ 雇用保険

　譲渡先の会社では既に労働保険の保険関係が成立しているため，改めて「雇用保険 適用事業所設置届」を提出する必要はありません。

　事業の全部を譲渡した場合は，会社解散などの清算手続が取られるため，譲渡元の会社で「雇用保険の適用事業所廃止届」の提出が必要になることがあります。

Ⅲ 同一事業主の認定

　事業譲渡の場合で「同一事業主の認定」により従業員（被保険者）を異動させる際は次の書類を提出します。

　　① 　新旧事業実態証明書
　　② 　事業譲渡契約書
　　③ 　譲渡元の会社・譲渡先の会社の登記簿謄本
　　④ 　雇用保険被保険者名簿

　従業員の一部が譲渡元会社から譲渡先会社へ移る場合は，該当する従業員について譲渡先を管轄するハローワークに「雇用保険被保険者転勤届」を提出します。ただし従業員の全部が譲渡先会社へ移る場合は「雇用保険被保険者転勤届」の提出は不要です。

Ⅳ 社会保険（健康保険・厚生年金保険）

　社会保険では雇用保険のような同一事業主の認定の制度はないため，異動する被保険者の資格喪失手続と資格取得手続が必要になります。

　なお，譲渡先の会社で，既に社会保険の保険関係が成立している場合は，改めて新規適用手続を行う必要はありません。

　なお，事業の全部を譲渡した場合は，会社解散などの清算手続が取られるため，「適用事業所全喪届」の提出が必要になることがあります。

4 会社分割の際の労働保険と社会保険手続

新設分割の際には，労働保険の保険関係成立届，社会保険の新規適用届など，会社設立の際に行う手続が必要になります。

Ⅰ 労働保険

1．新設分割

会社を設立した場合は，新たに労働保険の保険関係が成立するため，新設会社にて新規適用の手続を行います。具体的には保険関係の成立日から10日以内に新設会社の所在地を管轄する労働基準監督署に「労働保険 保険関係成立届」を提出します。

あわせて「概算保険料申告書」を提出し，その年度分の労働保険料（保険関係が成立した日からその年度の末日までに労働者に支払う賃金の総額の見込額に保険料率を乗じて得た額）を申告・納付します。概算保険料申告書の提出期限は，保険関係が成立した日から50日以内ですが，通常は保険関係成立届と一緒に提出します。

2．吸収分割

承継会社の保険関係が成立している場合には，改めて「労働保険 保険関係成立届」を提出する必要はありません。ただし，承継会社で労働保険の対象となる賃金総額の見込額が当初の申告の2倍を超え，かつ，その賃金総額による場合の概算保険料の額が申告済の概算保険料よりも13万円以上増加する場合は，その増加額を増加概算保険料として申告・納付する必要があります。

Ⅱ 雇用保険

1．新設分割

新設会社の所在地を管轄するハローワークに「雇用保険 適用事業所設置

届」を提出します。その際，労働基準監督署に提出済みの「労働保険 保険関係成立届」の事業主控を添付します。

2．吸収分割

承継会社で既に雇用保険の適用事業所設置届が提出されている場合は，改めて「雇用保険 適用事業所設置届」を提出する必要はありません。

Ⅲ 同一事業主の認定

新設分割，吸収分割とも「同一事業主の認定」により従業員（被保険者）を異動させる際は次の書類を提出します。
① 新旧事業実態証明書
② 事業の分割契約書（分割を決議した議事録等）
③ 分割前の会社と新設会社の登記簿謄本
④ 新設会社・承継会社に異動する従業員の雇用保険被保険者名簿

新設会社や承継会社へ移る従業員については「雇用保険被保険者転勤届」を提出します。

Ⅳ 社会保険（健康保険・厚生年金保険）

雇用保険のような同一事業主の認定の制度はないため，異動する被保険者の資格喪失手続と資格取得手続が必要になります。

1．新設分割

新設会社にて新規適用の手続を行います。

被保険者に対しては，分割会社等において新設会社に承継される者の被保険者資格喪失等の手続を行い，新設会社において資格取得の手続を行います。

2．吸収分割

承継会社の保険関係が成立している場合には，改めて新規適用手続を行う必

要はありません。被保険者に対しては，既存会社等において吸収会社に承継される者の被保険者資格喪失等の手続を行い，承継会社において資格取得の手続を行います。

5　企業再編の給与・年末調整

　所属する企業が変わった場合は，あらためて「給与所得者の扶養控除等申告書」や「年末調整のための（特定増改築等）住宅借入金等特別控除証明書」の提出が必要になります。

Ⅰ　給　与
1．所得税

　企業再編により従業員の所属会社（給与の支払者）が変わる場合は，年度の途中であっても従業員に新たに「給与所得者の扶養控除等（異動）申告書」を会社に提出していただく必要があります。この場合の給与所得者の扶養控除等（異動）申告書は，移籍後の会社での最初の給与支給日の前日までに提出が必要です。

　なお所属会社が変わる際には，元の会社での最終給与の支給があった月に源泉徴収票を作成しますが，残業等の支払いが翌月支給になっている場合等では，移籍後に残業代のみの支払いが発生することも多くあります。この場合，最後に支払った残業代を含めた額で源泉徴収票を発行する必要があります。

2．住民税

　住民税についても従業員の所属会社（給与の支払者）が変更となる場合には，給与の支払いを受けなくなった日の属する月の翌月10日までに，特別徴収にかかる給与所得者異動届出書の提出が必要です。給与所得者異動出書は各市区町村のホームページからダウンロードできますが，給与ソフト等から出力したものを使用することも可能です。

Ⅱ　年末調整

　企業再編により給与の支払者が変わった場合の年末調整については，転職者

の年末調整とほぼ同様になります。元の会社から支払われた給与やその給与から徴収された所得税額や社会保険料等をそれぞれ含めた額で、新しい会社で年末調整を行います。

　また、住宅借入金等特別控除の申告をする従業員については、住所地の税務署に申請して「年末調整のための（特定増改築等）住宅借入金等特別控除証明書」を新たに交付してもらう必要があります。対象となる従業員には早めに案内しておくと年末調整時の書類の回収がスムーズに行えます。

年末調整のための(特定増改築等)住宅借入金等特別控除関係書類の交付申請書

税務署整理欄			整理番号

年末調整のための(特定増改築等)住宅借入金等特別控除関係書類の交付申請書

_____税務署長

　　　　　　　　　　　　　　　　　　　　　　　平成　　年　　月　　日

　　　　　　　　　　　　　住　所

　　　　　　　　　　　　　氏　名（フリガナ）　　　　　　　　　㊞

　　　　　　　　　　　　　電話番号

居住開始年月日	平成　　年　　月　　日	確定申告により(特定増改築等)住宅借入金等特別控除を受けた年分	平成　　年分
請求事由	1　給与の支払者が前年と異なることとなったため 2　紛失のため 3　その他（　　　　　　　　　　　　　　　　　　　　　）		

　上記の理由により、次の対象年分の年末調整のための(特定増改築等)住宅借入金等特別控除証明書兼給与所得者の(特定増改築等)住宅借入金等特別控除申告書が必要となったので、交付の申請をします。

交付申請書類の対象年分	平成_____年分　から　平成_____年分

Ⅲ 源泉徴収票・給与支払報告書

　企業再編により年の途中で給与の支払者が変わり、元の支払者が支払った給与等を通算して年末調整を行った場合には、転職者と同様に源泉徴収票や給与支払報告書の適用欄に次の事項を記載します。

・　元の支払者が支払った給与所得の額・源泉徴収した所得税額、給与や賞与等から控除した社会保険料等の金額
・　元の支払者の住所（居所）又は所在地、氏名又は名称
・　元の支払者のもとを退職した年月日

6　企業再編に伴う退職金

> 企業再編に伴い所属する会社を移る際には，元の会社から退職金が支払われることもあります。この際の退職金の計算処理については通常どおりの支給で問題ありませんが，移籍後すぐに退職し，退職金の支払いが発生する場合には注意が必要になります。

Ⅰ 勤続年数の決め方

　退職所得から控除する所得税を算出する際の退職所得控除額は，その従業員の勤続年数によって決められます。この場合の勤続年数は，原則として，退職金の支払者の下で退職の日まで引き続き勤務した期間になります。よって勤続年数が多いほど退職所得控除額も大きくなり，退職金から控除される所得税の額が少なくなります。

　転籍等では元の会社との雇用契約が終了しているため，本来の考え方としては転籍後の会社で支払う退職金は移籍した時点から新たに勤続年数がカウントされることになります。

　しかしながら企業再編により移籍する場合等は，従業員の個別の同意を得るために労働条件を下げないようにする配慮も必要になります。その結果，移籍後の会社で退職する際についても，元の会社で働いていた期間を通算して退職金を支払うとしている例も多くあります。このように両社の勤続期間を通算して退職金を支払う場合には，退職所得控除額の基になる勤続年数についても両社の勤務期間を通算できます。

　対して移籍後の会社で退職金を支給する際に，元の会社で働いた期間を通算せずに退職手当等を支給する場合には，退職所得控除額の基になる勤続年数も元の会社での勤務期間を通算しないことになります。

> ⚠️ **Attention**
>
> 　従業員から「退職所得の受給に関する申告書」が提出されていない場合は，退職所得控除を受けることができず，一律20.42％※が源泉徴収されることとなります。よって，退職金の額によってはかなりの額の所得税を納付する必要が生じますが，確定申告すれば所得税が還付される可能性があります。
>
> ※　平成25年1月1日から平成49年12月31日までの間に生ずる所得について源泉所得税を徴収する際，復興特別所得税をあわせて源泉徴収します。

Ⅱ 同じ年に2か所から退職金を受けたとき

　企業再編により所属会社を変わった従業員が，移籍後すぐに退職して退職金を受ける場合，同じ年に既に元の会社から退職金を受けていることがあります。この場合には，支払者は元の会社が支払った退職金も含めて，源泉徴収税額を計算しなければなりません。

　この場合の勤続年数については，元の会社と移籍後の会社での勤務期間が重複していなければ，それぞれの勤務期間を合算して算出します（1年に満たない端数があるときは，1年に切り上げます）。

【例】同じ年に2か所から退職金を受けたとき

```
←――― A社 ―――→←― B社 ―→
            ←― 同じ年に退職金を受給 ―→
```

> 同じ年に2か所以上から退職金を受け，それぞれの勤続期間が重複していない場合は，それぞれの期間を加算して勤続年数を計算します。

（A社退職時）勤続年数：9年　退職金額：400万円
（B社退職時）勤続年数：1年未満（A社と通算すると10年）退職金額：180万円

1．A社退職時

通常どおりに計算します。

退職所得控除額は，40万円×9年＝360万円で360万円になります。

勤続年数	退職所得控除額
20年以下	40万円×勤続年数（80万円に満たない場合には，80万円）
20年超	800万円＋70万円×（勤続年数－20年）

課税退職所得金額は，退職金支給額から退職所得控除額を差し引いた金額を2分の1にします（2分の1にした金額に千円未満の端数があるときは，その端数を切り捨てます）。

（400万円－360万円）×1/2＝20万円で20万円になります。

① 所得税額　20万円×5％×1.021＝10,210円

A社が源泉徴収すべき所得税及び復興特別所得税の額は，10,210円となります。

② 住民税額　20万円×10％※＝20,000円

※　税額控除（×0.9）は平成25年1月1日以後に支払われるべき退職手当等から廃止となりました。

2．B社退職時

A社の退職金と合算して計算した後，A社で控除した税額を引きます。

退職所得控除額は，40万円×10年＝400万円になります。

課税退職所得金額は，A社とB社の退職金を合計した金額から，B者退職時点での退職所得控除額を差し引いた金額を2分の1にします（2分の1にした金額に千円未満の端数があるときは，その端数を切り捨てます）。

｛（400万円＋180万円）－400万円｝×1/2＝90万円　課税退職所得金額は90万円。

① 所得税額　90万円×5％×1.021＝45,945円からA社の退職金から源泉徴収された所得税及び復興特別所得税の額10,210円を差し引きます。

45,945円－10,210円＝35,735円。

よってB社が源泉徴収すべき所得税及び復興特別所得税の額は，35,735円になります。

② 　住民税額　90万円×10％－20,000円（A社の住民税額）＝70,000円

退職所得の源泉徴収税額の速算表（平成25年分）

課税退職所得金額 (A)		所得税率 (B)	控除額 (C)	税額＝((A)×(B)－(C))×102.1％
	1,950,000円以下	5％	—	((A)× 5％　　　　　　)×102.1％
1,950,000円超	3,300,000円 〃	10％	97,500円	((A)×10％－　　97,500円)×102.1％
3,300,000円 〃	6,950,000円 〃	20％	427,500円	((A)×20％－　427,500円)×102.1％
6,950,000円 〃	9,000,000円 〃	23％	636,000円	((A)×23％－　636,000円)×102.1％
9,000,000円 〃	18,000,000円 〃	33％	1,536,000円	((A)×33％－1,536,000円)×102.1％
18,000,000円 〃		40％	2,796,000円	((A)×40％－2,796,000円)×102.1％

（注）求めた税額に1円未満の端数があるときは，これを切り捨てます。

（国税庁ホームページより）

> ⚠ **Attention**
> 　退職金がいつの年分の所得となるかは，その退職所得の収入すべきことが確定した日がいつであるかにより判定します。
> 　一般的には，従業員の退職金の支給の基因となった退職の日が退職所得の収入すべき時期となります。例えば，平成24年12月31日に退職した従業員に，平成25年2月に退職金を支給した場合，その退職所得は平成24年の所得になります（所基通36-10）。
> 　ただし，役員に支給される退職金の支給について株主総会その他正当な権限がある機関の決議を要するものは，その役員の退職後その決議があった日（株主総会等で支給金額が具体的に定められていない場合には，支給金額が具体的に定められた日）が退職所得の収入すべき時期となります。

4 各種調査

1　労働基準監督署の調査

会社に入る行政機関からの立入調査といえば税務調査がよく聞かれますが，労働基準監督署から調査が入ることもあります。

Ⅰ 調査の種類

労働基準監督署の調査には
・　定期監督　その年の計画に基づくもの
・　申告監督　従業員からの法令違反の申告に基づくもの
・　災害時監督　一定以上の労働災害の発生に基づくもの

等があります。

調査が入る際には事前に予告があることもありますが，事前の予告なしに突然労働基準監督官が会社を訪問することもあります。普段から法令違反をしないことや届出が必要なものは期日までに提出する等，調査が入っても困らないようにしておくことが大切です。

Ⅱ 調査でよく確認される内容

１．未払残業代

時間外労働や休日出勤に対して，労働基準法で決められた時間外や休日出勤の手当が支払われているかの調査です。

> ⚠ **ATTENTION**
> 年俸制を採用している企業で，従業員があらかじめ決められた時間を超えた時間外労働をしても固定の給与のみ支給し，本来支給すべき時間外手当を支払っていない場合は違法になります。調査でこの点を指摘された場合，過去に遡って時間外手当を支払うよう指導される可能性があります。
> また，実質的に管理職とはいえない従業員を管理職として扱い，残業代を支給しない（いわゆる「名ばかり管理職」）場合も違法となります。

2．就業規則・36協定の届出

　従業員が10人以上の会社は，就業規則を作成して所轄の労働基準監督署に届出する必要があります。育児休業規程・給与規程等の就業規則以外の規程を作成している場合は，それらの規程もあわせて届出しておく必要があります。

　また，従業員を労働基準法で決められた法定労働時間を超えた勤務をさせる場合には，必ず事前に時間外労使協定（いわゆる36協定）を労働基準監督署に届出しておく必要があります。

3．労働時間の管理

　一部の企業では従業員のタイムシートを作成していないところも見受けられますが，タイムシートを作成していないと時間外手当を正しく支払うことができませんし，従業員の長時間勤務が把握できず対策が遅れてしまうことにもつながります。

　外回りが多い営業職の従業員や，時間外労働手当の対象ではない管理監督者の従業員であっても，毎月タイムシートを作成の上，会社で従業員の労働時間を把握しておくことが必要です。

　なお，時間外・休日労働時間数が月100時間を超え，かつ，疲労の蓄積が認められる従業員から申出があった場合は，医師による面接指導を実施し，必要な措置について医師の意見を聴かなければなりません（例：就業場所の変更，作業の転換，労働時間の短縮，深夜業の回数の減少等の措置等）。また面接指導の結果の記録を作成し，5年間保存する必要があります。

4．健康診断

　会社は常時使用する労働者を対象として，1年以内ごとに1回，定期に医師による定期健康診断を行う必要があります。健康診断結果に基づいた健康診断個人票は，作成後5年間保存します。

　常時50人以上の労働者を使用する会社は，『定期健康診断結果報告書』を所轄労働基準監督署に提出する必要があります。

Ⅲ 準備しておくべき書類

主なものは下記になります。
- 就業規則・各種規程，時間外労働協定（36協定）
- 労働者名簿
- 賃金台帳
- タイムシート
- 労働条件通知書
- 健康診断個人票

Ⅳ 調査で指摘を受けた場合

　法令違反ではなくても改善したほうがよい，又は法令違反のおそれがあると判断された場合には「指導票」が交付されます。対して，未払賃金等の明らかな法令違反があった場合は「是正勧告書」が交付されます。
　指導票や是正勧告書を交付された場合には，期日までに改善・是正内容を労働基準監督署に報告します。

> ⚠ **Attention**
> 　是正勧告自体は，行政指導であり行政処分ではありません。ただし，労働基準監督官は，調査や尋問をする権利だけではなく，警察官と同じように送検手続ができる権限を持っています。
> 　よって是正勧告等に従わないと，書類送検の処分を受け，強制捜査及び事情聴取をされる可能性があるため，慎重に対応する必要があります。

2 社会保険の調査

全ての適用事業所に対し，数年に一度調査が行われるため，日頃からタイムシート等を整備し，正しく手続をしておくことが大切です。

　年金事務所が「全国健康保険協会管掌健康保険及び厚生年金被保険者の資格及び報酬等の調査」（いわゆる総合調査）や定時決定時調査を行う場合は，事前に会社宛に通知が郵送されます。事業所に年金事務所の職員が出向く場合もありますが，通常は年金事務所が調査会場となります。

　調査での主なポイントは，従業員が正しく社会保険に加入しているかの確認になります。例えば，パートタイマー等で加入漏れがないかどうかについてはもちろん，従業員の入退社日と届出の内容に相違がないかもチェックされます。

　また，給与・各種手当の額と届出の額に相違がないかもチェックされます。算定基礎届，給与改定に伴う月額変更届，育児休業取得者申出書，育児休業取得者終了届，等についても，タイミングにあわせて正しく届出がされていることが大切です。

　調査で必要な書類は通知に記載されていますが，日頃から整備しておくべき書類としては主に下記が挙げられます。

- 労働者名簿
- 雇用契約書
- 賃金台帳
- タイムシート
- 就業規則及び給与規程等

　健康保険・厚生年金の保険料その他の徴収金を徴収する権利・還付する権利の時効（2年）にあわせて，過去2年分の資料の提出が求められることがあります。

　調査で指摘があった事項については，速やかに訂正手続が必要になります。

社会保険の加入漏れや標準報酬の訂正の場合は，従業員の給与から過去の保険料を遡って徴収する必要も生じます。

> ⚠ **Attention**
>
> 　従業員の社会保険の加入漏れ等はよく指摘される事項の一つになります。
> 　社会保険に加入していない従業員がいる場合は加入しなくてよいことが客観的に示せる資料（雇用契約書，タイムシート，社会保障協定適用証明書等）を整備しておくことも必要です。

3 労働保険の調査

> 労働保険料についての調査が入ることもあります。この調査は「労働保険料算定基礎調査」と呼ばれ，都道府県の労働局又は労働基準監督署が行います。

　この調査は，厚生労働省の計画に伴い，調査対象となった業種の企業に調査が入ることが基本ですが，労働保険料の申告内容に疑問を持たれた場合に調査が行われることもあります。

　社会保険の調査と同様に，会社宛に事前に書面で通知が郵送されます。調査会場は会社になります。

　調査のポイントは
- 労災保険料率と実際の業種が一致しているか
- パートタイマー等の雇用保険の加入漏れや，雇用保険料の徴収漏れはないか
- 出向労働者・役員等，労災適用労働者と適用しない労働者の取り扱いが適正か
- 賃金の集計に計算ミスがないか
- 通勤手当等，各種手当が正しく賃金額に入れられているか

等になります。

　他の調査と重複するものも多いですが，日頃から整備しておくべき書類としては主に下記が挙げられます。
- 労働者名簿
- 雇用契約書
- 賃金台帳，源泉徴収簿
- タイムシート

　労働保険の保険料の徴収・還付の時効は2年のため，過去2年分の資料の提

出が求められることが多いですが，単年度で調査が行われることもあります。
　調査の結果は，「算定基礎調査書」という書面で渡されます。既に納付した確定保険料に相違があったとされた場合は，調査書の内容に基づいて保険料の還付又は徴収が行われることになります。保険料の徴収の際には，不足金額に対して10％の追徴金が加算されますが，還付の際には，加算はつきません。

> ⚠ **Attention**
>
> 　社会保険同様，従業員の雇用保険の加入漏れ等はよく指摘される事項の一つになります。
> 　雇用保険に加入していない従業員がいる場合や労災の適用対象になっていない従業員（役員）がいる場合は，そのことが客観的に示せる資料（雇用契約書，社会保障協定適用証明書，役員部分の登記簿謄本等）を整備しておくことも必要です。

第4章

給与計算

　外国人従業員や海外赴任者等の給与計算をする際には，居住者・非居住者による所得税率の違いや，年の途中で入出国した場合の住民税の取り扱い等，様々な注意点があります。この章では，給与・賞与計算，年末調整，住民税等，それぞれの場面で必要な処理について説明します。

1 給与・賞与計算

1 外国人の銀行口座の開設

給与振込手続に間に合うよう，銀行口座開設手続は早めに行うことが必要です。

Ⅰ 銀行口座の開設

来日して間もない外国人を雇用する場合でも，入社月からさっそく給与の支払いをする必要があります。そのため，従業員が入社したら，早めに日本の銀行口座開設の手続をしてもらうように案内をしておく必要があります。対応が遅れてしまい，給与振込手続の際に従業員の銀行口座ができていない場合，別途現金で給与を手渡したり，後で別途振込手続をしたり等の個別対応をしないといけなくなります。

銀行口座開設時の本人確認書類として，以下のものが必要です。
・ 在留カード（本人の住所の記載があるもの）
・ パスポート

金融機関によっては，日本に在留後6ヶ月を経過した外国人でないと，銀行口座の開設ができないことがあります。また，本人確認のための必要書類も金融機関によって異なる場合があるため，事前に電話等で確認しておくと，銀行窓口で必要以上に待たされたり，後から不足書類を提出したりする必要がなくなり安心です。

> ⚠ **ATTENTION**
>
> 　銀行口座の開設をするためには，住民登録までの手続が済んでいることが前提になります。
> 　そのため，本人確認書類に使われる公的書類として，日本入国時に交付された住所未記入の在留カードではなく，居住地の市区町村での届出後に住所の記載がされた在留カードが必要になります。
> 　外国人の入国後まだ住民登録をしていない場合は，速やかに手続を進めるよう人事スタッフから案内をしておく必要があります。

　銀行窓口で新規口座開設の申込みをした場合，口座開設にかかる時間は約30分くらいです。（金融機関，申し込み時の窓口の込み具合にもよります）。キャッシュカードは1週間から10日くらい後に発行され，本人限定郵便にて送付されることになります。

　なお，外国人の場合は印鑑を持っていない人も多いため，金融機関によっては印鑑の代わりにサインで登録をすることも可能です。

II 銀行口座名義

　一般的には在留カード記載のアルファベット名の表記がそのまま銀行口座名義とされます。ただし，金融機関によってはカタカナ名で口座が作成されたり，アルファベット名とカタカナ名の両方で利用が可能な口座が作成されたり等，取り扱いが違うようです。詳細については口座開設予定の金融機関に直接お問い合わせください。

III 雇用保険の給付の受取りについて

　給与振込手続については，アルファベット名義のみの口座を給与振込口座にした場合でも，給与振込と受取りの両方についておおむね問題なく行えることが多いようです。

　ただし，労働局から直接振り込まれる雇用保険の給付（育児休業給付金，介護休業給付金，失業給付等）については，現状ではカタカナ名の口座がないと

振込みの手続ができないようです。よって，例えば育児休業給付金の申請手続を行う時に，外国人従業員の口座がアルファベット名のみの登録である場合，新たにカタカナ名の登録をしてもらうケースが時々あります。このように給付の申請手続の段階で対応をするより，口座を開設する段階でカタカナ名義での登録を済ませておいたほうが，手続にかかる時間と負担を軽減できます。

　来日したばかりの外国人の方については，自身のカタカナ名について銀行の窓口で説明をすることは難しいことも多いと思われますので，可能であれば人事スタッフ等が銀行口座開設の際に付き添うようにすると安心です。

2 外国人の氏名の給与ソフトへの登録

源泉徴収票や年金手帳の発行の際に表記される氏名にも留意して，給与計算ソフトの登録や社会保険届出書類作成をする必要があります。

Ⅰ 給与計算ソフト上での登録

給与計算ソフト等では従業員の氏名を登録する際に，文字数が20文字まで等，入力できる文字数に制限があることもあります。そのためフルネームでの文字数が長く，全部入力すると20文字を超えてしまう外国人従業員の場合は，ミドルネームを省略して，ファミリーネーム（苗字），ファーストネーム（名前）で登録する等の工夫が必要になります。

> 例：
> TURNER（苗字6文字）ELIZABETH（名前9文字）CHRISTINA（ミドルネーム9文字）
> ⇒　TURNER ELIZABETH で給与計算ソフトに登録

給与計算ソフトに登録した名前は，通常，給与計算ソフトから出力される賃金台帳や源泉徴収票，給与支払報告書にそのまま出力・反映される設定になっていることが多いです。つまり給与計算ソフトに登録された氏名が，そのまま税務署や市役所・区役所に届出される書類の氏名になるため，従業員データ入力の際には在留カード等を確認の上，綴り等に間違いがないよう十分気を付ける必要があります。

Ⅱ 氏名の順番

外国人の場合は，日本人のように苗字⇒名前の順番ではなく，名前⇒苗字の順に表記することが一般的に多くありますが，社会保険・雇用保険の書類を作

成するときなどと同様に在留カードの表記どおりの苗字⇒名前の順で表記するほうが適切です。

3　給与計算作業の流れ

　外国人従業員の給与計算をする際は，まずその従業員が居住者・非居住者のどちらに該当するか判断する必要があります。それにより所得税の計算方法や作成する法定調書も違ってくることになります。

　外国人従業員の給与計算処理の流れを簡単なフローにすると下記のようになります。

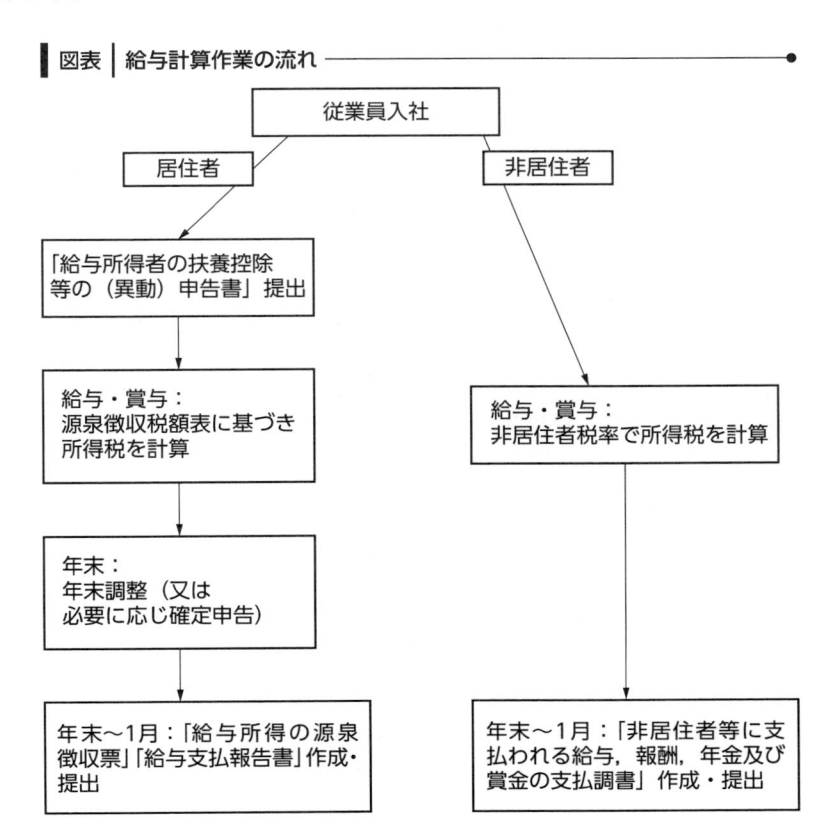

図表│給与計算作業の流れ

```
              従業員入社
         ┌──────┴──────┐
       居住者         非居住者
         ↓               ↓
┌─────────────────┐
│「給与所得者の扶養控除│
│ 等の（異動）申告書」提出│
└─────────────────┘
         ↓
┌─────────────────┐   ┌─────────────────┐
│給与・賞与：       │   │給与・賞与：       │
│源泉徴収税額表に基づき│   │非居住者税率で所得税を計算│
│所得税を計算       │   │                 │
└─────────────────┘   └─────────────────┘
         ↓                     │
┌─────────────────┐           │
│年末：             │           │
│年末調整（又は     │           │
│必要に応じ確定申告）│           │
└─────────────────┘           │
         ↓                     ↓
┌─────────────────┐   ┌─────────────────┐
│年末～1月：「給与所得の源泉│   │年末～1月：「非居住者等に支│
│徴収票」「給与支払報告書」作成・│   │払われる給与，報酬，年金及び│
│提出               │   │賞金の支払調書」作成・提出│
└─────────────────┘   └─────────────────┘
```

4 居住者と非居住者の区分

　日本の所得税法においては，給与等に対する所得税の源泉徴収の方法は，その者の国籍によってではなく，居住者に該当するのか又は非居住者に該当するのかによって，判定されます。

Ⅰ 居住者と非居住者の区分

　居住者と非居住者については，所得税法2条により下記のように規定されています。

居住者	国内に「住所」があり，又は，現在まで引き続いて1年以上「居所」がある個人
非居住者	居住者以外の個人

　この場合の「住所」とは「個人の生活の本拠」をいい，「生活の本拠」は客観的事実によって判定することになるため，「住所」は，その人の生活の中心がどこかで判定されます。よって，滞在地が2カ国以上にわたる場合に，その住所がどこにあるかを判定するためには，職務内容や契約等を基に「住所の推定」を行うことになります。

　実際に外国人従業員が居住者又は非居住者のどちらに該当するか判定する際には，日本での勤務期間が1年以上あるかどうかがポイントになります。エクスパッツであればアサインメントレター（辞令）に記載された勤務期間により判定します。

　日本で採用した外国人従業員の場合は，短期の雇用契約による勤務で，更新しないことが明らかであれば非居住者と判断されることもあります。ただし，家族が日本人であり生活の拠点が日本にあるような場合は居住者と判定されるため，勤務期間のみではなく生活の拠点も含めた判断が必要です。

> ⚠ **Attention**
> 所得税法上の居住者・非居住者の区分は，必ずしも在留カードや外国人登録証明書に記載されている在留期間に基づいて判断されるわけではありません。仮に在留カードや外国人登録証明書に記載された在留期間が，居住者・非居住者の判断をする時点で残り1年未満であったとしても，国内に継続して1年以上居住することを通常必要とする職務内容・雇用契約期間で，「生活の拠点」が日本にあると客観的事実によって判定された場合，所得税法上の居住者とみなされることになります。

Ⅱ 日本人でも非居住者になるケース

　日本人であっても，1年以上日本に居所を有さない場合，所得税法上では非居住者とされます。例えば，日本人が海外の4年制大学等に留学をした場合，生活の本拠地は海外とされるため，日本の所得税法上では非居住者の扱いになります。

　よって，大学の夏休みの期間等，短期間日本の企業でアルバイトをしたような場合は，該当する学生の就学期間等により，居住者か非居住者かを判定します。

> ⚠ **Attention**
> 日本国内で居住者・非居住者の区分に該当するかの判断は，日本の所得税法に従うことになりますが，外国の居住者となるかどうかは，その国の法令に従って決まります。
> 　日本と外国の両方で居住者と判定される場合，二重課税を防止するため，租税条約で居住者の判定方法を定めています。どちらの国の居住者となるかを判定するにあたり，日米租税条約等，国籍を一つの判断要素としている条約もあります。必要に応じ，両国当局による相互協議が行われることもあります。

5 居住者の控除対象配偶者・海外在住の扶養家族

扶養家族のいる外国人従業員が日本の居住者に該当する場合，日本で勤務している従業員と同様，配偶者控除や扶養控除が受けられます。

I 控除対象配偶者

　海外では事実婚であっても，法的な婚姻と同等の権利を認める"パートナー制度"が整備されている国も多いですが，日本の所得税法上の控除対象配偶者は，日本の民法の規定による配偶者であることが要件となっており，事実婚によるパートナーは該当しないことになっています。

　外国人で日本の民法の規定が該当しないケースでは，法の適用に関する通則法（平成18年法律第78号）により，配偶者に該当するかどうか判断します（所得税基本通達246（注））。

法の適用に関する通則法

> （婚姻の成立及び方式）
> 第24条　婚姻の成立は，各当事者につき，その本国法による。
> 2　婚姻の方式は，婚姻挙行地の法による。
> 3　前項の規定にかかわらず，当事者の一方の本国法に適合する方式は，有効とする。ただし，日本において婚姻が挙行された場合において，当事者の一方が日本人であるときは，この限りでない。
> （婚姻の効力）
> 第25条　婚姻の効力は，夫婦の本国法が同一であるときはその法により，その法がない場合において夫婦の常居所地法が同一であるときはその法により，そのいずれの法もないときは夫婦に最も密接な関係がある地の法による。

　なお，外国人の夫婦それぞれの在留カードや外国人登録証明書を参照してみると，苗字が違っていることもよく見られます。しかし，夫婦が同じ姓であることが原則の日本とは違って，外国では別姓を原則とする国，選択別姓の国と

様々なため，苗字だけで婚姻関係を判断することはできません。

よって外国人に「給与所得者の扶養控除等の（異動）申告書」を提出してもらう際には，「控除対象配偶者」の欄には母国の戸籍法や民法に規定された配偶者を記載するようにあらかじめ案内しておくことが必要になります。

Ⅲ 海外在住の扶養親族

日本の所得税法では扶養親族に同居要件はないため，別居していても「生計を一にする」状態であれば，扶養家族とすることができます。

この「生計を一にする」状態とは，必ずしも同一の家屋に居住しなければならないのではなく，勤務，修学，療養等の都合上他の親族と日常の生活を共にしていない親族がいる場合であっても，常に生活費，学資金，療養費等の送金が行われている場合には，生計を一にするものとして取り扱います。よって，海外在住の家族についても，常に生活費等の送金が行われている場合には，所得税法上の扶養家族にすることが可能です。

具体的には，その年の12月31日現在の状況で，該当となる従業員の親族であり，常に生計を一にしている状況であることがわかる状態であり，なおかつ，扶養家族の所得が38万以下（この場合の所得要件にいわゆる国外源泉所得は含みません）であれば，扶養親族とすることができます。

なお，親族とは，6親等内の血族及び3親等内の姻族を指し，外国人本人の妻（又は夫），子供，孫，父母，祖父母，兄弟姉妹のほか，妻（又は夫）の父母，祖父母，兄弟姉妹なども含まれます。

従業員からの送金額については生活費相応の金額であること，送金を受ける扶養親族に高額の所得がないことが前提ですが，海外の生活費の水準は様々な上に，海外での所得は国外源泉所得として日本の所得税での扶養親族の要件とはしないため，日本から生活費を送金して，実際に扶養親族の生活を維持しているかが判断のポイントとなります。

実務上では「給与所得者の扶養控除等の（異動）申告書」に海外在住の親族

の記載がある場合，外国へ送金した場合の明細書など，実際に生活費を送金しているかどうかがわかる書類を添付してもらうようにすると，税務調査の際も安心です。

6　非居住者の源泉徴収・支払調書

> 国内源泉所得が，給与やその他の人的役務提供によるものである場合，一律で20.42％※の税率で源泉徴収されます。

源泉徴収された税額の納付方法は，原則として源泉徴収のみで課税関係が完結する源泉分離方式とされています。

※　平成23年12月2日に東日本大震災からの復興のための施策を実施するために必要な財源の確保に関する特別措置法（平成23年法律第117号）が公布されたことにより「復興特別所得税」及び「復興特別法人税」が創設されました。これにより従来は20％でしたが，平成25年1月からは20.42％となっています。

1 非居住者に対する課税範囲

居住者であれば原則として，日本国内はもちろん国外において稼得した所得も課税対象になりますが，非居住者については，日本国内で稼得した国内源泉所得のみが課税対象とされます。なお，非居住者が海外で稼得した，いわゆる国外源泉所得に関しては日本国内では課税対象とはされません。

所得税法においては，非居住者についてはその人が国内に恒久的施設を有する場合には，居住者と同様に（一定の所得は源泉徴収の上）申告納税方式を原則としていますが，その他の場合には，原則として源泉徴収のみで課税関係が完結する源泉分離課税方式が基本となっています。

外国人社員など非居住者が日本における勤務に対して発生した給与所得に対しては，20.42％の税率により源泉分離課税扱いで源泉徴収されます。また日本人であっても，海外の大学に在籍している人が，夏休みの間日本で短期のアルバイトをして得た給与所得に対しても，20.42％で源泉徴収をすることになります。

なお，源泉分離課税制度では，他の所得と全く分離して，所得を支払う者が支払いの際に一定の税率で所得税を源泉徴収することで納税が完結するため，

年末調整や確定申告によって税金を清算することはありません。

なお，恒久的施設は，一般的にPE（Permanent Establishment）と略称され，次の3つの種類に区分されます。
① 支店，出張所，事業所，事務所，工場，倉庫業者の倉庫，鉱山・採石場等天然資源を採取する場所（資産を購入したり，保管したりする用途のみに使われる場所は含みません）
② 建設，据付け，組立て等の建設作業等のための役務の提供で，1年を超えて行うもの
③ 非居住者のためにその事業に関し契約を結ぶ権限のある者で，常にその権限を行使する者や在庫商品を保有しその出入庫管理を代理で行う者，あるいは注文を受けるための代理人等（代理人等が，その事業に関わる業務を非居住者に対して独立して行い，かつ，通常の方法により行う場合の代理人等を除きます）

Ⅱ 通勤費の取り扱い

所得税法9条（非課税所得）で規定されている通勤手当については，給与所得者全般に適用されるため，その給与所得者が居住者であるか非居住者であるかは問いません。

したがって，非居住者である従業員に支給する通勤手当が非課税限度額内であれば，居住者同様に課税されることはありません。

例えば，電車やバスだけを利用して通勤している場合は，最も経済的かつ合理的な経路及び方法による通勤手当や通勤定期券等であれば，1ヶ月当たり10万円までが非課税となります。

Ⅲ 源泉徴収税額の納付

所得税の納付書の様式は，居住者の所得税の納付書とは様式が別になります。支払日に徴収した源泉徴収税額は支払日＝源泉徴収日の翌月10日までに「非

居住者・外国法人の所得についての所得税徴収高計算書（納付書）」に必要事項を記入した上で，金融機関か所轄の税務署の窓口で納付を行います。

非居住者・外国法人の所得についての所得税徴収高計算書（納付書）

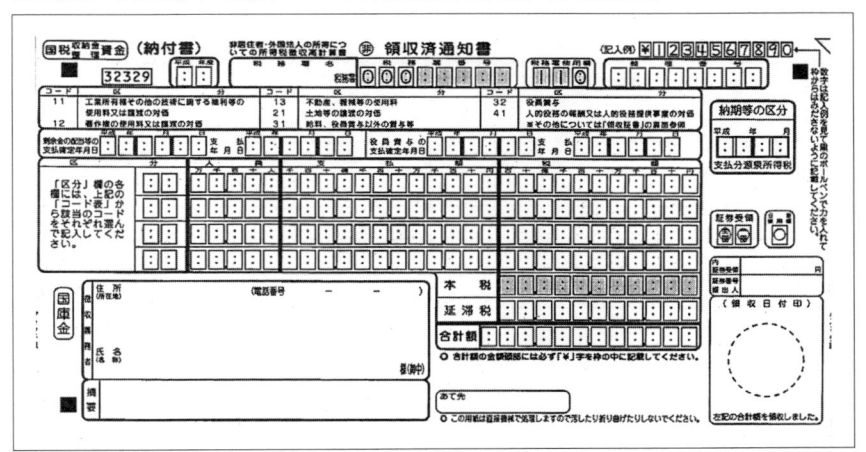

なお，国内源泉所得の支払いが国外において行われる場合で，その支払者が国内に住所若しくは居所を有し，又は国内に事務所，事業所その他これらに準ずるものを有するため，国内において支払われたものとみなして源泉徴収をする場合の所得税の納付期限は，事務手続等を考慮して，翌月10日ではなく，翌月末日となっています。

Ⅳ 非居住者の支払調書・法定調書

非居住者又は外国法人に国内源泉所得の支払いをする者は，前年1月～12月までの非居住者への支払総額等を記載した「非居住者等に支払われる給与，報酬，年金及び賞金の支払調書」と「非居住者等に支払われる給与，報酬，年金及び賞金の支払調書の合計表」を作成します。

作成した支払調書と合計票は，翌年1月31日までに所轄の税務署に提出が必要です。ただし，同一の従業員について，その年の給与・賞与の支払金額が50万円以下である支払調書については，税務署への提出は必要ありません。

なお，国外源泉所得に関しては支払調書・法定調書の作成の必要はありません。

非居住者等に支払われる給与，報酬，年金及び賞金の支払調書

（国税庁ホームページ）

Ⅴ 居住者の法定調書合計表を作成する際の留意点

　給与計算ソフト等で，給与所得の源泉徴収票等の法定調書合計表を作成する際に，留意しなければならない点があります。

　非居住者の給与計算も居住者と同じ給与計算ソフトで計算する場合が多いと思いますが，その際，課税区分（甲欄・乙欄・丙欄，等）や，居住者・非居住者の区分の設定を正しくしないと，居住者分の法定調書合計表の支払金額や源泉徴収税額の数字に，非居住者分の数字が含まれて計算されてしまうことがあります。

　毎月の給与計算において所得税を正しく計算するだけでなく，法定調書合計

表に記載する金額を算出する際は，非居住者分の給与が算入されていないことを確認した上で処理する必要があります。

　非居住者分については，前述の非居住者用の支払調書と合計表がありますので，居住者分とは区別の上正しく記載する必要があります。

7 源泉徴収税額を誤って納付した場合の訂正手続

> 非居住者の場合は，居住者のように確定申告で税金の調整が受けられないため会社で手続が必要です。

　税額の算出に誤りがあり，不足や超過が発生した場合，居住者の場合は，年末調整や確定申告をすることで，正しい税額を算出し，過不足税額の清算をすることができます。

　ただし，非居住者の場合は居住者のように確定申告にて税金の調整を受けることができないため，源泉徴収義務者である会社を通して「源泉所得税の誤納額還付請求書」を提出して還付請求を行うか，「源泉所得税の誤納額充当請求書」を提出して次に納付する源泉徴収税額に充当することができます。

源泉所得税の誤納額還付請求書

源泉所得税及び復興特別所得税の誤納額還付請求書

税務署受付印	※整理番号
	(フリガナ) 氏名又は名称
平成　年　月　日	〒 住所又は所在地 電話　－　－
税務署長殿	(フリガナ) 代表者氏名　　㊞

源泉所得税及び復興特別所得税の誤納額の還付を下記のとおり請求します。

還付を受けようとする金額	円	左記の還付される税額は、下記のところで受けとります。
誤納を生じた理由		イ　銀行等 　　　　　銀　行　　　　本店・本所 　　　　金庫・組合　　　　出　張　所 　　　　農協・漁協　　　　支店・支所 　　　　　　　預金　口座番号 ロ　ゆうちょ銀行の貯金口座 　　貯金口座の記号番号　－ ハ　郵便局等窓口

誤納額の計算内容	所得の種類	年月別	区分	人員	支給金額	税額	納付年月日 納付先税務署
			徴収高計算書に記載したもの(A)	人	円	円	．． 税務署
			正当計算によるもの(B)				
			差引(A－B)				

摘要		添付書類	□帳簿書類の写し

税理士署名押印	㊞

※税務署処理欄	起案	．．	署長	副署長	統括官	担当者	整理簿	入　力	通信日付印	確認印
	決裁	．．							年　月　日	
	施行		(摘要)							
	管理回付									

24.12改正　　　　　　　　　　　　　　　　　　　　　　　(源1423)

(規格A4)

源泉所得税の誤納額充当請求書

源泉所得税及び復興特別所得税の誤納額充当届出書

※整理番号

税務署受付印

平成　年　月　日

（フリガナ）
氏名又は名称

〒
住所又は所在地
電話　　－　　－

（フリガナ）
税務署長殿　代表者氏名　　　　　㊞

下記の金額を平成　年　月支払分の給与等から徴収して納付すべき税額に充当したいので届け出ます。

充当しようとする誤納額		円

給与等の区分	□ 俸給・給料等 □ 賞与（役員賞与を除く。） □ 日雇労働者の賃金 □ 役員賞与	誤納を生じた理由	

誤納額の計算内容	納期等の区分	区分	人員	支給金額	税額	納付年月日 納付先税務署
		徴収高計算書に記載したもの（A）	人	円	円	．． 税務署
		正当計算によるもの（B）				
		差引（A－B）				

摘要		添付書類	□帳簿書類の写し

税理士署名押印	㊞

※税務署処理欄	起案	．．	署長	副署長	統括官	担当者	整理簿	入力
	決裁	．．						
	処理	．．	（摘要）					

（規格A4）

24.12 改正　　　　　　　　　　　　　　　　　（源1424）

8 二重課税の防止

> 日本と外国を行き来して勤務する従業員の場合，外国と日本の両方で課税が発生することがあります。

　日本で居住者となるかどうか，また，日本で課税が発生するかどうかは，日本の所得税法によって判定されます。
　同様に，外国の居住者となるかどうか，外国で課税が発生するかどうかは，その国の法令によって決まることになります。よって日本と外国を行き来して勤務する従業員が，外国と日本の両方で二重に課税が発生してしまうことがあり得ます。
　このような場合，居住者の判定方法を定めて一方の国の課税を免除したり，外国で支払った税金のうち一定額を税金から控除したりする方法により，二重課税を防止する制度があります。

Ⅰ 租税条約

　租税条約とは，二重課税の調整，脱税及び租税回避への対応等を通じ，二国間の健全な投資・経済交流の促進を図る目的で，二国間で締結された取決めのことをいいます。平成25年3月末時点で，日本では54条約に対し，65カ国・地域が適用となっています。
　租税条約では，居住者の範囲，所得の源泉地をはじめ，源泉税の制限税率や課税権の範囲，及び両国間の相互協力など，二国間の租税に関する基本的な取決めが明記されています。
　日本の税法と租税条約の内容が異なる場合には，原則として租税条約の規定は国内法に優先して適用されます。ただし，租税条約よりも国内法の規定を適用したほうが有利になるケースがある場合は，国内法の規定を優先適用できる

という例外もあります。

図表│日本での非居住者の課税

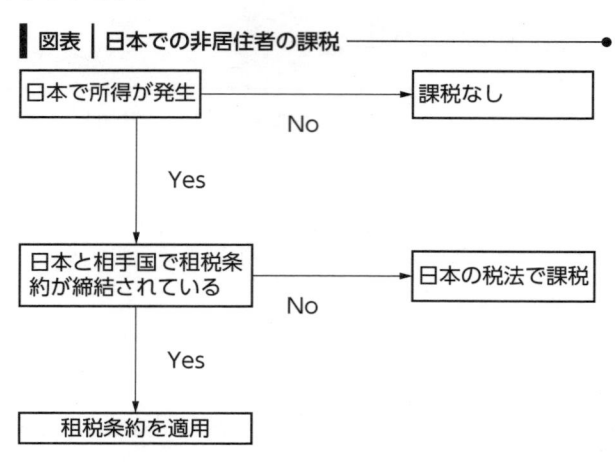

```
日本で所得が発生 ──No──> 課税なし
     │
    Yes
     ↓
日本と相手国で租税条 ──No──> 日本の税法で課税
約が締結されている
     │
    Yes
     ↓
租税条約を適用
```

租税条約よりも国内法の規定を適用した方が有利になる
ケースがある場合は，国内法の規定を優先適用

　租税条約の規定に基づき源泉徴収税額の軽減又は免除を受ける際は，「租税条約に関する届出書」を給与の支払日の前日までに所轄の税務署に提出します。この届出書を提出していない場合には，国内法の規定により源泉徴収をしますが，後日「届出書」とともに「租税条約に関する源泉徴収税額の還付請求書」を所轄の税務署へ提出することで，軽減又は免除の適用を受けた場合の源泉徴収税額と，国内法の規定による税率により源泉徴収された所得税額との差額について，還付を請求することができます。

II 短期滞在者免税（183日ルール）

　租税条約により定められた規定です。

　短期間の出張により母国と日本を行き来する場合，日本と母国とで課税が重なってしまったり，滞在時の勤務に対して都度課税が生じたりと，取り扱いは煩雑になることがあります。この場合に，一定の要件を満たせば，短期間の滞在における勤務に対しては勤務地での課税を免除するという制度になります。

図表 | 短期滞在者免税

滞在期間が183日以内の場合免税

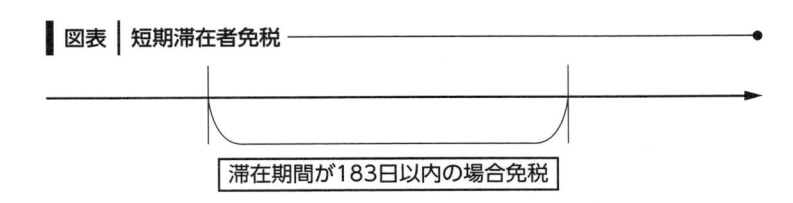

下記三つを全て満たせば出張先での所得税が免税になります。
① 滞在日数が累計183日以内（国によりルールは多少異なります※）
② 相手国（出張先国）居住者から報酬を受け取っていないこと
③ 相手国（出張先国）にある恒久的施設が報酬を負担していないこと

※ 183日以内の判定方法は各国の租税条約によって若干異なるため、手続をする際には必ず該当の国の租税条約を確認してください。

III 外国税額控除

外国税額控除とは、個人が外国所得税を納付することとなる場合に、その個人の居住地国と外国との二重課税を排除又は調整するために、居住地国において、外国で課された所得税を一定の限度をもって居住地国の税額から控除するものです。よって、日本の非居住者は、日本においては外国税額控除を受けることができず、居住地国での外国税額控除の適用を検討することになります。

外国所得税額は、以下の算式により、算出した控除限度額を限度として、外国所得税を納付した年分の日本の所得控除から、控除することができます。よって、外国で支払った所得税の全額が必ずしも控除されるわけではありませんし、その年分の国外所得がない場合は、外国税額控除額はゼロとなります。

$$(控除限度額) = (その年分の所得税の額) \times \left(\frac{その年分の国外所得総額}{その年分の所得総額} \right)$$

なお、この算式における「国外所得」とは、国外源泉所得と同じ意味です。

外国税額控除を受けるには、確定申告を行う必要があります。確定申告書に

は，控除を受ける金額及びその計算に関する明細の記載をした「外国税額控除に関する明細書」，外国所得税を課されたことを証する書類及び国外所得総額の計算に関する明細書などを添付します。

9 経済的利益

外国人従業員のうち特にエクスパッツに対しては，通常支給する給与や賞与以外にも，日本での生活にかかる出費について会社で負担するとしているケースが多く見られます。

本来は本人が負担すべきものを会社が負担することにより受ける利益は，経済的利益や現物給与と呼ばれます。現物給与により利益を受けた額や経済的利益が生じた額に対しては，給与・賞与課税をすることになります。

給与として課税するか賞与として課税するかの判断は，恒常的に支給があるか等の実態を考慮して，個別に判断します。

1 経済的利益

所得税基本通達36-15では，経済的利益について次のようなものが該当すると規定しています。

① 物品その他の資産の譲渡を無償又は低い対価で受けた場合におけるその資産のその時における価額又はその価額とその対価の額との差額に相当する利益
② 土地，家屋その他の資産（金銭を除く）の貸与を無償又は低い対価で受けた場合における通常支払うべき対価の額又はその通常支払うべき対価の額と実際に支払う対価の額との差額に相当する利益
③ 金銭の貸付け又は提供を無利息又は通常の利率よりも低い利率で受けた場合における通常の利率により計算した利息の額又はその通常の利率により計算した利息の額と実際に支払う利息の額との差額に相当する利益
④ ②及び③以外の用役の提供を無償又は低い対価で受けた場合におけるその用役について通常支払うべき対価の額又はその通常支払うべき対価の額と実際に支払う対価の額との差額に相当する利益

⑤ 買掛金その他の債務の免除を受けた場合におけるその免除を受けた金額又は自己の債務を他人が負担した場合における当該負担した金額に相当する利益

II 現物給与の例

エクスパッツ等に対し、現物給与としてよく支払われるものとしては下記が挙げられます。これらの現物給与は、経済的利益として給与・賞与課税されます。

- 税金（所得税、住民税等）
- 社会保険料（健康保険料、厚生年金保険料、雇用保険料等）
- 水道光熱費
- 駐車場代や家具のリース代金等
- 子女の学費

III 会社が提供する社宅

社宅については取り扱いが少し異なります。

所得税では、従業員に社宅や寮などを貸与する場合には、従業員から1ヶ月あたり一定額の家賃（賃貸料相当額）以上を受け取っていれば給与として課税されません。賃貸料相当額とは、次の①〜③の合計額をいいます。

① （その年度の建物の固定資産税の課税標準額）×0.2％
② 12円×(その建物の総床面積（平方メートル）／3.3（平方メートル))
③ （その年度の敷地の固定資産税の課税標準額）×0.22％

この賃貸料相当額に対し

イ 従業員に社宅を無償で貸与する場合：この賃貸料相当額が給与として課税されます。
ロ 従業員から賃貸料相当額の50％未満の家賃を受け取っている場合：受け取っている家賃と賃貸料相当額との差額が、給与として課税されます。
ハ 従業員から受け取っている家賃が、賃貸料相当額の50％以上の場合：

受け取っている家賃と賃貸料相当額との差額は，給与として課税されません。

なお，現金で支給される住宅手当や，入居者が直接契約している場合の家賃負担は，社宅の貸与とは認められないので給与として課税されます。

役員に社宅などを貸す場合の課税のルールは別に定めがあります。

一般の従業員に対しては，借上社宅制度等の導入により従業員から家賃の一部を受け取ることで，従業員が課税されないような仕組みを導入しているケースも多いと思いますが，エクスパッツに関しては家賃を会社が全額負担するケースが多く見られます。この場合，会社が契約した社宅を貸与している場合は前述の賃貸料相当額，従業員の個人名義で借りている住宅については実際に支払っている家賃の全額が給与として課税されることになります。

> ⚠ **Attention**
>
> 　社会保険料を算出するもととなる給与収入額についても，会社が提供する社宅の費用や食事代等は現物給与として取り扱われます。これらの現物給与の額は通常の給与に加えて算定され，健康保険料・厚生年金保険料が決定されることになります。
>
> 　ただし，社会保険の現物給与の価額は，所得税の価額とは別に定めがあります。都道府県によって金額が異なるため「厚生労働大臣が定める現物給与の価額」の表（全国現物給与価額一覧表）を参照して算出するようにしてください。

10 グロスアップ計算

　一般的な給与計算では，まず基本給や各種手当等の支給額が会社から決められ，それらの額に対してかかる所得税や社会保険料が控除されたものが手取額となります。これに対し，手取額を先に決定して，後から支給額を調整していく方法をグロスアップといいます。エクスパッツ等，外国人に対して多く用いられている方法です。

■ グロスアップ計算とは

　エクスパッツ等，外国人労働者が海外の会社から日本へ赴任する場合などは，手取での給与があらかじめ保証されていることと同時に，社宅費・水道高熱費，日本で発生する税金等は会社で負担する契約としているケースが多くあります。

　ただし，前述のように会社で負担する社宅費や税金その他は経済的利益として課税されたり保険料がかかってしまったりするため，そのまま税金や保険料を控除してしまうと，結果として手取額が若干低くなってしまうことになります。

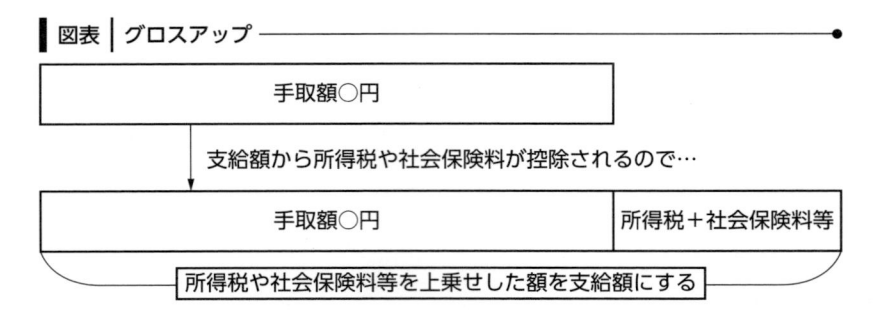

　このような場合に手取額を保証するために，会社が負担する所得税や保険料を含めて，支給すべき金額を逆算して計算していく方法を，グロスアップ計算といいます。

図表　グロスアップ

手取額○円	
↓ 支給額から所得税や社会保険料が控除されるので…	
手取額○円	所得税＋社会保険料等
所得税や社会保険料等を上乗せした額を支給額にする	

Ⅱ グロスアップ計算の手順

例えば、非居住者(所得税率20.42%)であって社会保険料の控除がない従業員の手取額200,000円を保障する場合を方程式で表すと、次のようになります。

X(支給額)−0.2042X(所得税額)=200,000(手取額)
→ 0.7958X=200,000
→ X(支給額)=251,319.4269

よって、手取額200,000円を保障するためには、支給額は251,319円にすればよいことになります。

居住者の場合は、扶養親族の数等により課税給与所得額が変動すること、また累進課税方式に伴い課税給与所得の額により所得税率が変動すること、社会保険料や住民税の会社負担額を考慮しなければならないケースがあることなどから、計算は複雑になります。

計算例として、まずは契約により保証された手取額を総支給額と仮定し、そこから所得税と社会保険料を加味した差引支給額を算出してみます。当然、所得税と社会保険料の金額分、差引支給額は少なくなりますので、その所得税と社会保険料の金額より少し多めの金額を総支給額に足して再計算してみます。その後は少しずつ総支給額にプラスマイナスして、本来支払うべき手取額と差引支給額が一致するまで反復計算します。

源泉徴収税額表を見ながら手計算する方法もありますが、このやり方だとかなり時間がかかります。給与計算ソフトを持っているようであれば、所得税等はソフトが自動で計算してくれるため、多少計算にかかる時間が節約できます。

反復計算の上、差引支給額が契約により保証された手取額と一致するようになれば、グロスアップ計算は完了です。

Ⅲ グロスアップ計算対象者の人数が多い場合

先に紹介したグロスアップ計算では計算に時間がかかるため、対象者の人数

が多い場合は別途対策を考えたほうが効率的に計算処理を行えます。

　まずは給与計算ソフトについてですが，市販されている給与計算ソフトでグロスアップ計算に対応しているものは少ないですが，外資系企業を対象にした給与計算ソフトではグロスアップ計算機能を備えているものもあります。グロスアップ計算対象者が毎月相当数いる場合は，給与計算ソフトをグロスアップ計算の対応が可能なものに変えるのも方法です。

　他では，Excel®等の表計算ソフトでグロスアップ計算をする方法もあります。

１．所得税の計算シートを作成

　「月額表の甲欄を適用する給与等に対する源泉徴収税額の電算機計算の特例」の計算式を利用し，所得税の計算シートを作成します。具体的には，その月の社会保険料等の控除後の給与額と扶養家族の人数を入力すると，その月の所得税額が算出されるように計算シートを作成します。計算シートを作成する際に使う関数は，「VLOOKUP関数」と「ROUND関数」のみなので作成はそれほど難しくありません。この計算シートは一度作成しておくと，グロスアップ計算に限らず，給与計算ソフトの計算結果の検算にも使えるため便利です。

所得税計算シートの例

H25年 機械計算による税額等の計算方法		
社員番号		
社員名		
その月の社会保険料控除後の給与等の金額	516,696	
給与所得控除後の額	148,339	
被扶養配偶者　有=1，無=0	0	
配偶者以外の扶養親族の数	0	※16歳以上
基礎控除、配偶者＆扶養控除の額	31,667	
課税所得金額	336,690	
所得税額	32,380	20.420%

別表第一

社会保険料等控除額後の給与等の金額	給与所得控除の額	
0	0%	54,167
135,417	40%	0
150,000	30%	15,000
300,000	20%	45,000
550,000	10%	100,000
833,334	5%	141,667
1,250,000	0%	204,167

別表第二

配偶者控除の額	31,667
扶養控除の額	31667*扶養親族の数
基礎控除の額	31,667

別表第三

その月の課税給与所得金額	給与所得控除の額	
0	5.105%	0
162,501	10.210%	-8,296
275,001	20.420%	-35,374
579,167	23.483%	-54,113
750,001	33.693%	-130,688
1,500,001	40.840%	-237,893

2．差引支給額の計算

　所得税の計算シートを作成したら，空いているセルに総支給額，雇用保険料，社会保険料，所得税の項目を作成し，

　　総支給額　－（雇用保険料　＋　社会保険料　＋　所得税）＝　手取額

となるように計算式を設定します。

　雇用保険料は総支給×雇用保険料率（個人負担分）の式を設定し，所得税には①の計算シートの所得税の数字が表示されるようにすれば，この部分は比較

的簡単に作成できます。

差引支給額計算シートの例

支給項目		控除項目	
基本給	600,000	健康保険	26,040
交通費	7,800	介護保険	3,348
		厚生年金	50,877
		雇用保険	3,039
		社保計	83,304
		所得税	32,380
		住民税	5,000
支給計	607,800	控除計	120,684
		差引支給額	487,116

３．ゴールシーク機能を使う

　グロスアップ計算では，Excel®のゴールシーク（目標値に対して必要な数字を逆算する機能）を利用して支給額を割り出すようにします。一般的に表計算ソフトでは，計算式に数値やセルを指定して計算結果を求めることが多いですが，ゴールシークでは計算結果を先に決めて，その結果を得るためには元の数値をいくつにすればいいのかを求めることができます。この機能を使えば，決められた手取額にするために総支給額をいくらにすればいいか一発で逆算できるため，給与計算ソフトで繰り返し計算するよりも早く計算結果を導くことができます。

ゴールシーク機能の利用法

支給項目		控除項目	
基本給	600,000	健康保険	26,040
交通費	7,800	介護保険	3,348
		厚生年金	50,877
		雇用保険	3,039
		社保計	83,304
		所得税	32,380
		住民税	5,000
支給計	607,800	控除計	120,684
		差引支給額	487,116

ゴールシーク
- 数式入力セル(E)：H15
- 目標値(V)：500000
- 変化させるセル(C)：F6

例えば手取額を50万にしたい場合
数式入力セル：差引支給額のセル
目標値：50万
変化させるセル：基本給のセル
を入力してOKボタンを押します。

ゴールシーク機能を使って基本給を逆算する方法

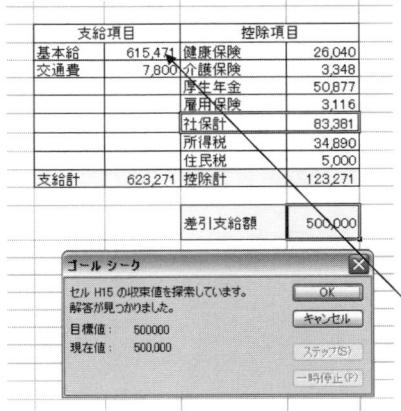

支給項目		控除項目	
基本給	615,471	健康保険	26,040
交通費	7,800	介護保険	3,348
		厚生年金	50,877
		雇用保険	3,116
		社保計	83,381
		所得税	34,890
		住民税	5,000
支給計	623,271	控除計	123,271
		差引支給額	500,000

ゴールシーク
セル H15 の収束値を探索しています。
解答が見つかりました。
- 目標値：500000
- 現在値：500,000

基本給のセルの値が，手取額50万にするために必要な数値に自動的に変わります。

10 支給金① サインオンボーナス

支給の目的や時期により，源泉徴収や社会保険の取り扱い方法が変わる場合があるため，注意が必要です。

Ⅰ サインオンボーナスとは

　サインオンボーナスは，英語ではsigning bonus又はsign-on bonusといいます。これは転職時に支度金として支払われる契約金で，外資系企業やアメリカ等海外などでは一般的なものとなっています。契約書にサインする段階で提示されるため，サインオンボーナスと呼ばれるようです。ヘッドハンティングによる引抜料として支払われることも多くあります。

　このように，サインオンボーナスは優秀な人材に対し入社を促す目的で支給することが多いですが，元の勤務先に在籍していればもらえたであろうボーナスが転職によりもらえなくなくなるため，その経済的な損失を補填する目的で支給する場合もあります。

　また，サインオンボーナスは，雇用契約の締結時に支払いが発生するものもあれば，入社後一定期間在籍していることを条件に支払いが発生するものあります。従業員に短期間で退職されるのを防ぎたい場合は，一定期間経過してから支払うルールにしておく方法もあります。

Ⅱ サインオンボーナスの課税

　サインオンボーナスが雇用契約の締結に基づき発生する支払いになり，労働の対償として受け取るものではない時は「契約金」の扱いになります。

　所得税では「一定の者のために役務を提供し，又はほかの者のために役務を提供しないことを約束することにより一時に支払われる契約金」の扱いになります。源泉所得税率は，支払額が100万円までは10.21％，100万円を超える部分は20.42％になります。よって支給額が100万円を超えた場合の源泉徴収税

額は（支払額−100万円）×20.42％＋102,100円になります。

　また，契約金の扱いになると，給与所得ではなく雑所得になるため，年末調整ではなく従業員本人が確定申告をする必要があります。

Ⅲ 来日前に支給されるサインオンボーナスの課税

　海外に居住している従業員を引き抜いて日本の本社の従業員として採用する際に支払う契約金は，日本の居住者となる前（日本に来日する前）に支払われる場合であっても，国内において人的役務を提供することに基因して国外において支払いを受けるものに該当し，国内源泉所得に該当します（所得税法161条8号イ）。契約金を支給する日の時点で従業員がまだ入国しておらず非居住者に該当する場合は，非居住者の税率20.42％にて源泉徴収します。

Ⅳ 社会保険の取り扱い

　サインオンボーナスの定義自体が法令で明確にされているものではないため，サインオンボーナス支給の際の社会保険料の控除についても，法令での明確な定義はありません。

　ただし，平成22年の疑義照会で日本年金機構本部が「ヘッドハンティングによる移籍金は，労使関係の発生を契機とし，労務を提供することを前提として使用者が被用者に支払うものであるので，賞与に該当する」と回答している部分は参考になると思われます。

　このようにサインオンボーナスが賞与に該当するとされる場合は，支給額から社会保険料を徴収の上，健康保険組合や年金事務所に賞与支払届を提出する必要があります。

　しかしながら，サインオンボーナスが入社前に支払われた場合は，社会保険の資格を取得する前のため賞与支払届の提出ができません。よって，社会保険料を控除しない，ということになります。

　また，サインオンボーナスという名称の支給であっても，内容が支度金を兼ねているものである場合は，支度金としての取り扱いになることもあります。

よって，社会保険での取り扱いの判断に迷ったときは，ケースごとに所轄の年金事務所等に問い合わせて確認するとよいでしょう。
　なお，疑義照会とは，法令・諸規程等の解釈又は取扱方法が不明確な場合に，各年金事務所等から日本年金機構本部に対して問い合わせを行うことをいいます。過去の疑義照会と回答の一部は日本年金機構のホームページで参照することができます。ホームページで公開されていない疑義照会と回答については，日本年金機構に開示請求をすることにより閲覧が可能です。

12 支給金② 赴任支度金

海外で採用をした外国人社員に対して，来日に際して必要となる赴任時の経費を赴任支度金として払う場合があります。この赴任支度金については，転居にあたり通常必要と認められるものであれば非課税になります。

所得税法9条1項4号では「給与所得を有する者が勤務する場所を離れてその職務を遂行するため旅行をし，若しくは転任に伴う転居のための旅行をした場合又は就職若しくは退職をした者若しくは死亡による退職をした者の遺族がこれらに伴う転居のための旅行をした場合に，その旅行に必要な支出に充てるため支給される金品で，その旅行について通常必要であると認められるもの」については非課税所得として扱い，所得税を課さないこととしています。

また，所得税基本通達37-17（使用人に支給する海外渡航旅費）では，使用人の海外渡航に際し支給する旅費（支度金を含む）は，その海外渡航が事業を営む者の当該事業の遂行上直接必要であり，かつ，当該渡航のため通常必要と認められる部分の金額については，非課税として取り扱うこととしています。

❶ 赴任支度金が課税扱いになる場合

事業の遂行上直接必要と認められない海外渡航の旅費の額及び当該事業の遂行上直接必要であると認められる海外渡航の旅費の額のうち通常必要と認められる金額を超える部分の金額は課税扱いになります。

所得税法基本通達204-30では，契約金の範囲について「所得税法第204条第1項第7号に掲げる契約金には，一定の者のために役務を提供し又はそれ以外の者のために役務を提供しないことを約することにより一時に支払いを受ける契約金，支度金，移転料等のすべてのものが含まれる。」としています。よって転居にあたり通常必要と認められる金額を超えた赴任支度金は契約金の扱い

になります。

　支度金が課税扱いになる場合は，日本の居住者となる前（日本に来日する前）に支払われる場合であっても，サインオンボーナスのときと同様に，国外源泉所得にはなりません。あくまで支度金は，国内において人的役務を提供することに基因して国外において支払いを受けるものに該当するため，国内源泉所得に該当します。所得税率は，居住者・非居住者の区分等により下記のようになります。
① 　支度金が雇用契約締結と同時で来日前に支払われる場合
　非居住者に対しての国内源泉所得として20.42％の源泉徴収を行います。
② 　支度金が，来日後，居住者となってから支払われる場合
　通常の，居住者に対しての税率となります。100万までの金額であれば10.21％，それ以上である場合は100万円を超える部分については20.42％で源泉徴収をします。
　なお，契約金は給与所得ではなく雑所得とみなされ，年末調整の対象とはならないため，従業員のほうで確定申告を行うことになります。

Ⅱ 社会保険の取り扱い

　支度金についても，支給の目的が引越し費用の経費清算のためであったり，従業員への手当であったりすることがあるため，明確な定義がされづらいものになります。よってサインオンボーナスと同様に，支給の目的により社会保険の取り扱いが変わることがあるため注意が必要です。
　平成22年の疑義照会での日本年金機構本部からの回答によると，転職等に伴い会社より支出される支度金の額が，引越し等に伴う実費弁済分であれば報酬には含まない（社会保険料を控除しない）としています。ただし，支給の目的が実費弁済ではなく，転職等に伴う支出の費用を上回った額が支給されても差額精算をしないような場合では，報酬（賞与）として取り扱う（賞与の社会保険料を控除する）とされています。支度金の額が，管理職・一般従業員など

の職位によって変わる場合は，より報酬（賞与）とみなされる可能性が高くなります。

　支度金についてもサインオンボーナスと同様に，社会保険での取り扱いの判断に迷ったときは，ケースごとに所轄の年金事務所等に問い合わせて確認するとよいでしょう。

13 支給金③　ホームリーブ費用・家族の来日費用

> エクスパッツ等，転勤辞令等により日本国内において長期間勤務する外国人社員が，休暇などで一時帰国することをホームリーブといいます。

Ⅰ ホームリーブ費用の課税

通常個人的な旅費を会社が負担した場合，給与所得とされ，会社は給与・賞与課税をして源泉徴収をしなければなりません。

ただし，また，ホームリーブのための旅費を使用者が負担した場合において，ある一定の要件を満たす場合は，例外的に扱われ，給与・賞与課税しなくても差し支えないとされています（国税庁「国内において勤務する外国人に対し休暇帰国のための旅費として支給する金品に対する所得税の取扱いについて」1975年1月16日，直法6–1。通称ホームリーブ通達）。

一定要件は以下のとおりです。

- 相当期間（おおむね1年以上）の経過ごとの帰国費用であること
- 支払われるホームリーブ費用は最も経済的かつ合理的と認められる通常の旅行費用の範囲内であること
- あらかじめ就業規則等に定めるところにより相当の期間（おおむね1年以上の期間）を経過するごとに休暇のための帰国を認めていること
- その支給する金品のうち，国内とその旅行の目的とする国（原則として，その者又はその者の配偶者の国籍又は市民権の属する国）との往復に要する運賃（航空機の乗継地においてやむを得ない事情で宿泊した場合の宿泊料を含む）であること

なおホームリーブ費用を非課税にできるのはエクスパッツであり，日本で採用された外国人労働者には該当されません。よって，外国親会社から日本の子会社に異動してきた外国人従業員などについて，勤務期間が1年以上経過して

いれば，本国へ帰国するための航空運賃等を支給したとしても，給与・賞与課税をする必要はありません。

ただし，バカンスなどで帰国経路を変更した場合，その変更に伴って生じた差額旅費代やファーストクラスなどの特別シート代は非課税の対象とはならないため，給与・賞与課税が必要になります。

Ⅱ 外国人労働者の家族の来日費用

外国人労働者の家族の来日費用については，来日の目的等により取り扱いが異なります。

一般的に観光のために家族を呼び寄せる場合などは，経済的利益と解して給与・賞与課税とみなされますが，扶養家族を日本への居住を前提として呼び寄せる場合などの理由であれば，一定の要件を満たせば，非課税とされます。

Ⅲ 家族の来日費用が非課税とされる要件

外国人社員が帰国のための休暇が取れない等の理由で，本国に残してきた扶養家族を日本に呼び寄せる場合に，その来日費用が非課税とされるためには，
・　その家族の来日が観光目的ではないこと
・　その費用が普通往復交通券程度の金額であり合理的な経路によるもので，なおかつ交通券での支給とすること
・　使用者の命令による国内勤務に基因するものであること
という要件を満たしている必要があります。

14 支給金④ 外国人従業員の子女の教育費用

> 「経済的利益」で説明したように、従業員の子女の入学金や授業料を会社が負担する場合、その負担額は現物給与の扱いとなります。

　本来は入学金や授業料は従業員が負担するべき費用なので、この現物給与は経済的利益として扱われ、給与又は賞与課税されることになります。

　外国人従業員や外国人従業員を雇用する企業に対し、教育費用の負担を軽減するために有効な制度として寄付金プラン（スカラーシッププラン）というものがあります。外国人従業員を雇用する企業が、従業員の授業料及び入学金等を支払う替わりに一定金額を学校に寄付すると、学校は従業員に対しては授業料を奨学金という形で免除し、寄付金を支払った企業は、その寄付金の額が法人税法上の損金算入限度額の範囲内で損金算入できる制度です。
　この寄付金プラン制度に基づいて従業員の子女の授業料が免除になった場合に、従業員が得る経済的利益については、発生の経緯等からみて課税しなくてよいとされています。
　実際に学校に寄付をする場合、この制度に該当するかどうかは事前に問い合わせておくと安心です。
　なお、寄付金募集要項に含まれない費用について会社が負担した場合は、経済的利益として課税の対象となります。

2 年末調整

1 年末調整・確定申告

> 外国人従業員が海外から日本に1年以上の予定で赴任している場合,所得税法上居住者の扱いとなります。この場合で日本から給与等の支払いがあれば,年末調整の対象となります。給与以外の所得が一定以上ある場合は,確定申告を行う必要があります。

I 年末調整について

毎月の給料や賞与等からの所得税の源泉徴収は概算で行うことから,源泉徴収された所得税の合計額は,必ずしもその人が納めるべき年税額と一致せず過不足が生じることがあります。よって会社は年末調整をすることにより,所得税の過不足額を精算します。

入国後居住者となってから支払われた給与・賞与等は全て年末調整の対象となります。

給与・賞与の支給対象期間のうち国外勤務にかかる部分が含まれていても,支払日時点で居住者となっている場合は,全額が居住者に対する給与・賞与として課税対象となります。なお,その年に日本で支払われた給与・賞与の金額が2,000万円を超える場合は,年末調整の対象にならないため確定申告をする必要があります。

II 年末調整の手続

年末調整を行うには,まずは外国人従業員に「保険料控除申告書」を提出してもらいます。その際,申告内容に応じて生命保険料控除証明書,社会保険料控除証明書,住宅借入金等特別控除申告書,住宅取得資金にかかる借入金の年末残高等証明書等を提出してもらいます。

Ⅲ 年末調整での注意事項

1．前職における源泉徴収票

通常，年の途中で入社した中途就職者については，その年に他の支払者が支払った給与等があれば，前職での給与所得も通算して年末調整を行います。

ただし，年末調整は「その年中にその居住者に対し支払うべきことが確定した給与等」が対象になるため，通算することができるのは，国内源泉所得にかかるもののみとなります。よって，母国に居る時に支払われた給与や，国内源泉以外の所得については年末調整や確定申告の際に合算して申告することはできません。

なお，中途就職者から前職分の「給与所得の源泉徴収票」の提出がなく，その年の給与等の合計金額が確認できない場合には，年末調整を行うことができません。この場合は，中途就職者本人が確定申告をすることになります。

2．国外源泉所得と国内源泉所得の両方がある場合

前述したように，年末調整の対象になるのは居住者に対しての給与所得になります。よって例えば，従業員がその年の前半は海外勤務，後半は日本国内勤務で給与が支払われた場合，年末調整の対象となるのは居住者となってから支払われた給与・賞与のみとなります。

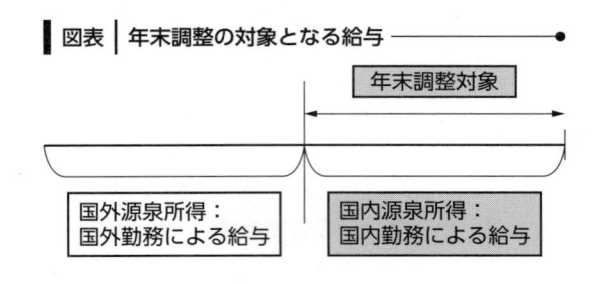

図表｜年末調整の対象となる給与

年末調整対象

国外源泉所得：国外勤務による給与	国内源泉所得：国内勤務による給与

> ⚠ **ATTENTiON**
>
> 　給与ソフトを使って年末調整をする場合，年末調整対象部分と対象にならない部分の設定を正しくしておかないと，国外源泉所得に当たる給与額も含めて年末調整計算がされてしまう場合があります。
> 　この場合，本来本人が負担すべき所得税の年税額も違ってしまうことになりますし，この計算結果を元に市区町村に給与支払報告書を送付してしまうと，住民税の額も間違って計算されてしまうことになります。
> 　よって，国外源泉所得と国内源泉所得の両方がある従業員の年末調整については，計算結果が正しくされているか特に注意が必要です。

3．人的控除の取り扱い

　いわゆる配偶者控除や扶養控除などになります。

　控除対象配偶者，扶養親族の判定においては，年の途中で入国した人の年末調整においても，通常の年末調整時と同様に12月31日の現況より判定します。

　例えば，仮にその年は12月のみ日本に滞在していたとしても，12月31日に居住者として日本にいる場合は，日本に1年滞在している人と同じ額の控除が受けられることになります。

4．物的控除の取り扱い

　社会保険料控除，小規模共済等掛金控除，生命保険料控除及び地震保険料控除においては，該当する者が居住者であった期間内に支払った社会保険料，小規模共済等掛金，生命保険料，地震保険料が控除の対象となり，日本の居住者になる前に支払った金額に対しては，対象となりません。

　保険契約によっては，居住者であった契約時に複数年分や，その年度の年間保険料を全額支払っている場合もあります。

　この場合は，「生命保険契約に基づく払込期日が到来した保険又は掛金であっても現実に支払っていないものは含まれない」とし，「前納した生命保険料等については次の計算式により計算した金額をその年に支払った金額とす

る」としており，以下の計算式のとおりに按分した金額をもって支払った保険料とします。

$$前納した生命保険料等の総額 \times \frac{前納した生命保険料等にかかるその年の居住者期間中に到来する払込期間}{前納した保険料等にかかる払込期日の総回数}$$

　なお，外国の社会保険料や外国保険事業者との締結による生命保険契約又は損害保険契約のうち，日本国外で締結したものにかかる保険は，控除の対象とはならないので，注意が必要です。

Ⅳ 源泉徴収票

　給与所得の源泉徴収票は，給与所得の金額や年末調整をする，しないにかかわらず，必ず従業員に交付する必要があります。在籍している従業員に対しては，翌年の1月31日までに交付すればよいですが，年の中途で退職した従業員に対しては，退職日から1ヶ月以内に交付する必要があります。

Ⅴ 確定申告について

　医療費控除や寄附金控除，雑損控除については年末調整で処理することができないため，年末調整をする場合であっても別に確定申告が必要です。その他に，給与所得以外の所得が20万円を超える人等も確定申告が必要になります。

2 タックスイコライゼーション

> タックスイコライゼーションとは，会社が従業員を海外に赴任する場合において，税務上の負担が変動しないように調整する仕組みをいいます。

　各国では所得税法や社会保険の制度もそれぞれ違いますので，海外赴任をした場合に，その国の制度に従って税金や社会保険料を納めると，ケースによっては手取額が低くなってしまう可能性があります。

　また結果的に手取額が低くならなかった場合であっても「現地での手取額は給与明細を確認するまではわかりません」といった説明では，従業員が不安や不満を感じてしまうことにつながります。

　このような問題に対し，従業員が金銭的な不安や不満を感じないよう，海外赴任した場合も手取額が変動しないように調整する仕組みをタックスイコライゼーションといいます。

　具体的には，従業員が母国で勤務を続けたと場合に支給されたであろう給与額に課税される税金相当額（ハイポタックス）を算定し，赴任している期間中はその税額のみを従業員が負担し，海外赴任により従業者に税務上の不利益が生じないように調整する方法です。赴任期間中の赴任先国での所得税・住民税や，母国で実際に納付する税金で従業員の負担額を超えた部分については全て会社が負担するのが一般的です。

　この方法を採用すると，海外赴任をしても従業員が公平に税金の負担をすることができるため，従業員が赴任先の違いにより不公平感を感じることがないというメリットがあります。

　なお，会社が負担する税額相当額は，従業員の経済的利益となるので，この部分の税金手当については給与又は賞与として支給額に加算するなどの処理が

必要になります。

　また，従業員が居住者の場合，年末調整は，従業員に支給した税金相当額控除後の金額と会社が負担した税金手当額の合計額を総支給額として行います。年末調整により所得税の還付や調整をする際にも，最終的な手取額が，従業員が母国で勤務を続けた場合と同じ数字になるよう，グロスアップ等による調整が必要になります。

3 住民税

個人住民税は、個人の所得に対して課される税金で、市区町村に納めます。

個人の所得に対して課される税としては他に所得税もありますが、所得税はその年に課税されることに対し、個人の市民税は前年の所得に対して課税されるところが異なる点になります。図のように、国籍を問わず日本国内に居住している人に対して、前年の1月から12月までの1年間の所得に対して課税し、その年の1月1日現在の住所地に納付します。

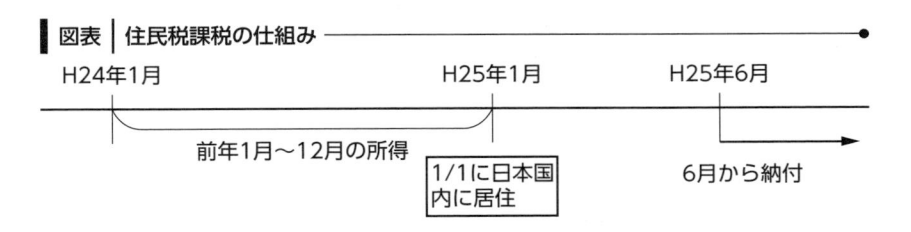

| 図表 | 住民税課税の仕組み

```
H24年1月              H25年1月          H25年6月
  |―――――――――――――|――――――――→
    前年1月～12月の所得
                    1/1に日本国      6月から納付
                    内に居住
```

I 住民税の課税と支払いの流れ

地方税法では、所得税を源泉徴収している会社(給与支払者)は原則として、従業員の個人住民税を特別徴収しなければいけないことになっています。特別徴収とは従業員の毎月の給与から住民税を所得税などのように徴収(天引き)して、会社が納入する方法です。

特別徴収の流れとしては、まず会社は従業員の前年の給与収入額等が記載された「給与支払報告書」を毎年1月31日までに従業員等(納税義務者)が1月1日現在住んでいた各市町村に提出します(地方税法317条の6)。その後、毎年5月末頃までに各市区町村が、会社宛に「特別徴収税額の決定通知書」を送付します。この通知書には、6月から翌年5月までに徴収する住民税額(年税

額及び毎月の額）が記載されています。会社は通知書をもとに毎月の給与から所定の月割額を徴収し，翌月の10日（土日・祝日に当たるときは翌営業日）迄に各市町村（又は金融機関・郵便局）に納付します。

Ⅱ 外国から日本に居住した場合の住民税

　前述のように，住民税は1月1日に日本国内に居住している場合に課税されるため，外国人が年度の途中から日本に居住した場合等は，その年の住民税の課税はありません。

　また，住民税は前年の合計所得金額が一定額以下の場合は課税されません。例えば，1月1日に日本国内に居住していた場合であっても，扶養家族がなく，収入が給与所得だけの従業員であれば，給与収入が100万円までであれば，住民税はかからないことになります。よって比較的年末に近い時期に日本に入国した等で，その年の給与収入が100万円に満たないような場合であれば，翌年の住民税は課税されません。

4 税務調査の注意点

> 非居住者の取り扱いについては，税務調査で指摘が入ることが多い部分です。

Ⅰ 税務調査とは

　税務調査は各税務署の調査官が行います。

　平成23年度の国税通則法の改正により，税務調査の際には原則として，調査の開始日時・開始場所・調査対象税目・調査対象期間などを事前に通知することになっています（ただし税務署等が保有する情報から，事前通知をすることにより，正確な事実の把握や調査の適正な遂行に支障を及ぼすおそれがあると認められる場合には，通知せずに税務調査を行うこともあります）。指定された日程では都合が悪い場合は，調査日時の変更の申出をすることも可能です。

　なお，国税の徴収権は納期限から5年で時効が成立するため（国税通則法72条1項），源泉所得税の調査は5年分遡及して行われます（悪質なケースでは7年遡及する場合もあります）。

　源泉所得税の調査には単独調査と同時調査がありますが，一般的に多いのは同時調査になります。同時調査では，原則として法人税や個人所得税の調査と同時に行われます。

Ⅱ 給与処理での注意事項

　経済的利益で説明したように，エクスパッツの場合，エクスパッツ個人の所得税や住民税，社会保険料，家賃や水道光熱費を日本の会社が本人に代わって負担していることがよく見られます。これらの経済的利益に対して正しく課税処理をされているかどうかについては，税務調査でよくチェックされる部分です。

　また，毎月の給与の所得税が正しく源泉徴収されているかを確認するため，

居住者/非居住者を判断するための確認書類を求められる場合があります。よって，エクスパッツの場合はアサインメントレター（辞令）等，日本での予定勤務期間がわかる書類のコピー等も用意しておくと安心です。

また，税額表の甲欄（居住者の税率）で計算した期間に関しては，扶養控除等申告書の提出を確認される場合もあるため，事前にきちんと書類を揃えておく必要があります。従業員が海外に居住している親族を控除対象扶養親族として申告している場合は，その扶養親族に定期的に生活費を送金している海外送金の証明書や通帳の振込記録のコピーを提出してもらうようにします。

Ⅲ 年末調整処理での注意事項

年末調整の計算について確認されることもあります。エクスパッツが年度の途中で本国へ帰国する等の理由で出国年調をする場合に，必ず保険料控除申告書を提出してもらうようにしてください。特に，年末調整において，生命保険料控除・地震保険料控除・社会保険料控除（国民年金等にかかるもの）の適用を受ける場合には，原則として保険料支払いの事実を証明する書類が保険料控除申告書に添付されている必要があります（所得税法196条2項）。

なお，日本国外で外国生命保険会社等又は外国損害保険会社等と締結された保険契約は，生命保険料控除に該当しないため，年末調整処理の際には保険契約の締結地についても確認する必要があります。

Ⅳ 調査の際に用意しておくとよい書類

賃金台帳や扶養控除等申告書以外にも，以下の書類を依頼があればすぐ提示できるように用意しておくとよいでしょう。

- エクスパッツの名簿（本国へ帰国した者を含め過去5年分）
- エクスパッツのアサインメントレターのコピー
- 航空券のコピー等，エクスパッツの入出国日がわかるもの
- 海外企業との関連図
- 海外企業間とのチャージの記録（海外で負担している経済的利益の確認の

ため）

・　海外企業との会社とのやり取りのメール

　税務調査のために過去5年分の資料を遡って用意するのは実際のところ大変ですので，毎月の給与・賞与・退職金計算の際に，計算根拠となる確認資料を全て添付して保管しておくと，税務調査時に慌てて資料を用意する必要がなくなります。

Ⅴ 税務調査で誤りが発見された場合

　税務調査の最終結果を受けて，申告内容に誤りなどがあれば，納税者が修正申告書を提出するか，税務当局が更正処分（追加納税額を決め，納税者に通知をすること）をします。ただし源泉所得税については，会社は源泉徴収義務者であり納税者ではないため，調査で源泉所得税の誤りが発見された際には，更正処分をすることになります。会社は更正処分に従い，源泉所得税を立て替えて納付し，後で従業員から徴収するようにします。

第5章

在職中の手続

　外国人従業員が一時帰国して出産する場合も，通常の従業員と同じように健康保険の出産育児一時金等の制度を利用することができます。また育児休業を取得する際も，要件を満たせば雇用保険の育児休業給付金を受給できます。
　この章では，健康保険や雇用保険等の給付を受給手続の際の留意点について説明します。

1 外国人の一時帰国時の医療費

> 　海外では日本の保険証は使えないため，病気やケガでやむを得ず現地の医療機関で診療を受けた場合，医療費は本人がいったん全額支払うことになります。
> 　その後，健康保険協会又は健康保険組合へ海外療養費を請求すると医療費が一部還付されます。

　海外療養費は健康保険制度の給付になるため，短期滞在等で日本の健康保険制度に加入していない外国人の方は給付が受けられません。また，海外療養費の支給対象となるのは，日本国内で診療を受けた場合に健康保険の適用が受けられる治療に限られるため，はじめから治療目的で海外へ渡航した場合は対象外となります。

Ⅰ 健康保険の海外療養費制度

　海外療養費の額は，日本国内の医療機関等で，同じ傷病を治療した場合にかかる治療費を基準に日本の保険診療報酬の点数を基に計算した額（実際に海外で支払った額のほうが低いときはその額）から自己負担相当額（患者負担分）を差し引いた額を支給します。

　日本で受診したときのように，医療費全体に対しての自己負担額はきっちりと3割にならないほか，日本で受診するときよりも受給額が大幅に少なくなることがあります。

　外貨で支払われた医療費については，海外で療養を受けた日ではなく，海外療養費の支給決定を行う日の外国為替換算率（売りレート）により円に換算し，支給額を計算します。

　なお，国内において一般的な治療方法として認められていない処置や，保険が適用されない以下のようなものは海外療養費制度の対象になりません。

① 美容整形手術
② 健康保険適用外の材料を使用した歯の治療材料や歯列矯正
③ 自然分娩及び産前／産後健診
④ 人工授精などの不妊治療，性転換手術
⑤ 差額ベッド代　など

また，エクスパッツのように海外から派遣された従業員の場合，会社がアレンジした民間の保険で医療費がおおむねカバーできる場合もあります。自己負担相当額を差し引かれる健康保険の海外療養費制度と違い医療費の全額がカバーされる場合は，民間の保険を利用したほうがお得になります。

〈提出書類〉
① 健康保険 療養費支給申請書
② 診療内容明細書（様式A）
③ 領収明細書（様式B）
④ 歯科診療内容明細書（様式C）
⑤ 領収証（現地で支払った領収証の原本）
⑥ （②・③が外国語で記載されている場合）翻訳文

※ 上記の書類以外に「パスポートの写し」等の提出を依頼される場合があります。
※ 提出の際，①③⑤の書類は必ず必要になります。また，歯科以外の診療の場合は②様式A，歯科診療の場合は④様式Cが必要になります。
※ 様式A，B，Cともに，各月ごと，受診者ごと，医療機関ごと，入院・外来ごとに1枚ずつ証明が必要です。また，外国語で記載された場合は，それぞれ別添の邦訳を添え，翻訳者の住所・氏名・連絡先を記載し，押印が必要です。

〈提出先〉
全国健康保険協会の都道府県支部又は健康保険組合

〈提出期限〉
海外で医療費の支払いをした日の翌日から2年以内

Ⅱ 療養費支給申請書の外国語版

　外国人従業員の多い都道府県の健康保険協会ではホームページから，英語・中国語・ポルトガル語の健康保険制度の説明文書や各種申請書がダウンロードできるようになっているところもあります。外国人従業員が渡航する前に案内しておくと，現地で診察を受ける際に医療機関に証明をもらうことができ，海外療養費の手続が速やかに行えます。

第5章　在職中の手続

健康保険 被保険者・家族 療養費支給申請書（第　回目）（立替払等, 治療用装具, 生血）

	1 金融機関						
振込先口座 Bank account to receive money transfer	③ 支店区分	金融機関コード	⑨ 金融機関名称 Name of financial institution		銀行 金庫 信組	本店・支店名称 Head office / Branch office name:	店 味店 支店 出張所
					信連・信漁連 農協 他協		本所・支所 本店・支店
		預金種別 Type of deposit	1 普通 Ordinary account 2 当座 Current account 3 別段 4 通知	口座番号 Account number		口座名義 Account holder's name	(フリガナ) (Katakana letters) (Seal)

給付金に関する受領を代理人に委任する (申請者名義以外の口座に振込を希望される) 場合に記入してください。
Fill in the box below if you designate a proxy who will receive a payment on behalf of yourself (or, if you designate a bank account whose holder is not yourself (claimant)).

	本申請書に基づく給付金に関する受領を代理人に委任します。 I hereby entrust receipt of the benefits based on this claim to the proxy named below.		平成 Heisei	年 (Year)	月 (Month)	日 (Day)
受取(代理人)の欄 Proxy to receive payment	被保険者 (申請者) Insured person (Claimant)	住所 Address 氏名 Name			(印) (Seal)	
	代理人の氏名と印 Proxy's name and seal	(フリガナ) (Katakana letters) (Seal)	委任者と代理人との関係 Proxy's relationship to the claimant			
	代理人の住所 Proxy's address	〒 (－)	電話 Tel:	( )		

負傷原因記入欄 初回申請時のみ記入してください。
Details of the cause of injury: Fill in the column below if this is the first claim regarding the injury.

② 負傷の原因について記入してください。該当する□にチェック (☑) してください。)
Answer the questions below regarding the cause etc. of the injury. (Place checkmarks (✓) in the boxes (□) next to the answers that apply to your case.)

[負傷日時・場所等] [Date, place etc. regarding the injury]	[受診した医療機関] [Medical institution where you received medical treatment]
1. いつケガ (負傷) をしましたか。 When did you get injured? 平成 年 月 日 (曜日) Heisei (Year) (Month) (Day) (Day of week: □午前 a.m. □午後 p.m. 時 分頃 (Approximate time):	7. 診療を受けた医療機関名とその期間等 Name of the medical institution where you received medical treatment, period of treatment etc. 医療機関名 Name of medical institution 平成 年 月 ～平成 年 月 From Heisei (Y) (M) —through Heisei (Y) (M) □治癒 Recovered □治療中 Currently under treatment
2. ケガ (負傷) をした日は次のうちどの日でしたか。 The day when you were injured was: □出勤日 a workday □休日 定休日 (休暇含む) a holiday (including a regular holiday and a day of leave of absence) □その他 Other: ( )	医療機関名 Name of medical institution 平成 年 月 ～平成 年 月 From Heisei (Y) (M) —through Heisei (Y) (M) □治癒 Recovered □治療中 Currently under treatment
3. ケガ (負傷) をした時は次のうちどの時間帯でしたか。 At which time were you injured? □勤務時間中 While at work □通勤途中 While commuting □出勤 □退勤 (□to □from) work □出張中 While on business trip □私用 While on private business □その他 Other: ( )	8. 負傷したときの状況 (原因) を具体的に記入してください。 Specify the situation (cause) in which you got injured.
4. ケガ (負傷) をした場所はどこでしたか。 Where were you when you were injured? □会社内 In the precincts of workplace □道路上 On the street □自宅 At home □その他 Other: ( )	
5. ケガをした原因で次にあてはまる場合がありますか。 The cause of the injury was: □交通事故 Traffic accident □暴力 (ケンカ) Violent act (scuffle etc.) □スポーツ中 While playing a sport □職場の行事 as a workplace event □職場の行事以外 on other occasion) □動物による負傷 injury caused by an animal 飼い主 Does anyone own it? □有 Yes □無 No) □あてはまらない Cause not corresponding to any of the items above	
6. 上記 5.にあてはまる原因なら、あなたは被害者ですか。加害者ですか。 If any of the specific causes listed in Question 5 applies to your case, were you a victim or an inflictor? 相手 Was there other party(s) □有 Yes → □あなたは被害者 You were the victim. involved in your case? □無 No □あなたは加害者 You were the inflictor. ※相手のいる負傷の場合は、第三者の行為による傷病届の提出が必要となります。 If there is other party(s) involved in your case, you must submit a Notification of Disease/Injury Caused by an Act of a Third Party (daisansha no koi ni yoru shobyo todoke).	9. 被保険者が代表取締役等役員の方の場合 If the insured person is an executive member of a company, such as a representative director, 労災保険に特別加入していますか。 Are you entitled to coverage under the system of special enrollment (tokubetsu-kanyu) in the industrial accident compensation insurance (rosai hoken)? □加入有 Yes □加入無 No

社会保険労務士の 提出代行者印		平成 年 月 日提出 Submitted: Heisei (Y) (M) (D)
	(印)	受付日付印 Receipt date/stamp

(全国健康保険協会 愛知支部ホームページより)

2 海外出産の際の健康保険の給付

健康保険に加入している外国人従業員が，海外に一時帰国して出産した場合も，日本での出産と同様に出産育児一時金を受給できます。

被扶養者が海外で出産した場合も，家族出産育児一時金として同様の給付が受給できます。

I 出産育児一時金

健康保険の被保険者及びその被扶養者が出産したときに，申請により1児につき42万円が支給される制度です（産科医療補償制度に加入されていない医療機関等で出産された場合は39万円となります。海外出産は産科医療補償制度の対象とならないため39万円となります）。出産育児一時金は，出産した子の人数分が支給されますので，双生児の場合は，2人分が支給されることになります。

国内出産の場合は直接支払制度や受取代理支払制度を利用すると，医療機関窓口での支払い負担を少なくすることが可能です。ただし，海外の医療機関ではこれらの制度が利用できないため，海外出産の場合は出産費用をいったん全額支払った後，出産育児一時金の請求手続をすることになります。

※ 直接支払制度とは，被保険者（被扶養者）が出産する医療機関等に合意文書を提出することにより，医療機関等が被保険者に代わって，出産育児一時金を健保に直接請求するものです。出産費用が出産育児一時金の範囲内であれば，医療機関窓口での現金での支払いはなくなります。
※ 受取代理支払制度とは，被保険者（被扶養者）が出産する医療機関等を受取代理人と定め，出産育児一時金の受取りを医療機関等に委任する制度です。

〈提出書類〉
出産育児一時金支給申請書

海外での医師作成の出産証明書の原本（日本語翻訳も添付）
※　日本語訳文には翻訳をした人の氏名・住所・電話番号の記載が必要です。
※　国内出産のときに提出する「医療機関等から交付される直接支払制度を利用しない旨の合意文書の写し」「出産費用の領収・明細書の写し」の提出は不要です。

〈提 出 先〉
　健康保険協会の都道府県支部又は健康保険組合

〈提出期限〉
　出産の翌日から2年以内
※　新生児を健康保険の被扶養者とする場合は「健康保険被扶養者（異動）届」の提出もあわせて必要になります。

出産育児一時金支給申請書

健康保険 被保険者 家族 出産育児一時金支給申請書
Claim for Payment of Lump-Sum Benefits for Childbirth and Childcare (shussan-ikuji ichijikin shikyu shinseisho)

英語版

届書コード 63A

※該当する項目を記入してください。記入方法および添付書類については、別紙「記入例・添付書類」をご確認ください。

① 被保険者証の記号・番号 / Code/number of Health Insurance Certificate
② 被保険者の生年月日 / Date of birth of insured person (昭和 Showa / 平成 Heisei, Y/M/D)
受付年度　適用　グループ

③ 被保険者(申請者)の氏名 / Name and seal of insured person (Katakana letters)
④ 事業所の所在地 / Place of work (Seal)
名称 Employer's name
所在地 Address

⑤ 被保険者(申請者)の住所 / Address of insured person
郵便番号 Postal code — (Katakana letters)
都道府県 Prefecture
[受取人情報][被保険者情報]
電話 Tel: ( )

被扶養者が出産したための申請であるときは、その方の
If this claim is based on your dependent's giving birth to a child:
⑥ 被扶養者の氏名 Name of dependent
⑦ 被扶養者の生年月日 Date of birth of dependent (昭和・平成 Showa/Heisei Y/M/D)
被扶養者数

⑧ 出産した年月日 Delivery date (平成 Heisei Y/M/D)
⑨ 出生児数 Number of children born (人)
⑩ 死産児数 Number of stillborn children (人)
⑪ 妊娠経過週間 Gestation period passed (週 weeks)
⑫ 法第3条第2項該当被保険者として支給を受けた場合はその額(調整減額)
The amount of money received as an insured person pursuant to the provisions of paragraph 2, Article 3 of Health Insurance Act (Abatement) (円)

⑬ 出生児の氏名 Name of the newborn (Katakana letters)
⑭ 被保険者と出生児の続柄 Newborn's relationship to insured person
⑮ 出産した医療機関等 Medical institution of delivery
名称 Name
所在地 Address
電話 Tel: ( )

本人出産育児一時金申請記入欄
Items to be filled in by claimant for lump-sum benefit for childbirth and childcare [Childbirth by insured person]

㋐ 今回の申請は、退職等により、全国健康保険協会管掌健康保険の被保険者資格の喪失後、6ヶ月以内に出産したことによる申請ですか。
Is this a claim based on your childbirth within six months after you lost eligibility for the health insurance program managed by Japan Health Insurance Association (JHIA) due to leaving a company etc.?　□はい Yes　□いいえ No

㋑ 上記㋐で、「はい」と答えた場合、資格喪失後、家族の被扶養者になっていますか。
If you answered "yes" to Item [㋐], have you become a dependent of any of your family members, after you lost eligibility for the JHIA health insurance?　□はい Yes　□いいえ No

㋒ 上記㋑で、「はい」と答えた場合に家族の被扶養者として加入している健康保険の保険者名・記号・番号を記入してください。
If you answered "yes" to Item [㋑], fill in the insurer's name and code/number of the certificate regarding the health insurance program in which you have enrolled as a dependent of the family member after you lost eligibility for the JHIA health insurance.
保険者名 Insurer's name
記号・番号 Code/number

家族(出産育児)一時金申請記入欄
Items to be filled in by claimant for lump-sum benefit for childbirth and childcare [Childbirth by family member]

㋓ 今回の申請は、被扶養者認定後、6ヶ月以内に出産したことによる申請ですか。
Is this a claim based on your family member's childbirth within six months after she became your dependent?　□はい Yes　□いいえ No

㋔ 上記㋓で、「はい」と答えた場合、家族が被扶養者の認定を受けた要因は退職等により、健康保険の資格を喪失したことによるものですか。
If you answered "yes" to Item [㋓], did she become your dependent through becoming ineligible for the previous health insurance program due to leaving a company etc.?　□はい Yes　□いいえ No

㋕ 上記㋔で、「はい」と答えた場合、家族が被扶養者認定前に加入していた健康保険の保険者名・記号・番号を記入してください。
If you answered "yes" to Item [㋔], fill in the insurer's name and code/number of the certificate regarding the health insurance program in which she was enrolled before becoming your dependent.
保険者名 Insurer's name
記号・番号 Code/number

請求年月日	特別コード	不支給理由	106条	資格代理表示	貸付金額	産科医療補償制度	法定支給額	支払方法	受取人区分
平成 年 月 日		0:非該当 1:該当			円	0:なし 1:貸付あり 2:代理有	0:未加入 1:加入	円	2:算入 3:その他	1:本人 1:代理人

出産者氏名		出産年月日	平成 年 月 日
出生児の数	単胎・多胎(児)	生産または死産の別	生産・死産(妊娠 週)

上記のとおり相違ないことを証明する。 平成 年 月 日
医療施設の所在地
医療施設の名称
医師・助産師の氏名 ㊞

本籍		筆頭者氏名	
母の氏名		出生児氏名		出生年月日	平成 年 月 日

上記のとおり相違ないことを証明する。 平成 年 月 日
市区町村長名 ㊞

右面に振込希望口座記入欄があります。必ず記入してください。
Be sure to fill in the boxes provided on the right page to designate your bank account to receive payment.

全国健康保険協会
Japan Health Insurance Association

第5章 在職中の手続

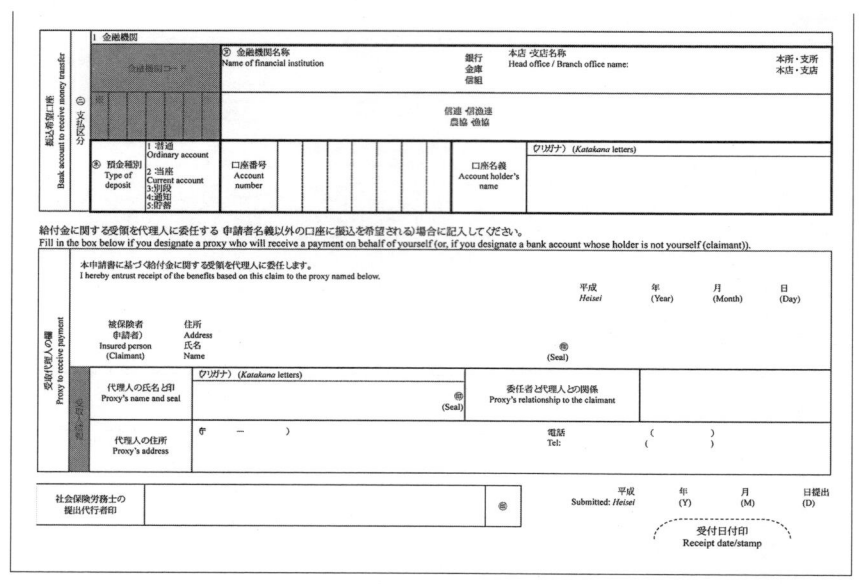

（全国健康保険協会　愛知支部ホームページより）

II 出産手当金

　健康保険の被保険者が出産のため会社を休んでいる期間，事業主から報酬が受けられないときは，申請により出産手当金が支給されます。外国人の被保険者が一時帰国をして出産する場合も，要件に該当すれば出産手当金の受給は可能です。

１．出産手当金が受けられる期間

　出産手当金は，出産の日（実際の出産日が予定日より遅れたときは出産予定日）以前42日目（多胎妊娠の場合は98日目）から，出産の日の翌日以後56日目までの範囲内で会社を休んだ期間について支給されます。

２．支給額

　休業1日につき標準報酬日額（標準報酬月額÷30）の3分の2相当額が支給

されます。ただし，休業中に出産手当金の額より多い給料が会社から支給される場合は，出産手当金は支給されません。

※ 健康保険・厚生年金保険では，保険料の額や保険給付の額の計算のために，毎月の給料などの月額を区切りのよい幅で区分した標準報酬月額を設定しています。健康保険の標準報酬月額は，は第1級の5万8,000円から第47級の121万円までの全47等級に区分されています。

〈提出書類〉
　出産手当金支給申請書
※ 「医師または助産婦が意見を記入するところ」が外国語で記入されている場合は，翻訳文の添付が必要です。
　（翻訳文には翻訳者の署名と住所及び電話番号の明記が必要です）

〈添付書類〉
　賃金台帳，出勤簿それぞれのコピー等
〈提出期限〉
　労務に就かなかった日ごとにその翌日から2年以内
〈提 出 先〉
　健康保険協会の都道府県支部又は健康保険組合

健康保険出産手当金支給申請書

Claim for Payment of Maternity Benefits (*shussan-teatekin shikyu shinseisho*)

英語版

注意事項
1. 申請書は日本語で記入して下さい。
2. 日本語以外で記入した場合は、翻訳者の氏名押印明示が記載された翻訳文の添付が必要となります。
3. 本人以外の方が記入した場合は、押印が必要です。

Notes
1. Fill in the claim/application form in Japanese.
2. If completed in any other language, a Japanese translation must be attached to the form. This translation document must contain the translator's name and address, and his/her seal must be affixed to it.
3. If the claim/application form is prepared by anyone other than the claimant/applicant, it must still be affixed with the claimant/applicant's seal.

届書コード: 6 3 2

記入方法および添付書類等については、別紙「記入例」を参照してください。 / Items to be filled in by insured person / 被保険者記入用 ア〜ク

陰影部は記入しないで下さい。Leave the boxes marked "※" blank.

① 被保険者証の記号・番号 Code/number of Health Insurance Certificate	② 被保険者の生年月日 Date of birth of insured person	回数種別	受付年度	通番	グループ
—	5:昭和 Showa / 7:平成 Heisei (Y)(M)(D)	0 2	平成		

③ 被保険者(申請者)の氏名 Name and seal of insured person	(カナ) (Katakana letters) 印 (Seal)	④ 被保険者の資格を取得した年月日 Date of eligibility for insurance coverage	昭和・平成 Showa / Heisei 年(Y) 月(M) 日(D)

⑤ 被保険者(申請者)の住所 Address of insured person	郵便番号 Postal code — (カナ) (Katakana letters) 都道府県 Prefecture	電話 Tel: ( )

[受取人情報] / [被保険者情報]

⑥ 今回の出産手当金の申請は、出産前の申請ですか、それとも出産後の申請ですか。 Is this claim for maternity benefit being made before your childbirth, or after?	□ 出産前の申請 Claim before childbirth □ 出産後の申請 Claim after childbirth	※請求年月日 年 月 日	※特別給付コード

⑦ 上記⑥で出産前の申請の場合は、出産予定日を記入してください。出産後の申請の場合は、出産日と出産予定日を記入してください。 If you responded "Claim before childbirth" in Item [カ], fill in the expected date of delivery. If you answered "Claim after childbirth", fill in both the delivery date and expected date of delivery.	出産予定日 Expected date of delivery: 平成 年 月 日 Heisei (Y) (M) (D) 出産日 Delivery date: 平成 年 月 日 Heisei (Y) (M) (D)	※出産種別 1:単胎 2:多胎	※支給種別 0:産前・産後 1:産前 2:産後

⑧ 出産のため休んだ期間 (申請期間) Period of absence due to childbirth (Claim period)	平成 年 月 日 から From Heisei (Y) (M) (D) 平成 年 月 日 まで Through Heisei (Y) (M) (D)	日間 days	自 年 月 日 至 年 月 日

⑨ 上記⑧の出産のため休んだ期間 (申請期間) の報酬を受けましたか。または今後受けられますか。 Have you received, or will you receive, remuneration for the period of absence due to the childbirth (claim period) specified in Item [ケ]?	□ 受けた Have received □ 受けない Have NOT received □ 今後受ける Will receive □ 今後も受けない Have NOT and will NOT receive

⑩ 上記⑨で「受けた」「今後受ける」と答えた場合、その報酬の額と、その報酬支払の基礎となった (なる) 期間を記入してください。 If you responded "Have received" or "Will receive" in Item [コ], fill in the amount of remuneration and the period for which remuneration was (will be) paid.	平成 年 月 日 から From Heisei (Y) (M) (D) 平成 年 月 日 まで Through Heisei (Y) (M) (D)	円 yen

備考 Remarks

	減額情報	期間1	自 年 月 日	至 年 月 日	日数 日	金額 円
減額／不支給 0入力なし 1入力あり		期間2	自 年 月 日	至 年 月 日	日数 日	金額 円
		期間3	自 年 月 日	至 年 月 日	日数 日	金額 円

※ 不支給情報

| 期間1 | 自 | 至 | 期間3 | 至 |
| 期間2 | 自 | 至 | 期間4 | 至 |

| 103条 | 0:非該当 | 1:該当 | 104条 | 0:非該当 | 1:該当 | 106条 | 0:非該当 | 1:該当 | 108条 | 0:非該当 | 1:該当 |

| 不支給理由 | 法定支給額 円 | 支払日数 | 支払方法 2:個人払い 3:その他 |

医師・助産師または市区町村長が証明するところ Certification by a physician/maternity nurse or head of the local government (city/ward/town/village)

出産者氏名	
出産予定年月日	平成 年 月 日
出生児の数	単胎・多胎 (児)
出産年月日	平成 年 月 日
生産または死産の別	
生産 死産(妊娠 週)	

上記のとおり相違ありません。 平成 年 月 日

医療施設の所在地	
医療施設の名称	
医師・助産師の氏名	㊞
電話	( )

右面に振込希望口座記入欄があります。必ず記入してください。
Be sure to fill in the boxes provided on the right page to designate your bank account to receive payment.

全国健康保険協会
Japan Health Insurance Association

— 284 —

第5章　在職中の手続

（全国健康保険協会　愛知支部ホームページより）

3 育児休業給付金

雇用保険の被保険者名の登録，給付金受取りの際の銀行の口座名義をカナ名で統一しておく必要があります。

Ⅰ 育児休業給付金とは

育児休業給付金は，雇用保険の雇用継続給付のうちの一つで，雇用保険の被保険者が1歳又は1歳2ヶ月（支給対象期間の延長に該当する場合は1歳6ヶ月）未満の子を養育するために育児休業を取得した場合に支給されます。

育児休業給付金を受給するには，

- 休業開始前の2年間に賃金が支払われた日数が11日以上ある月（過去に基本手当の受給資格決定を受けたことがある方については，その後のものに限ります）が12ヶ月以上あること
- 育児休業期間中に，休業開始前の1ヶ月当たりの賃金の8割以上の賃金が支払われていないこと
- 就業している日数が各月ごとに10日以下であること（休業終了日が含まれる月は，就業している日数が10日以下であるとともに，休業日が1日以上あること）

等の要件を満たしている必要があります。

なお，「パパママ育休プラス制度（父母ともに育児休業を取得する場合の育児休業取得可能期間の延長）」を利用する場合は，育児休業の対象となる子の年齢が原則1歳2ヶ月までとなりますが，実際に育児休業が取得できる期間（女性の場合は生年月日以降の産後休業期間を含む）は1年間になります。

Ⅱ 育児休業給付金申請の際の注意点

育児休業給付金は会社を経由して振り込まれるのではなく，労働局から従業

員の銀行口座に直接振り込まれます。そのため，ハローワークに提出する育児休業給付金支給申請書には，給付金の振込先になる従業員の銀行口座の情報（金融機関コード，店舗コード，受取口座の名義人の名前等）を必ず記載する必要があります。

1．口座名義と雇用保険の名義は同一に

育児休業給付金支給申請書に記載する銀行口座の名義は，雇用保険被保険者の登録名と同一である必要があります。例えば雇用保険の登録上では新姓になっていても，振込先の銀行口座名義が旧姓のままになっている場合などは同一人物とみなされないため，給付金の振込みが受けられないことがあります。

2．姓と名前の順序に注意

外国人の被保険者の場合は，雇用保険の登録上の名前と銀行口座の名義が，姓と名前が逆になっていることで，同一名義とみなされず，給付金の振込みが受けられない場合があるため注意が必要です。

3．アルファベットの口座名義は認められない

雇用保険の給付はカタカナ名義の口座でないと労働局からの振込手続ができない点についても注意が必要です。例えば，外国人従業員の銀行口座名義がアルファベットのみの登録になっている場合は，別途カタカナ名義の登録をするか，カタカナ名義の銀行口座を別に作成しないと，育児休業給付金の振込みが受けられないことになります。

4 社会保障協定の適用証明期間が満了した場合

　エクスパッツ等で社会保障協定により日本の社会保険制度が免除になっている従業員については社会保障協定の適用証明期間を定期的にチェックして，社会保険の加入漏れのないようにしておくことが大切です。

　第2章「4　社会保障協定締結国からのエクスパッツの場合」で説明したように，本来は日本で社会保険の加入が必要な外国人従業員であっても，社会保障協定の適用になっている場合は，対象となる社会保障制度について日本での加入が免除になります。

　ただし，赴任期間が延長になった等の事情により社会保障協定の適用証明期間が過ぎてしまうと，日本で社会保険の加入が必要になります。

1 社会保障協定の延長申請

　社会保障協定適用証明書の適用証明期間が過ぎた場合，日本で社会保険の加入が必要になりますが，社会保障協定の適用期間継続・延長申請が認められると，引き続き社会保険の加入が免除になります。

　そこで外国会社からの労働者を受け入れている日本の会社の側としては，常に赴任期間や社会保障協定の適用証明期間を意識しておき，赴任期間中に適用証明期限が近づいてきた従業員については事前に外国会社の人事に確認するようにしておきます。

　外国会社の人事の方では，対象となる従業員の赴任期間や業務内容を確認し，延長の必要があれば社会保障協定の「適用証明期間継続・延長申請書」に既に交付されている適用証明書の写しを添付して現地の年金事務所に相当する機関に提出します。審査の結果，延長申請が認められると，新しい適用証明書が交付されます。

第5章 在職中の手続

> ⚠ **Attention**
> 社会保障協定の延長申請の認定には数ヶ月かかる場合もあるため，証明期間が切れる数ヶ月前には延長申請をしておく必要があります。

Ⅱ 社会保障協定が延長されない場合

　社会保障協定の延長申請をしなかった場合や，延長申請をしたが認定されなかった場合は，日本の社会保険制度加入手続を行うようにします。この場合の資格取得日は，社会保障協定の適用証明期間が切れた翌日になります。

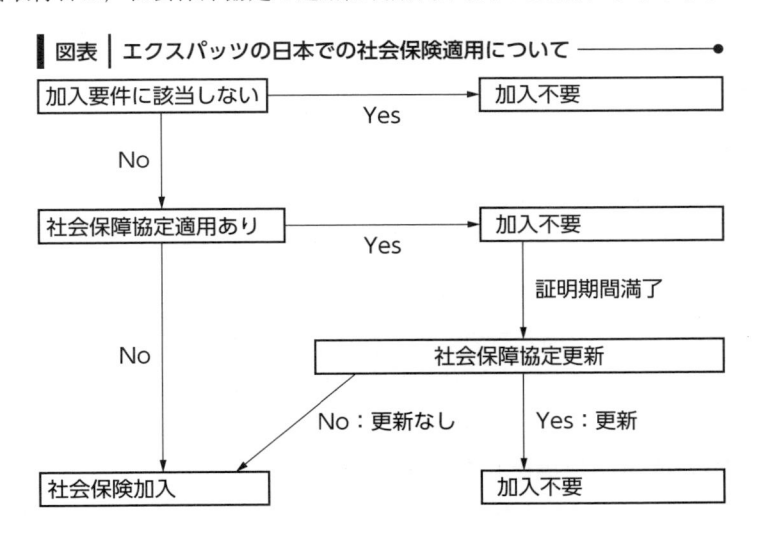

図表│エクスパッツの日本での社会保険適用について

```
┌─────────────────┐    Yes   ┌──────────┐
│ 加入要件に該当しない │─────────→│ 加入不要  │
└─────────────────┘          └──────────┘
        │ No
        ▼
┌─────────────────┐    Yes   ┌──────────┐
│ 社会保障協定適用あり │─────────→│ 加入不要  │
└─────────────────┘          └──────────┘
        │ No                       │ 証明期間満了
        │                          ▼
        │                  ┌──────────────┐
        │                  │ 社会保障協定更新 │
        │                  └──────────────┘
        │              No：更新なし │  │ Yes：更新
        ▼                         ▼   ▼
┌──────────────┐            ┌──────────┐
│ 社会保険加入   │            │ 加入不要  │
└──────────────┘            └──────────┘
```

-289-

5 外国人従業員が帰化した場合の手続

日本に長く居住している外国人や，配偶者や子供が日本人である外国人の中には，帰化により日本国籍を取得する者も多く居ます。

Ⅰ 帰化とは

帰化とは，その国の国籍を有しない者（外国人）からの国籍の取得を希望する旨の意思表示に対して，国家が許可を与えることにより，その国の国籍を与える制度です。

日本では帰化の許可は，法務大臣の権限になります。外国人が帰化の申請をした後，法務大臣が帰化を許可した場合には，官報にその旨が告示され，その告示の日から帰化の効力が生じます（国籍法10条）。

帰化より日本国籍を取得すると日本の名前・戸籍を持つことができるため，配偶者や子供が日本人である場合は家族と同じ苗字にすることができます。また，日本のパスポート等を持つことにより，海外出張や海外旅行の際の出入国手続が簡略化されることや，選挙権を得られる等のメリットがあります。

Ⅱ 外国人従業員が帰化した後の手続

在留カードの返納・帰化届の提出などがあります。

1．在留カード（外国人登録証明書）の返納

住所を管轄する入国管理局へ在留カード（外国人登録証明書）を返納します。

2．帰化届の届出

日本人として戸籍を作成するための手続です。戸籍謄本には「平成〇〇年〇月〇日帰化。帰化の際の国籍〇〇。従前の氏名〇〇。」といった記載がされます。

また，帰化届により日本人としての住民票が新たに作成されます。
〈提出期限〉
官報の告示の日から1ヶ月以内（1ヶ月目が休日のときは，その休日の翌日まで）
〈届出人〉
帰化者（15歳未満の場合はその法定代理人）
〈届出先〉
帰化者の定めた本籍地又は所在地のうち，いずれかの市区町村役場

会社が行う手続には，健康保険証・年金手帳・雇用保険被保険者証などの氏名変更手続があります。

3．社会保険・雇用保険の氏名変更手続
① 健康保険
〈提出書類〉
被保険者氏名変更届，健康保険証
※ 添付書類として変更前・変更後の氏名がわかる書類を求められる場合は，戸籍謄本等を提出します。
〈提出先〉
所轄の年金事務所，又は健康保険組合
〈提出期限〉
速やかに

② 厚生年金保険
〈提出書類〉
被保険者氏名変更届
〈提出先〉
所轄の年金事務所

〈提出期限〉

速やかに

健康保険協会に加入している場合は、健康保険の手続と一緒に済ませることが可能です。

③ 雇用保険
〈提出書類〉

被保険者氏名変更届

※ 添付書類として変更前・変更後の氏名がわかる書類を求められる場合は、戸籍謄本等を提出します。

〈提 出 先〉

所轄のハローワーク

〈提出期限〉

速やかに

厚生年金基金等に加入している場合は、別途、健康保険・厚生年金保険とは別に氏名変更の届出が必要です。

Ⅲ 会社の代表者・代表取締役が帰化した場合

会社の代表者・代表取締役が帰化により氏名変更した場合は、本人の氏名変更手続に加えて事業所関係の手続も必要になります。

〈提出書類〉

健康保険・厚生年金事業所関係変更（訂正）届

〈提 出 先〉

所轄の年金事務所

〈提出期限〉

事実発生から5日以内

> ⚠ **Attention**
>
> 　労働保険では法人の代表者の変更や代表者の氏名変更の場合でも，法人の名称等が変更にならない限り，特に変更の手続は必要ありません。
> 　ただし，個人事業主の氏名が変更した場合は事業の名称変更の扱いとなるため，所轄の労働基準監督署へ「名称・所在地変更届」の届出が必要になります。

健康保険・厚生年金事業所関係変更（訂正）届

第6章

退職・帰国

　海外から派遣された従業員が帰任する際や，外国人従業員が退職し母国へ帰国する際は，給与の支給日時点に日本に居るか居ないかで所得税率が変わることがあります。その他，外国人従業員が帰国した場合，日本で支払った年金保険料については脱退一時金という形で一定額の払い戻しを受けることができます。社会保障協定締結国に帰国する際は，日本での年金加入期間を母国の年金加入期間と通算して，老齢年金を受けることも可能です（適用外の国もあります）。
　この章では，外国人従業員が帰国する際の給与計算・社会保険についての留意点について説明します。

1 給与計算等

1 帰国前・帰国後の給与・賞与

> 外国人従業員が帰国する場合や，1年以上他の国で勤務する予定で出国する場合，日本から出国した日の翌日から非居住者になります。

　非居住者が受ける給与や賞与については，国内勤務に該当する部分（国内源泉所得）についてのみ，20.42％の所得税が徴収されることになります。給与や賞与の計算期間中に出国したり，計算期間内に国内源泉所得や国外源泉所得（いわゆる国内源泉所得以外の所得）の両方が存在したりする場合等により取り扱いが異なるため，源泉徴収の方法には注意が必要です。

Ⅰ 給　与

1．賃金計算期間の全部が国内源泉に該当　支給日時点で居住者の場合

例：賃金計算期間：1日～末日　　支給日：翌5日，出国日：翌10日

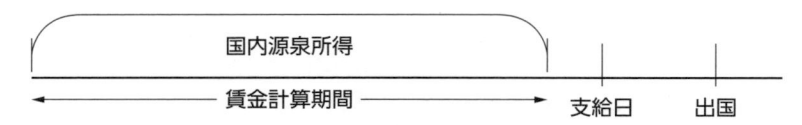

```
┌─────── 国内源泉所得 ───────┐
←───── 賃金計算期間 ─────→  支給日　出国
```

　この場合の所得税は，月額表甲欄にて通常の計算をします。また，この給与は年末調整の対象になります。

2．賃金計算期間の全部が国内源泉に該当　支給日時点で非居住者の場合

例：賃金計算期間：1日～末日　　支給日：当月25日，出国日：当月20日
※　出国日～月末までは日本での有給消化期間とします。

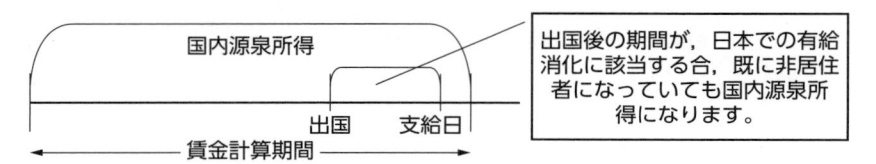

```
┌──────── 国内源泉所得 ────────┐
                          出国　支給日
←──────── 賃金計算期間 ────────→
```

　　出国後の期間が，日本での有給消化に該当する合，既に非居住者になっていても国内源泉所得になります。

非居住者となってから支払われる給与であっても，対象となる支払いの全額が国内勤務期間にかかっており国内源泉所得となる場合は，源泉徴収が必要となります。この場合の所得税は，対象期間の賃金の全額を非居住者税率20.42％の税率で源泉徴収します。なお，この給与は源泉分離課税になり，この源泉徴収で課税関係が終了するため，年末調整の対象にはなりません。

3．賃金計算期間内に国内源泉所得と国外源泉所得の両方が存在し，給与の計算期間が1月以下になる場合

例：賃金計算期間：1日～末日（うち国内源泉所得：1～20日，国外源泉所得：21～31日）　支給日：翌10日，出国日：当月20日

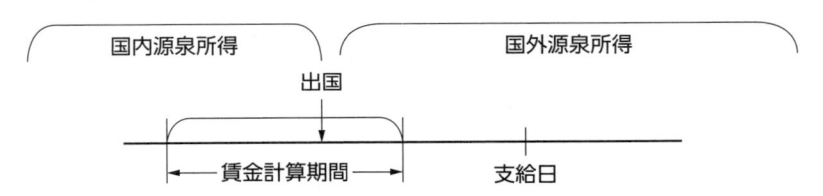

```
 ┌──国内源泉所得──┐┌─────国外源泉所得─────┐
              出国
               ↓
       ┌───────┐
       ├──賃金計算期間──┤    支給日
```

　給与の計算対象期間の途中で居住者から非居住者になった場合，非居住者になった日以後に支給日が到来する給与のうち計算期間が1ヶ月以下のものについては，全額が国内勤務期間にかかる場合を除いて，その総額を国内源泉所得に該当しないものとして取り扱って差し支えないとされています（所得税基本通達212-3）。よってこの給与に関しては，源泉徴収は不要で，年末調整での計算にも含めないことになります。

II 賞　与

　出国後に支給を受ける賞与で，国内及び国外の双方にわたって行った勤務に基づくものは，次の算式により按分計算した金額が国内源泉所得になります。

$$賞与等の総額 \times \frac{日本国内において勤務した期間}{賞与の計算の基礎となった期間}$$

　この場合の所得税は，国内源泉所得に該当する部分を非居住者税率20.42％

の税率で源泉徴収します。算出した所得税及び復興所得税の額に1円未満の端数があるときは,その端数金額を切り捨てます。

例:賞与の計算期間:1月1日〜6月30日　出国日3月31日　支給日:7月10日
賞与支給額60万円

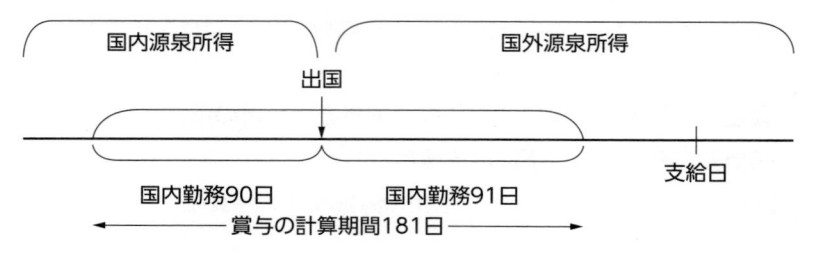

```
       国内源泉所得              国外源泉所得
                        出国
                         ↓                    支給日
       国内勤務90日    国内勤務91日
       ←―――― 賞与の計算期間181日 ――――→
```

国内源泉となる賞与　　$600,000 \times \dfrac{90}{181} = 298,342$

源泉所得税 $= 298,342 \times 20.42\% = 60,921$ 円

2　出国時の年末調整

> エクスパッツ等外国から赴任された従業員の帰任が決まった場合，会社は帰国をする日までに支給された給与を対象に年末調整を行う必要があります。

なお年末調整は居住者に対して行うため，従業員の給与がもともと非居住者税率で計算されていた場合は年末調整を行いません。

Ⅰ 年末調整の対象となる給与・賞与

年の途中で出国する場合には，その年の1月1日から出国までの間に支給日が到来する給与・賞与について，年末調整を行います。

出国後，非居住者となってから支払われた給与・賞与については，非居住者の税率20.42％により源泉徴収を行った部分や，国外源泉所得の扱いになる部分は，年末調整の対象とはなりません。

Ⅱ 各種控除

1．人的控除

扶養控除や配偶者控除などは出国時の現況により対象となる者の控除額を控除できます。その年の日本での滞在期間で控除額を按分することはなく，通常の年末調整の際と同じ控除が受けられます。また扶養親族を判定する際の所得についても，滞在期間で按分することはなく，通常の年末調整の際と同じ基準で判定します。例えば配偶者控除であれば，配偶者のその年の所得が出国時点で38万円以下である場合（給与収入であれば103万円以下の場合），38万円の配偶者控除を受けることができます。

2．物的控除

社会保険料控除や生命保険料控除などは，居住者期間に支払ったものが対象になります。

3．住宅借入金等特別控除

その年の12月31日まで引き続いて住んでいることが適用の条件になりますので，年度の途中で出国して年末調整をする場合には，控除が受けられないことになります。

Ⅲ 出国年調での源泉徴収票

出国時の年末調整の際に作成する給与所得の源泉徴収票の，住所又は居所の欄には，出国時における住所（又は居所）を記載し，摘要欄には出国日を記載します。

3 自己都合退職後に帰国する場合

　従業員が日本から国外へ赴任する場合は，給与収入が2,000万を超える等の例外を除いて，会社は必ず出国年調を行います。
　これに対して，従業員が自己都合退職後に海外へ行くことがわかっている場合，出国時の年末調整をするべきかどうか判断に迷うところです。

　結論としては帰国の時期が退職時に判明していない場合は，年末調整により従業員に所得税の還付をした後でその従業員の海外行きが延期又は中止になることもあり得るため，会社が出国時の年末調整を行う必要はありません。

Ⅰ 自己都合退職者の出国時年調の判定

　退職者について年末調整を行う場合については，下記の通達にあるとおりです。下記の (1)～(4) に該当する場合でなければ，年末調整はしなくてよいとされています。

所得税基本通達

> （中途退職者等について年末調整を行う場合）
> 190-1
> 　次に掲げる場合には，それぞれの場合に該当することとなった時において法第190条（年末調整）の規定を適用するものとする。
> (1) 給与等の支払を受ける者が死亡により退職した場合
> (2) 給与等の支払を受ける者が海外支店等に転勤したことにより非居住者となった場合
> (3) 給与等の支払を受ける者が著しい心身の障害のため退職した場合で，その退職の時期からみてその年中において再就職することが明らかに不可能と認められ，かつ，退職後その年中に給与等の支払を受けることとなっていないとき。
> (4) 給与等の支払を受ける者が12月に支給期の到来する給与等の支払を受けた後に退職した場合

II 年末調整をしないとき

　毎月の給与や賞与から源泉徴収される所得税は概算であることから，会社は年末調整をすることにより所得税の過不足額を精算します。大部分の給与所得者はこの年末調整によって所得税の納税が完了するため，原則として確定申告の必要はありませんが，年の途中で退職すると所得税が納め過ぎになる場合があります。

　このうち，中途退職した同じ年に日本国内の会社で再就職をした場合は，新しい勤務先で前の勤務先の給与を含めて年末調整をするため，所得税の過不足は清算されます。

　しかし，中途退職したまま再就職しない場合や，自己都合で退職し出国した場合は，年末調整を受けられないため，所得税は納め過ぎのままとなることがあります。

　この場合は，確定申告をすれば還付を受けられます。確定申告の際には，退職した勤務先から交付される給与所得の源泉徴収票（原本）を添付する必要があるため，会社側は従業員の退職時に源泉徴収票を配布しておくことが必要になります。

III 最終給与での所得税の取り扱い

　前述のように自己都合で退職する従業員に対しては，会社としては必ずしも年末調整を行う必要はありません。ただし，従業員が最終給与の支給日前に出国する場合に，状況に応じ非居住者税率20.42％で源泉徴収する等の対応は必要になります。

　しかしながら，エクスパッツが海外本社に帰任するなど会社の事情で帰国する場合は，会社側で状況を把握できますが，自己都合退職の従業員の状況については把握しにくい部分になるので確認方法に工夫が必要です。

　外国人従業員の多い企業や外資系企業等では，従業員が退職する際の提出書類に

　① 退職後1年以上の予定で海外へ行く予定があるか

②　その場合の出国日

の記入を必須項目としていて，従業員が給与の支給日時点で非居住者であることが確認できた場合は，非居住者税率で源泉徴収する等の対応をしていることもあるようです。

　退職後に出国する従業員に対しては，可能であれば以下のような書類を提出してもらうようにして，非居住者・居住者の区分を確認してもよいでしょう。

・　航空券のコピー等，出国予定日が明記されているもの
・　自己都合で退職後，海外の大学へ行く場合は大学の入学許可証，海外の企業に正社員として勤務する場合などはオファーレター（内定通知書）など

4　帰国時の住民税の支払い

> 住民税は1月1日現在で日本国内に居住していれば，その住所地で1年間課税されるため，途中で転居したり，亡くなったりしても課税は取り消しにはならず，全額を支払う必要があります。

■ 年度途中で帰国する場合

年度の途中に帰国する場合であっても，課税された住民税は全額支払うことになります（納税義務者が死亡した場合，住民税の納税義務は相続人に引き継がれるため，「相続人代表者指定（変更）届」を市区町村に提出の上で相続人が納税します）。

帰国や退職等により特別徴収（給与からの天引き）できなくなった住民税の残額は，時期に応じ次のように支払います。

1．6月1日～12月31日

普通徴収（市区町村から送付される納付書により個人で住民税を納める方法）へ切り替えます。従業員のからの申出又は了解があれば，最後に支払われる給与又は退職手当等から住民税の残額を一括徴収できます。

2．翌年1月1日～4月30日

従業員からの申出がなくても，最後に支払われる給与又は退職手当等から住民税の残額を一括徴収することになっています（一括徴収すべき金額が退職手当等の金額を超える場合は，この限りではありません）。

なお，従業員が帰国や退職をした場合は，会社が翌月10日までに「特別徴収にかかる給与所得者異動届出書」を課税地の市区町村へ提出する必要があり

ます。異動届の提出が遅れると，従業員の帰国・退職後の住民税が滞納扱いとなり，会社へ督促状が送付される可能性もありますので，遅れないように注意する必要があります。

Ⅱ 国外転出後の住民税の支払い

住民税の残額を最後の給与から一括徴収せず普通徴収に切り替えた場合は，残りの住民税は従業員本人が市区町村に直接支払うことになります。支払い方法は主に下記の二つがあります。

1．納税管理人による納付

国外転出等により納税通知書の受取りや納税が困難な場合は，あらかじめ納税管理人を指定し「納税管理人申告書」を市区町村に提出します。この届出をすると，その後の住民税納付書の受け取りや納税等，納税に関する一切の事項は納税管理人が行うことになります。

2．口座振替

住民税の普通徴収での支払いは口座振替も可能です。出国前に口座振替依頼の手続しておくと，指定の口座から住民税が自動引き落としされるため，納税の手間が省けて便利です。ただし口座振替の場合でも，納税通知書などを受け取るため納税管理人の届出は必要になります。なお，住民税の口座振替制度を利用する際は，当然のことながら最後の納付が終わるまで振替に使う銀行口座を開けておく必要があります。外国人従業員には，帰国後すぐに銀行口座をクローズしないよう，説明しておくことが必要です。

> ⚠️ **Attention**
> 出国する際に市区町村に転出届を提出せず住民登録をそのままにしておくと，市区町村ではその従業員は日本国内に居住しているものと書類上判断するため，翌年の住民税が課税されてしまうことがあります。所定の手続をすれば課税の取り消しは可能ですが，まずは転出届を忘れずに提出しておくことが必要です。

Ⅲ 国外転出後の従業員の住民税を会社が負担する場合

　外国人従業員が帰国し非居住者となった後に，その従業員の住民税を日本の会社が負担する場合，その負担額は給与所得として課税されます。日本の会社が住民税を負担することによって従業員が受ける経済的利益は，日本での勤務に基因する国内源泉所得とみなされるためです。

　この場合，会社が負担した住民税額から所得税を源泉徴収すると，差し引きマイナスとなり従業員の負担額が発生してしまうため，住民税額からグロスアップして支給額を算出し，支給額から所得税を源泉徴収する必要があります。

5　退職金

> 　　従業員が退職したときには，社内規程等により退職金が支払われることもあります。
> 　　退職金に関しては所得税や住民税の源泉徴収の方法や作成する法定調書等が，給与・賞与の場合とは異なります。

　所得税法では退職所得とは，退職により勤務先から受ける退職手当などの所得をいいます。社会保険制度などにより退職に基因して支給される一時金，適格退職年金契約に基づいて生命保険会社又は信託会社から受ける退職一時金なども退職所得とみなされます。また，労働基準法20条の規定により支払われる解雇予告手当や賃金の支払いの確保等に関する法律7条の規定により退職した労働者が弁済を受ける未払賃金も退職所得に該当します。

　これらの退職所得については，退職所得控除額を超えた部分については所定の税率により所得税と住民税を控除して支給します。なお退職所得では，健康保険料や厚生年金保険料，雇用保険料は対象にならないため，控除しないことになります。

Ⅰ 退職金にかかる所得税

　「退職所得の受給に関する申告書」が提出されている場合の源泉徴収額は下記のように計算します。

1．退職所得控除額を，次のテーブルを元に算出

　勤続年数に1年未満の端数がある場合には，その端数は切り上げます。例えば勤続年数が4年4日の場合は，切り上げて5年とします。

勤続年数（＝A）	退職所得控除額
20年以下	40万円×A　（80万円に満たない場合には，80万円）
20年超	800万円＋70万円×（A－20年）

注1　障害者になったことが直接の原因で退職した場合の退職所得控除額は，上記の方法により計算した額に，100万円を加えた金額となります。
注2　同一年中に2か所以上から退職金を受け取るときなど，控除額の計算が異なる場合もあります。

2．退職所得の金額を算出

1で算出した退職所得控除額を基に計算します。

> （退職金の支給総額－退職所得控除額）×1/2＝退職所得の金額

退職所得の金額に，千円未満の端数がある場合は，千円未満の金額を切り捨てします。

> ⚠ **Attention**
> 　平成25年からは，役員等で勤続年数が5年以下である人が支払いを受ける退職金のうち，その勤続年数に対応する退職金として支払いを受けるものについては，×1/2をせず，退職金の額から退職所得控除額を差し引いた額が退職所得の金額になります。
> 　（退職金総額－退職所得控除額）＝退職所得の金額　（×1/2しない）

3．源泉徴収する所得税の額を計算

国税庁の「退職所得の源泉徴収税額の速算表」をもとに次の計算式で算出します。

> （退職所得の金額×所得税の税率－控除額）×102.1％

計算した税額に1円未満の端数があるときは，切り捨てます。

退職金の支払いの際に「退職所得の受給に関する申告書」を提出している人

については，正規の所得税の額が源泉徴収されるため，原則として退職金に対しての確定申告での精算は必要ありません。

一方，「退職所得の受給に関する申告書」の提出がない人については，前述の計算方法は適用せず，退職金の支給額から一律20.42％を源泉徴収します。この場合，本人が確定申告を行うと前述の計算方法が適用できるため，所得税額の精算ができます。

なお，従業員に退職金を支給したときには退職後1ヶ月以内に従業員に「退職所得の源泉徴収票・特別徴収票」を交付します。「住所又は居所」の欄には，源泉徴収票を作成する日の現況による住所又は居所を記載します。

「退職所得の源泉徴収票・特別徴収票」のうち税務署と市区町村へ提出しなければならないのは，受給者が法人の役員の場合になるため，一般従業員のものであれば提出する必要はありません。

Ⅱ 退職金にかかる住民税

退職金にかかる住民税の計算方法は，所得税の計算で算出した退職所得の金額に税率を乗じて計算します。所得税のように課税所得金額が増えるごとに高い税率を課す累進課税の方式ではなく，税率は一律同じです。

> 住民税額＝退職所得の金額×税率（特別区民税又は市民税6％，都民税又は県民税4％）

なお，住民税では，計算した税額に100円未満の端数がある場合は，100円未満の端数を切り捨てします。

Ⅲ 退職に伴い帰国する場合の源泉徴収について

所得税

所得税基本通達では，退職所得の課税時期は退職所得の収入金額の収入すべきことが確定した日になり，一般的には退職の日となります。よって退職日時点で居住者であれば，実際の支給日の時点は非居住者であっても居住者課税に

なります。給与や賞与を支給する際には，支給日時点で居住者・非居住者の区分での判断することに対し，取り扱いが違う部分になります。

なお役員に支給される退職手当等で，退職手当の支給について株主総会その他正当な権限がある機関の決議を要するものは，その役員の退職後その決議があった日が退職手当の収入すべきことが確定した日になります。ただし，株主総会等で支給金額が具体的に定められていない場合には，支給金額が具体的に定められた日によります。

1．退職日時点で居住者の場合

退職金の支給日の時点で，既に出国していて非居住者になっていても，退職の時点で居住者であれば居住者の税率を適用します。

例：退職日時点で居住者の場合の課税

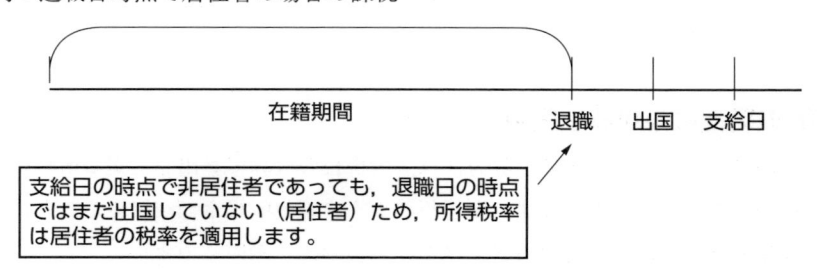

```
┌─────────────────────────┐
│        在籍期間          │ 退職  出国  支給日
└─────────────────────────┘   ↑
┌─────────────────────────────────┐
│支給日の時点で非居住者であっても，退職日の時点│
│ではまだ出国していない（居住者）ため，所得税率│
│は居住者の税率を適用します。          │
└─────────────────────────────────┘
```

2．退職日時点で非居住者の場合

最終出勤日の後，有給を消化してから退職する等の理由で。退職日の時点で既に出国していて非居住者になっているケースが該当します。この場合，退職金の計算期間のうち居住者であった期間に行った勤務に対応する部分が国内源泉所得になるため（所得税法161条8ハ，所得税基本通達161-28），この額に非居住者の税率20.42％を乗じて源泉徴収税額を算出します。

例：退職日時点で非居住者の場合の課税

```
          ┌─────────────────────────────────┐
          │       在籍期間        │出国 退職  支給日
          └─────────────────────────────────┘
                                   ↑
```

> 退職日の時点で出国していて非居住者に該当する場合は，課税所得に対して非居住者の税率を適用します。

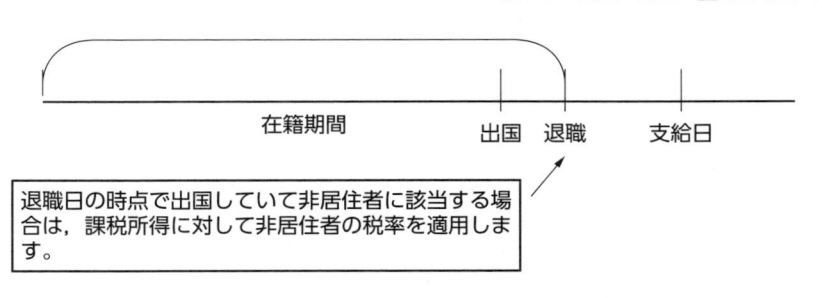

$$退職金の額 \times \frac{居住者としての勤務期間}{退職金の計算の基礎となった期間}$$

なお，非居住者に退職金の支払いをする場合は，「退職所得の源泉徴収票・特別徴収票」ではなく「非居住者等に支払われる給与，報酬，年金及び賞金の支払調書」を作成します。また，その年の支払金額が50万円以下である支払調書については，税務署への提出は必要ありません。

Ⅳ 退職所得の選択課税

　退職日時点で非居住者となっていた場合は，居住者では適用されるはずの退職所得控除等が適用にならないため，源泉徴収税額が居住者に額に対して高額になる場合もあります。この場合は，本人の選択により，居住者と同様の課税を受けることもできます（所得税法171条）。

　具体的には，退職手当等の受給者本人が，退職手当等の支払いを受けた翌年1月1日以後に確定申告することにより，既に源泉徴収された税額の一部又は全部について還付を受けられます（所得税法173条）。

　なお，非居住者が確定申告をする場合には，納税管理人を定めた上で「所得税の納税管理人の届出書」を，非居住者の納税地を所轄する税務署長に提出する必要があります。

Ⅴ 住民税

　退職所得に対する住民税については他の所得と区分して徴収し，納税義務者のその年の1月1日現在の住所所在の市町村に納入することとされています。

よって，従業員がその年の1月1日現在において国内に住所を有する場合には，退職日や支給日の時点で出国していても，その年の住民税が課税されることとなります。

　逆に，退職金の支払いを受ける日の属する年の1月1日現在において外国に居住していたことにより国内に住所を有しない場合は，退職所得に対する住民税の納税義務はないため，退職金を支払う際に退職所得に対する住民税を特別徴収する必要はないこととなります。

2 退職後の社会保険

1 退職後日本に在住する場合

従業員が退職する場合にする手続には、次のようなものがあります。

エクスパッツ等で日本の社会保険・雇用保険制度に該当せず、もともと社会保険・雇用保険制度に加入していない場合は、事業主側での資格喪失手続は不要です。

I 事業主が行う手続

	提出書類	提出先
健康保険 厚生年金保険	・被保険者資格喪失届 ・健康保険証	所轄の年金事務所 （健康保険組合）
雇用保険	・被保険者資格喪失届 ・被保険者離職証明書（従業員が交付を希望する場合）	所轄のハローワーク

※ 健康保険・厚生年金保険の資格喪失届は退職日の翌日から5日以内、雇用保険の資格喪失届は退職日の翌日から10日以内に提出します。

II 外国人従業員本人が行う手続

1．退職後、日本に居住する場合

日本の健康保険・年金は強制加入になります。

	健康保険	年金
別の会社へすぐ転職	会社経由で健康保険に加入	会社経由で厚生年金に加入
しばらく働かない	・国民健康保険に加入 ・健康保険の任意継続※	国民年金に加入

※　退職の日まで継続して2ヶ月以上被保険者であった従業員は任意継続の申請をすることにより，退職前とほぼ同じ給付を受けることができます（ただし，健康保険組合で独自に支給する付加給付は受けられません）。
　　健康保険料については，会社負担がなくなるため全額自己負担になります。

2．本国へ帰国する場合

　日本の健康保険・年金制度の加入義務はなくなります。

　国民年金の任意加入は日本国籍の人が対象になるため，外国人が希望した場合であっても日本の国民年金の任意加入はできません。

　例外として日本の年金制度の加入期間（保険料納付済期間に限ります）が5年以上あるドイツ人は，ドイツに帰国した後も日本の国民年金制度に任意に加入することができます。

2 転出届・在留カードの返納

外国人従業員が本国に帰国する際に必要な手続になります。

Ⅰ 転出届の提出

　平成24年7月9日に外国人に住民票制度が適用してからは，外国人が住んでいた市区町村から住所を移す（転出する）場合，日本人と同様に転出届を提出することが必要になりました。

　これにより，日本から出国し1年を超えて海外に居住する場合や，外国人が本国へ永住するために日本を出国する場合なども，転出届を提出する必要があります（住民基本台帳法24条）。なお，海外旅行や1年未満の海外出張等，外国での滞在期間が短期間の場合は転出届の提出は必要ありません。

〈提出書類〉
　転出届

〈提 出 先〉
　市区町村窓口（親族等の代理人の提出や郵送も可能）

〈提出期限〉
　あらかじめ，又は転出した日から14日以内

　国外転出の届出をすると，転出予定日をもって住民登録は消除されます。したがって，転出届に記入された異動日（転出予定日）の前日までは住民票の発行が可能ですが，転出予定日以降に住民票を請求した場合，住民票除票が発行されます。

　住民票除票には，住民票に記載されている事項のほかに，転出先の住所と異動年月日が記載されます。除票は市区町村に5年間保存され証明ができますが除票後5年を経過すると廃棄されるため，依頼をしても発行することができな

くなります。

II 在留カードの返却

　出国後，日本へ戻らない予定の場合は，在留カードや外国人登録証は空港等で返却します。

　その他，再入国許可を受けて出国し，再入国許可の有効期間内に再入国しなかったときなど，所持する在留カードが失効したときは，失効した日から14日以内に，在留カードを返納しなければなりません。

　この場合は，下記の返納先に送付します。期限内に返納しないと罰金に処せられることがあるため注意が必要です。

　なお，在留カードではなく外国人登録証明書を持っている場合も，在留カードと同様の方法で返納します。

〈送付による場合の返納先〉

〒135-0064　東京都江東区青海2-7-11　東京港湾合同庁舎9階　東京入国管理局おだいば分室あて

※　封筒の表に「在留カード返納」と表記が必要です。

> ⚠ **Attention**
>
> 　出国後日本に戻る予定がないのに，転出届の提出や在留カードの返却をしなかった場合は，日本に住所があるものとみなされ，日本在住時と同様に住民税が課税されてしまうことがあるため注意が必要です。

3 年金通算協定の確認

日本と締結国間で年金通算協定を締結している国では，年金加入期間の通算が可能です。それぞれの年金加入期間を通算して，日本及び協定相手国の両方で年金を受給できる場合もあります。

外国人が日本から出国した場合，日本で払った年金保険料を掛け捨てにしないため脱退一時金を請求することも可能です。ただし脱退一時金を受給すると，日本での年金記録はなくなります。よって日本の年金加入期間を通算して外国の年金を受給できる場合や，将来日本に戻って生活する予定がある場合などは，脱退一時金の申請をしないほうが有利なこともあります。

図表 年金通算協定を締結している国の老齢年金（イギリス・韓国以外）

社会保障協定締結国	受給開始年齢	最低加入期間
ドイツ	65歳（※1）	5年
アメリカ	66歳（※3）	10年
ベルギー	65歳（※4）	なし
フランス	60歳（※5）	なし
カナダ	65歳	老齢年金（OAS） カナダ国内在住10年 カナダ国外在住20年 退職年金（CPP）なし
オーストラリア	男性　65歳 女性　64歳 （※6）	10年（うち5年は連続）
オランダ	65歳	なし
チェコ	（※7）	26年
スペイン	65歳	15年（※8）
アイルランド	66歳	5年（2012年より10年に変更）

ブラジル	男性　65歳 女性　60歳	15年
スイス	男性　65歳 女性　64歳	1年

※1　1964年より後に生まれた者の受給開始年齢は67歳（1965年より前に生まれた者は2012年〜2029年にかけて65歳から67歳へ段階的に引き上げ）。
※2　女性の受給開始年齢は，2010年から2020年にかけて段階的に65歳まで引き上げ。
※3　2027年までに，受給開始年齢を65歳から67歳へ段階的に引き上げ中。
※4　在職期間が35年を超える場合，60歳からの受給可能。
※5　2011年7月1日より，1951年7月1日以降生まれの方は，受給開始年齢が段階的に60歳から62歳へ引き上げ。
※6　女性の支給開始年齢は1995年より60歳からの引き上げ移行措置中であり，2014年7月に65歳となります。男女とも2017年7月1日から2023年7月1日までの間に段階的に増加して67歳となります。
※7　老齢年金：62歳2ヶ月（男性）で加入期間26年以上，60歳8ヶ月（女性）で加入期間26年以上，又は65歳（男女とも）で加入期間15年以上（退職年齢と必要加入期間は段階的に引き上げられ，2030年には65歳で加入期間35年以上となります）。
※8　退職直前15年間のうち2年以上の連続期間が必要。

（日本年金機構ホームページより）

4　日本の年金の海外での受取り

近年では海外生活をするのは留学や赴任のためだけではなくなっており，老後の年金生活を海外で過ごそうという日本人の方も増えてきているようです。日本で年金の受給権を持っている人は，海外に移住しても年金を受け取ることができます。

日本の年金制度は国籍に関係なく，日本に居住していれば外国人であっても健康保険・厚生年金（又は国民年金）等の社会保険に加入することが原則となっています。よって日本の年金受給の要件を満たした場合，外国人が母国に戻って日本の年金を受給することも可能です。

I 海外での年金受取手続

日本から出国する際には，あらかじめ居住地の市区町村窓口で「海外転出届」を提出しておきます。

年金事務所又は年金機構のホームページで「年金の支払いを受ける者に関する事項」という用紙を入手します。

「年金の支払いを受ける者に関する事項」の基礎年金番号・年金コード，氏名・性別，生年月日，住所，銀行名，支店名，銀行の所在地，口座番号等を記載の上，受け取り銀行の口座番号が確認できる書類（外国の銀行で受け取りを希望する場合）を添付の上日本年金機構へ送付します。

なお，海外に在住していても，年金を日本の金融機関での受け取ることは可能ですが，ゆうちょ銀行では受取りができません。

海外の金融機関で年金を受け取る際は，SWIFT（又はBIC）と呼ばれる銀行を特定するための8ケタか11ケタの送金コードの情報が必須です。スイフトコード（SWIFTコード）とは，国際銀行間金融通信協会（Society for

Worldwide Interbank Financial Telecommunications）が世界の銀行を特定するために定めたコードで，大半の銀行がこのコードを持っています。欧州ではIBAN（アイバン），アメリカではABAなど，国や地域によっては，別の情報を必要とする場合があります。

Ⅱ 租税条約

　滞在国が日本と租税条約を締結している場合は，「租税条約に関する届出書（様式9号）」を提出すると，日本での年金への所得税は免除され，滞在国の税法にて現地で課税されることになります。「租税条約に関する届出書（様式9号）」は日本年金機構のホームページのほか，国税庁のホームページからもダウンロードが可能です。なお，租税条約が締結されていても，年金条項がない等の理由で適用にならない国や地域（カナダ・アメリカのプエルトリコ・グアムなど）もあります。

　また，アメリカに居住している人が日米租税条約の取り扱いを受けるときは，「租税条約に関する届出書」のほか，「特典条項に関する付表（様式17）」と米国歳入庁で発行する「居住者証明書」を提出する必要があります。

Ⅲ 年金請求書（事前送付用）

　日本に居住している人については，日本年金機構から年金受給権が発生する3ヶ月前に年金加入記録等をあらかじめ印字した年金請求書（事前送付用）が送付されます。

　日本国外に居住している方については日本年金機構から「年金請求書（事前送付用）」が送付されないため，年金事務所等で「年金請求書（別様式）」を入手して手続を行う必要があります。

Ⅳ 現況届

　年金を受け取る場合は，年1回誕生月の月末までに「現況届」の提出が必要です（現況届は，毎年誕生月の前月下旬に日本年金機構から送付されます）。

この現況届に滞在国の日本領事館等で，誕生月を含めて過去6ヶ月以内に証明を受けた在留証明書，居住者証明等を添付して提出します。

　外国籍の人が海外で年金を受け取る場合は，在留証明に代えて自国の戸籍，住民票に相当するもの，又は第三者の証明（公的機関・公証人等の証明書又はサインがあるもの）の添付が必要です。

（日本年金機構ホームページより）

5 脱退一時金受給の要件

> 日本の国民年金・厚生年金制度の被保険者期間が6月以上ある外国人が，被保険者資格を喪失し日本から出国した場合，出国後2年以内であれば脱退一時金を請求できます。

　日本の年金制度には国籍要件がありません。そのため，適用事業所に常時使用される70歳未満の従業員は，外国人であり将来日本の年金を受給する予定のない方についても厚生年金保険の被保険者となります。よって，短期間のみ日本に在留する外国人については，日本でせっかく払った年金保険料が掛け捨てになってしまう可能性があります。

　そこで，払った年金保険料を無駄にしないためにできた制度が脱退一時金です。国民年金保険料や厚生年金保険料を納付した外国人が，年金の支給を受けないまま帰国した場合，本人の申請により受給が可能です。

　脱退一時金の受給要件については，フローチャートをご参照ください。

第6章 退職・帰国／2 退職後の社会保険

図 外国人の脱退一時金の受給要件のフローチャート

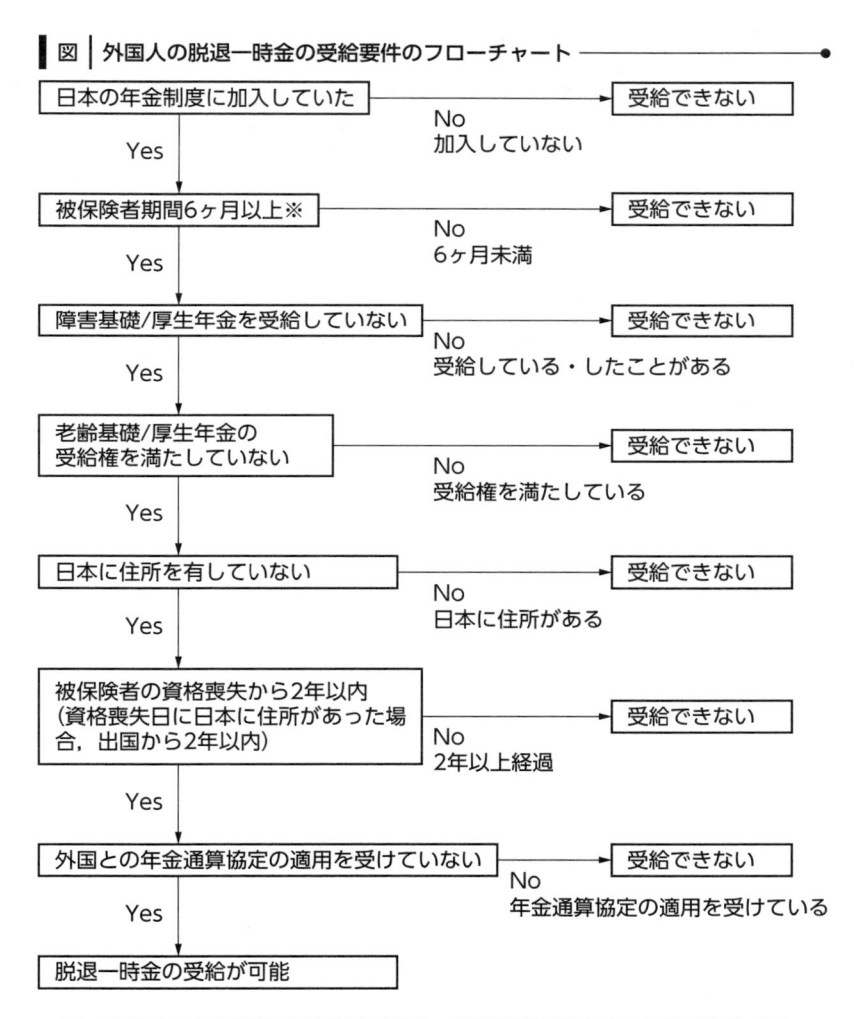

```
日本の年金制度に加入していた ──No 加入していない──→ 受給できない
        │Yes
        ↓
被保険者期間6ヶ月以上※ ──No 6ヶ月未満──→ 受給できない
        │Yes
        ↓
障害基礎/厚生年金を受給していない ──No 受給している・したことがある──→ 受給できない
        │Yes
        ↓
老齢基礎/厚生年金の受給権を満たしていない ──No 受給権を満たしている──→ 受給できない
        │Yes
        ↓
日本に住所を有していない ──No 日本に住所がある──→ 受給できない
        │Yes
        ↓
被保険者の資格喪失から2年以内
(資格喪失日に日本に住所があった場合,出国から2年以内) ──No 2年以上経過──→ 受給できない
        │Yes
        ↓
外国との年金通算協定の適用を受けていない ──No 年金通算協定の適用を受けている──→ 受給できない
        │Yes
        ↓
脱退一時金の受給が可能
```

※ 国民年金の保険料免除期間がある場合は、被保険者期間を下記のように判断します。
・保険料4分の1免除期間の月数×4分の3
・保険料半額免除期間×2分の1
・保険料4分の3免除期間×4分の1

> ⚠️ **Attention**
>
> 年金期間の通算
>
> 　社会保障と税の一体改革により，消費税率10％への変更に伴い2015年10月より日本での年金受給資格期間は，25年から10年に短縮されます。
>
> 　これにより，今までは日本での年金の受給資格が得られなかった外国人の方も，今後は日本と母国の年金加入期間を通算すれば日本の年金の受給資格が得られるケースが増えると思われます。
>
> 　ただし，脱退一時金を受給すると日本での年金記録がなくなってしまい，母国との年金加入期間の通算ができなくなってしまいます。よって脱退一時金の受給は慎重に検討したほうがよいと思われます。

6 脱退一時金受給額の計算方法

　脱退一時金の受給に関しては，外国人従業員から，どのくらいの額が受け取れるのか質問されることもあります。
　また，帰国する外国人だけでなく，外国人が入社する際にあわせて脱退一時金の説明をしておくと，社会保険制度加入のメリットを理解してもらう助けになると思われます。

Ⅰ 国民年金脱退一時金の額

　下記は平成25年度の額になります（最後に保険料を納付した月により，脱退一時金の受給金額が変わります）。

対象月数	脱退一時金額					
	平成25年4月から平成26年3月までの間に保険料納付済期間を有する場合の受給金額	平成24年4月から平成25年3月までの間に保険料納付済期間を有する場合の受給金額	平成23年4月から平成24年3月までの間に保険料納付済期間を有する場合の受給金額	平成22年4月から平成23年3月までの間に保険料納付済期間を有する場合の受給金額	平成21年4月から平成22年3月までの間に保険料納付済期間を有する場合の受給金額	平成20年4月から平成21年3月までの間に保険料納付済期間を有する場合の受給金額
6月以上12月未満	45,120円	44,940円	45,060円	45,300円	43,980円	43,230円
12月以上18月未満	90,240円	89,880円	90,120円	90,600円	87,960円	86,460円
18月以上24月未満	135,380円	134,820円	135,180円	135,900円	131,940円	129,690円
24月以上30月未満	180,480円	179,760円	180,240円	181,200円	175,920円	172,920円
30月以上36月未満	225,600円	224,700円	225,300円	226,500円	219,900円	216,150円
36月以上	270,720円	269,640円	270,360円	271,800円	263,880円	259,380円

対象月数	脱退一時金額				
	平成19年4月から平成20年3月までの間に保険料納付済期間を有する場合の受給金額	平成18年4月から平成19年3月までの間に保険料納付済期間を有する場合の受給金額	平成17年4月から平成18年3月までの間に保険料納付済期間を有する場合の受給金額	平成12年4月から平成17年3月までの間に保険料納付済期間を有する場合の受給金額	平成12年3月以前の保険料納付済期間のみ有する場合の受給金額
6月以上12月未満	42,300円	41,580円	40,740円	39,900円	35,100円
12月以上18月未満	84,600円	83,160円	81,480円	79,800円	70,200円
18月以上24月未満	126,900円	124,740円	122,220円	119,700円	105,300円
24月以上30月未満	169,200円	166,320円	162,960円	159,600円	140,400円
30月以上36月未満	211,500円	207,900円	203,700円	199,500円	175,500円
36月以上	253,800円	249,480円	244,440円	239,400円	210,600円

II 厚生年金脱退一時金の額

被保険者期間に応じて，次の式で計算されます。

被保険者であった期間における平均標準報酬額※ × 支給率※

※ 平均標準報酬額は以下の A＋Bを合算した額です。
A 平成15年4月より前の被保険者期間の標準報酬月額に1.3を乗じた額
B 平成15年4月以後の被保険者期間の標準報酬月額及び標準賞与額を合算した額
※ 支給率は，最終月（資格喪失した日の属する月の前月）の属する年の前年10月の（最終月が1～8月であれば，前々年10月の保険料率）保険料率に2分の1を乗じた保険料率に以下の表の数を掛けたものをいいます。

被保険者期間	掛ける数
6月以上12月未満	6
12月以上18月未満	12
18月以上24月未満	18
24月以上30月未満	24
30月以上36月未満	30
36月以上	36

（日本年金機構ホームページより）

Ⅲ 厚生年金脱退一時金の計算例

> 年収500万円の外国人従業員が平成25年9月まで3年間（36ヶ月）働いて帰国した場合
> 毎月の賃金 … 35万円（標準報酬月額36万円）
> 賞与1回当たり … 40万円×年2回支給（標準賞与額40万円×2）

1．計算方法

（36万円×36ヶ月＋40万円×6回）÷36ヶ月

＝（1,296万円＋240万円）÷36

＝1,536万円÷36

＝426,666円　←　平均標準報酬額

平均標準報酬額426,666円×平成24年　厚生年金保険料率※16.766％×1/2×36

＝1,287,627円　←　脱退一時金の額

※　最終月が1月～8月の場合，前々年10月時点の保険料率になり，最終月が9月～12月の場合，前年10月時点の保険料率になります。

脱退一時金請求書（国民年金／厚生年金保険）記載例

Claim Form for the Lump-sum Withdrawal Payments
(for National Pension and Employees' Pension Insurance)
脱退一時金裁定請求書（国民年金／厚生年金保険）

受付番号

Official use only （センター記入欄）

Please fill in blanks 1 to 5 below.
※次の1〜5について必要事項を記入してください。

※（記入はアルファベットの大文字でお願いします。）Please complete the form using the Roman alphabet.(Please print in capital letters.)Only complete the spaces in the broad-bordered boxes. 太わく内のみ記入してください。

1. Date 記入日
Year ○○年 Month 2月 Day 10日

2. Claimant's signature 請求者本人の署名（サイン）
CS Mike

3. Name, date of birth and address of the claimant （請求者氏名、生年月日及び住所）

Name 氏名	CS Mike					
Date of birth 生年月日	1975 Year年	01 Month月	01 Day日			
Address 住所	201 Chapel street. NY					
					Country	USA

4. The bank account to which the Lump-sum Withdrawal Payments should be transferred. （脱退一時金振込先口座）

Official use only 支払機関センター記入欄	1	3	銀行番号		
Name of the bank 銀行名	○○ bank				
Name of the branch 支店名	○○ branch				
Bank branch address 支店の所在地	○ Chapel street. NY				
				Country	USA
Bank account number 口座番号	○○○○○		Certified Bank Stamp 銀行の口座証明印		
Name of the account holder (should be the claimant's) 請求者本人の口座名義	English CS Mike カタカナ（日本国内の金融機関を指定した際のみ記載）				

5. Claimant's pension handbook data （年金手帳の記載事項）

Basic Pension number 基礎年金番号	1	2	3	4	—	5	6	7	8	9	0
Employees' Pension Insurance registration number 厚生年金保険の記号番号					—						
Employees' Pension Insurance (Seamen's Insurance) registration number 厚生年金保険（船員保険）の記号番号					—						
National Pension registration number 国民年金の記号番号											

Official use only
（社会保険業務センター記入欄）
加入制度　チェック1　チェック2　チェック3　チェック4
厚　船　国　（送金先国）（課税△/非 0）（本人請求△/他 2）（日独非対象者△/対象者 01）

センター決定印　センター受付印

（入力回付年月日）

2．添付書類

① パスポート（旅券）の写し（最後に日本を出国した年月日，氏名，生年月日，国籍，署名，在留資格が確認できるページ）

② 請求書の「銀行の口座証明印」の欄に銀行の証明を受けるか，「銀行名」，「支店名」，「支店の所在地」「口座番号」及び「請求者本人の口座名義」であることが確認できる書類（銀行が発行した証明書等）。

※ 脱退一時金を日本国内の金融機関で受けとる場合は，口座名義がカタカナで登録されている必要があります。

③ 年金手帳

送付先：社会保険業務センター
〒168-8505　東京都杉並区高井戸西3丁目5番24号

3．所得税の還付

　国民年金の脱退一時金からは所得税の源泉徴収はありませんが，厚生年金の脱退一時金は退職所得とみなされるため，20.42％の所得税が源泉徴収されます。

　源泉徴収された所得税は税務署に還付申告が可能です。本人に代わって納税管理人が還付申告する場合は，本人が納税管理人に脱退一時金支給決定通知書（脱退一時金の送金と同時に本人に送付されます）の原本を送付します。納税管理人は受け取った脱退一時金支給決定通知書の原本をもとに還付申告をします。

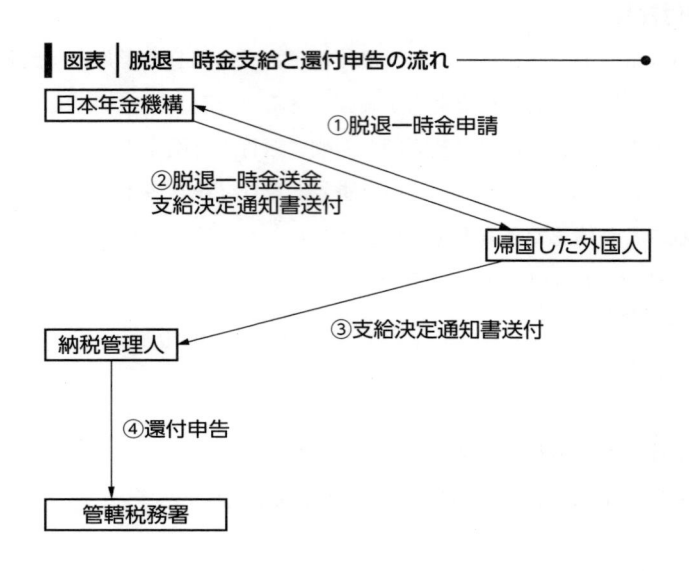

図表　脱退一時金支給と還付申告の流れ

```
日本年金機構 ←――――①脱退一時金申請――――― 帰国した外国人
     ②脱退一時金送金
     支給決定通知書送付                    │
                                           │
                    ③支給決定通知書送付     │
     納税管理人 ←――――――――――――――――――
         │
         │ ④還付申告
         ↓
     管轄税務署
```

7 | エクスパッツからよく受ける質問

外資系企業の人事部がエクスパッツから時々受ける問い合わせの中には，次のようなものがあります。

Ⅰ 失業給付

① 私はエクスパッツとして日本で働いていた任期の途中で，日本で退職しました。私も失業給付をもらえるはずだと思いますが，なぜもらえないのでしょうか。

⇒エクスパッツの場合，失業給付が受給できないケースも多くあります。

「エクスパッツの労働保険の適用」で説明したように，社会保障協定により雇用保険の加入が免除されている場合や，本国にて失業補償制度の適用を受けている場合は，日本の雇用保険の被保険者にはなりません。

また，以前はハローワークの「事業主の行う雇用保険の事務手続」に「外国において雇用関係が成立した後，日本国内にある事務所に赴き勤務している場合は，被保険者となりません。」という記載があったため，エクスパッツの雇用保険加入手続をしていなかった企業も多いと思われます。

こういった事情で雇用保険の被保険者になっていなかった場合は，日本で退職しても残念ながら失業給付は受給できないことになります。

Ⅱ 年金記録

② 私は数年前にエクスパッツとして日本で勤務し，今は本国に戻って勤務しています。日本で勤務していた期間の厚生年金保険の脱退一時金を受け取りたいのですが，手続方法を教えてください。なお私はエクスパッツとしての勤務中，本給は本国からのみ支払われており，日本の会社からは住居費や交通費等の生活費のみが支給されていました。

⇒日本で厚生年金保険に加入してなかった場合は，厚生年金保険の脱退一時

金を受け取ることはできません。

　第2章「3　エクスパッツ社会保険の適用」で説明したように，海外の会社からのみ本給が支払われ日本では手当のみの支払いだったエクスパッツについては，厚生年金保険制度に加入しないケースが多くあります。

　厚生年金保険制度に加入していなかった場合は，厚生年金保険の脱退一時金の受給はできないことになります（国民年金に加入していた場合は，要件に該当すれば国民年金の脱退一時金は受給可能です）。

　本来，雇用保険や厚生年金保険の加入については，エクスパッツが日本に赴任する際に渡されたアサインメントレター（辞令）の労働条件の欄や，赴任中の給与明細等を参照すれば，ある程度は自分で確認できる部分です。しかし，エクスパッツのような外国人従業員にとっては日本の雇用保険や社会保険の制度はなじみが薄いために，それぞれ制度を理解しないまま働いていることも実際のところ多いものです。

　そういったエクスパッツが日本で退職した際に，同じように日本で退職した外国人の友人から「失業給付をもらった」と聞いて初めて失業給付の制度を知り，慌てて会社に問い合わせて来るケース等は結構あります。

　また，任期が終わって本国に戻って仕事をしている元エクスパッツが，後になって厚生年金保険制度について知り，自身の年金記録について問い合わせてくることもあります。

　よってエクスパッツを受け入れる際には，後から問い合わせが来る可能性があることも想定して情報や書類を整備しておくと，問い合わせを受けたときに速やかに対応ができます。個人ごとのファイルを作成し，アサインメントレター（辞令）や本国やエクスパッツ本人とやり取りしたメールのコピーを保管しておき，アルファベット順に並べてキャビネに保管しておくようにすると，必要な時にすぐに取り出すことができます。

　また，人事情報を管理できるソフトウェアを導入し，各従業員の契約内容や

異動や昇給等の履歴を,必要な時にすぐ見られるようにするようにすることも効果的です。

　問い合わせがあった際に手間や時間をかけずに対応ができると,従業員の満足度も高くなりますし,人事スタッフの負担も軽減できます。特に,規模が多くて手続や問い合わせが日頃から多い会社や,外国人従業員の多い会社,従業員の入れ代わりが多い会社については,日頃から情報を整理し適切に保管しておくことが大切です。

第7章

参考資料

英文様式例
- ○給与振込口座申請用紙
- ○交通費申請書
- ○休暇届
- ○家族状況等変更届
- ○退職届
- ○解雇通知書
- ○扶養控除等異動申告書

資　料
- ○外国人労働者の雇用管理の改善等に関して事業主が適切に対処するための指針（厚生労働省）

英文様式例

給与振込口座申請用紙

Date: /   /

PAYROLL DIRECT DEPOSIT APPLICATION
(□ NEW / □ CHANGE)

I hereby authorize direct deposit of my paycheck to my account(s) indicated below beginning on _____.

Personal Data

Employee ID Number _____   Department _____

Name _____   Ext _____

Designated bank account and amount of money

Primary Account
Bank Name _____   Branch Name: _____
7-digit Account Number : _____
Account holder's name: _____
Amount of money for the account
Salary: □ Total amount   □ Fixed amount : JPY _____
Bonus: □ Total amount   □ Fixed amount : JPY _____

2nd Account
Bank Name _____   Branch Name: _____
7-digit Account Number : _____
Account holder's name: _____
Amount of money for the account
Salary: □ Total amount   □ Fixed amount : JPY _____
Bonus: □ Total amount   □ Fixed amount : JPY _____

Signature _____

交通費申請書

Date: / /

Application for Commuting Allowance

Personal Data

Employee ID Number _____ Department _____

Name _____ Ext _____

Address _____

Reason for application ☐ New ☐Change ☐ Fare Raise ☐Other( )

Application Date _____

Commuting route

1
Means of transportation: ☐ Train ☐ Bus   ☐Other( )
Departure station: _____   Arrival station: _____
Name of the line: _____
Fare
Round trip: JPY _____   Monthly commuter passes total: JPY _____

2
Means of transportation: ☐ Train ☐ Bus   ☐Other( )
Departure station: _____   Arrival station: _____
Name of the line: _____
Fare
Round trip: JPY _____   Monthly commuter passes total: JPY _____

Total amount of monthly charges: JPY _____

Signature _____

休暇届

Application for Leave

Personal Data

Employee ID Number _____ Department _____

Name _____ Ext _____

I request leave as follows ;

Period: From _____ To _____ Total days

Type of Leave:
☐Annual Leave ☐Special Leave ☐Maternity Leave ☐Child Care Leave
☐Family Care leave ☐Others (   )

Reason:
_____

Contact address during leave
_____

If you will take leave of more than 5 days, you should fill in your persnal phone number at "contact address" for contact urgently.

	HR	Mgr
Approval date		

Signature _____

家族状況等変更届

Report on
Change in Family / Marital Status, Legal Change of Name

Personal Data

Employee ID Number _____   Department _____

Name _____   Ext _____

☐ **Change in marital status**

　　Effective date of change _____ / _____ / _____

　　☐ Married　　☐ Single　　☐ Other _____

☐ **Legal name change**

　　Effective date of change _____ / _____ / _____

　　Prior name: _____

　　New name: _____

☐ **Change in family status**

　　Effective date of change _____ / _____ / _____

　　Describe the change in family status: _____

　　_____

　　_____

　　　　　　　　　　　　　　　　　　　　　Signature _____

退職届

Letter of Resignation

Date: _____

Dear employer's name

Please accept this letter as notice of my resignation as job title at company name. As detailed in my contract of employment, I give the required 1month notice, with the last day of employment being on 2013 Sep 30th.

I would like to thank you and everyone at company name for the opportunities you have provided me.
If I can be of any assistance during this transition, please let me know.

Sincerely yours,

Signature:_____

Name: _____

Position: _____

解雇通知書

Dismissal Notification

TO: _____

　当社は、就業規則第51条の規定により、__年__月__日をもって貴殿を解雇することを通知致します。つきましては、労働基準法第20条第1項の定めにより、解雇予告手当として平均賃金の30日分をお支払い致します。

We regret to inform you of your termination from this organization, effective September 30th 2012, in accordance with Article 51 of the Work Rules.

As such the company pays the equivalent of 30 days' average wages as dismissal notice payment, according to Article 20, Clause 1, Labor Standards Law.

Date _____

所在地 _____
会社名 _____
代表取締役 _____ 印

扶養控除等異動申告書

資　料

外国人労働者の雇用管理の改善等に関して事業主が適切に対処するための指針

第一　趣旨

　　この指針は，雇用対策法第8条に定める事項に関し，事業主が適切に対処することができるよう，事業主が講ずべき必要な措置について定めたものである。

第二　外国人労働者の雇用管理の改善等に関して必要な措置を講ずるに当たっての基本的考え方

　　事業主は，外国人労働者について，雇用対策法，職業安定法（昭和22年法律第141号），労働者派遣事業の適正な運営の確保及び派遣労働者の保護等に関する法律（昭和60年法律第88号。以下「労働者派遣法」という。），雇用保険法（昭和49年法律第116号），労働基準法（昭和22年法律第49号），最低賃金法（昭和34年法律第137号），労働安全衛生法（昭和47年法律第57号），労働者災害補償保険法（昭和22年法律第50号），健康保険法（大正11年法律第70号），厚生年金保険法（昭和29年法律第115号）等の労働関係法令及び社会保険関係法令（以下「労働・社会保険関係法令」という。）を遵守するとともに，外国人労働者が適正な労働条件及び安全衛生を確保しながら，在留資格の範囲内でその有する能力を有効に発揮しつつ就労できる環境が確保されるよう，この指針で定める事項について，適切な措置を講ずるべきである。

第三　外国人労働者の定義

　　この指針において「外国人」とは，日本国籍を有しない者をいい，特別永住者並びに在留資格が「外交」及び「公用」の者を除くものとする。また，「外国人労働者」とは，外国人の労働者をいうものとする。

　　なお，「外国人労働者」には，技能実習制度において「特定活動」の在留資格をもって雇用関係の下でより実践的な技術，技能等の修得のための活動を行う者（以下「技能実習生」という。）も含まれるものである。

第四　外国人労働者の雇用管理の改善等に関して事業主が講ずべき必要な措置

一　外国人労働者の募集及び採用の適正化

　1　募集

　　　事業主は，外国人労働者を募集するに当たっては，募集に応じ労働者になろうとする外国人に対し，当該外国人が採用後に従事すべき業務の内容及び賃金，労働時間，就業の場所，労働契約の期間，労働・社会保険関係法令の適用に関する事項（以下1において「明示事項」という。）について，その内容を明らかにした書面の交付又は当該外国人が希望する場合における電子メールの送信のいずれかの方法（以下1において「明示方法」という。）により，明示すること。特に，募集に応じ労働者になろうとする外国人が国外に居住している場合にあっては，来日後に，募集条件に係る相互の理解の齟齬等から労使間のトラブル等が生じるこ

とのないよう，事業主による渡航費用の負担，住居の確保等の募集条件の詳細について，あらかじめ明確にするよう努めること。

　また，事業主は，国外に居住する外国人労働者のあっせんを受ける場合には，職業安定法の定めるところにより，職業紹介事業の許可を受けている者又は届出を行っている者（以下1において「職業紹介事業者」という。）から受けるものとし，職業安定法又は労働者派遣法に違反する者からは外国人労働者のあっせんを受けないこと。その際，事業主は，求人の申込みに当たり，職業紹介事業者に対し，明示事項を明示方法により，明示すること。なお，職業紹介事業者が職業紹介を行うに当たり，国籍を理由とした差別的取扱いをすることは，職業安定法上禁止されているところであるが，事業主においても，職業紹介事業者に対し求人の申込みを行うに当たり，国籍による条件を付すなど差別的取扱いをしないよう十分留意すること。

2　採用

　事業主は，外国人労働者を採用するに当たっては，第5に定める方法等を通じ，あらかじめ，当該外国人が，採用後に従事すべき業務について，在留資格上，従事することが認められる者であることを確認することとし，従事することが認められない者については，採用してはならないこと。

　事業主は，外国人労働者について，在留資格の範囲内で，外国人労働者がその有する能力を有効に発揮できるよう，公平な採用選考に努めること。特に，永住者，定住者等その身分に基づき在留する外国人に関しては，その活動内容に制限がないことに留意すること。

　また，新規学卒者等を採用する際，留学生であることを理由として，その対象から除外することのないようにするとともに，異なる教育，文化等を背景とした発想が期待できる留学生の採用により，企業の活性化・国際化を図るためには，留学生向けの募集・採用を行うことも効果的であることに留意すること。

二　適正な労働条件の確保

1　均等待遇

　事業主は，労働者の国籍を理由として，賃金，労働時間その他の労働条件について，差別的取扱いをしてはならないこと。

2　労働条件の明示

　イ　書面の交付

　　事業主は，外国人労働者との労働契約の締結に際し，賃金，労働時間等主要な労働条件について，当該外国人労働者が理解できるようその内容を明らかにした書面を交付すること。

　ロ　賃金に関する説明

　　事業主は，賃金について明示する際には，賃金の決定，計算及び支払の方法等はもとより，これに関連する事項として税金，労働・社会保険料，労使協定に基づく賃金の一部控除の取扱いについても外国人労働者が理解できるよう説明し，当該外国人労働者に実際に支給する額が明らかとなるよう努めること。

3 適正な労働時間の管理

事業主は，法定労働時間の遵守，週休日の確保をはじめ適正な労働時間管理を行うこと。

4 労働基準法等関係法令の周知

事業主は，労働基準法等関係法令の定めるところによりその内容について周知を行うこと。その際には，分かりやすい説明書を用いる等外国人労働者の理解を促進するため必要な配慮をするよう努めること。

5 労働者名簿等の調製

事業主は，労働基準法の定めるところにより労働者名簿及び賃金台帳を調製すること。その際には，外国人労働者について，家族の住所その他の緊急時における連絡先を把握しておくよう努めること。

6 金品の返還等

事業主は，外国人労働者の旅券等を保管しないようにすること。また，外国人労働者が退職する際には，労働基準法の定めるところにより当該外国人労働者の権利に属する金品を返還すること。また，返還の請求から7日以内に外国人労働者が出国する場合には，出国前に返還すること。

三 安全衛生の確保

1 安全衛生教育の実施

事業主は，外国人労働者に対し安全衛生教育を実施するに当たっては，当該外国人労働者がその内容を理解できる方法により行うこと。特に，外国人労働者に使用させる機械設備，安全装置又は保護具の使用方法等が確実に理解されるよう留意すること。

2 労働災害防止のための日本語教育等の実施

事業主は，外国人労働者が労働災害防止のための指示等を理解することができるようにするため，必要な日本語及び基本的な合図等を習得させるよう努めること。

3 労働災害防止に関する標識，掲示等

事業主は，事業場内における労働災害防止に関する標識，掲示等について，図解等の方法を用いる等，外国人労働者がその内容を理解できる方法により行うよう努めること。

4 健康診断の実施等

事業主は，労働安全衛生法等の定めるところにより外国人労働者に対して健康診断を実施すること。その実施に当たっては，健康診断の目的・内容を当該外国人労働者が理解できる方法により説明するよう努めること。また，外国人労働者に対し健康診断の結果に基づく事後措置を実施するときは，健康診断の結果並びに事後措置の必要性及び内容を当該外国人労働者が理解できる方法により説明するよう努めること。

5 健康指導及び健康相談の実施

事業主は，産業医，衛生管理者等を活用して外国人労働者に対して健康指導及

び健康相談を行うよう努めること。
     6　労働安全衛生法等関係法令の周知
　　　　事業主は，労働安全衛生法等関係法令の定めるところによりその内容についてその周知を行うこと。その際には，分かりやすい説明書を用いる等外国人労働者の理解を促進するため必要な配慮をするよう努めること。
四　雇用保険，労災保険，健康保険及び厚生年金保険の適用
　　1　制度の周知及び必要な手続の履行
　　　　事業主は，外国人労働者に対し，雇用保険，労災保険，健康保険及び厚生年金保険（以下「労働・社会保険」という。）に係る法令の内容及び保険給付に係る請求手続等について，雇入れ時に外国人労働者が理解できるよう説明を行うこと等により周知に努めること。また，労働・社会保険に係る法令の定めるところに従い，被保険者に該当する外国人労働者に係る適用手続等必要な手続をとること。
　　2　保険給付の請求等についての援助
　　　　事業主は，外国人労働者が離職する場合には，外国人労働者本人への雇用保険被保険者離職票の交付等，必要な手続を行うとともに，失業等給付の受給に係る公共職業安定所の窓口の教示その他必要な援助を行うように努めること。
　　　　また，外国人労働者に係る労働災害等が発生した場合には，労災保険給付の請求その他の手続に関し，外国人労働者からの相談に応ずること，当該手続を代行することその他必要な援助を行うように努めること。
　　　　さらに，厚生年金保険については，その加入期間が6月以上の外国人労働者が帰国する場合，帰国後，加入期間等に応じた脱退1時金の支給を請求し得る旨帰国前に説明するとともに，社会保険事務所等の関係機関の窓口を教示するよう努めること。
五　適切な人事管理，教育訓練，福利厚生等
　　1　適切な人事管理
　　　　事業主は，その雇用する外国人労働者が円滑に職場に適応し，当該職場での評価や処遇に納得しつつ就労することができるよう，職場で求められる資質，能力等の社員像の明確化，職場における円滑なコミュニケーションの前提となる条件の整備，評価・賃金決定，配置等の人事管理に関する運用の透明化等，多様な人材が能力発揮しやすい環境の整備に努めること。その際，公共職業安定所の行う雇用管理に係る助言・指導を踏まえ，適切に対応すること。
　　2　生活指導等
　　　　事業主は，外国人労働者の日本社会への対応の円滑化を図るため，外国人労働者に対して日本語教育及び日本の生活習慣，文化，風習，雇用慣行等について理解を深めるための指導を行うとともに，外国人労働者からの生活上又は職業上の相談に応じるように努めること。
　　3　教育訓練の実施等
　　　　事業主は，外国人労働者が，在留資格の範囲内でその能力を有効に発揮しつつ就労することが可能となるよう，教育訓練の実施その他必要な措置を講ずるよう

に努めるとともに，苦情・相談体制の整備，母国語での導入研修の実施等働きやすい職場環境の整備に努めること。
　　4　福利厚生施設
　　　事業主は，外国人労働者について適切な宿泊の施設を確保するように努めるとともに，給食，医療，教養，文化，体育，レクリエーション等の施設の利用について，外国人労働者にも十分な機会が保障されるように努めること。
　　5　帰国及び在留資格の変更等の援助
　　　イ　事業主は，その雇用する外国人労働者の在留期間が満了する場合には，当該外国人労働者の雇用関係を終了し，帰国のための諸手続の相談その他必要な援助を行うように努めること。
　　　ロ　事業主は，外国人労働者が在留資格を変更しようとするとき又は在留期間の更新を受けようとするときは，その手続を行うに当たっての勤務時間の配慮その他必要な援助を行うように努めること。
　　6　労働者派遣又は請負を行う事業主に係る留意事項
　　　労働者派遣の形態で外国人労働者を就業させる事業主にあっては，当該外国人労働者が従事する業務の内容，就業の場所，当該外国人労働者を直接指揮命令する者に関する事項等，当該外国人労働者の派遣就業の具体的内容を当該外国人労働者に明示する，派遣先に対し派遣する外国人労働者の氏名，労働・社会保険の加入の有無を通知する等，労働者派遣法の定めるところに従い，適正な事業運営を行うこと。また，派遣先は，労働者派遣事業の許可を受けていない者又は届出を行っていない者からは外国人労働者に係る労働者派遣を受けないこと。さらに，請負を行う事業主にあっては，請負契約の名目で実質的に労働者供給事業又は労働者派遣事業を行うことのないよう，職業安定法及び労働者派遣法を遵守すること。
　　　また，請負を行う事業主は，自ら雇用する外国人労働者の就業場所が注文主である他の事業主の事業所内である場合に，当該事業所内で，第6で選任する雇用労務責任者等に人事管理，生活指導等の職務を行わせること。
　六　解雇の予防及び再就職の援助
　　事業主は，事業規模の縮小等を行おうとするときは，外国人労働者に対して安易な解雇等を行わないようにするとともに，やむを得ず解雇等を行う場合は，その対象となる外国人労働者で再就職を希望する者に対して，関連企業等へのあっせん，教育訓練等の実施・受講あっせん，求人情報の提供等当該外国人労働者の在留資格に応じた再就職が可能となるよう，必要な援助を行うように努めること。その際，公共職業安定所と密接に連携するとともに，公共職業安定所の行う再就職援助に係る助言・指導を踏まえ，適切に対応すること。

第五　外国人労働者の雇用状況の届出
　　事業主は，雇用対策法第28条第1項及び附則第2条第1項の規定に基づき，新たに外国人労働者を雇い入れた場合若しくはその雇用する外国人労働者が離職した場合又

は平成19年10月1日の時点で現に外国人労働者を雇い入れている場合には，当該外国人労働者の氏名，在留資格，在留期間等の1に掲げる事項について，2に掲げる方法により確認し，3に掲げる方法及び期限に従って，当該事項を当該事業主の事業所の所在地を管轄する公共職業安定所の長に届け出ること。なお，確認に当たっての留意事項は，4のとおりとすること。

一 確認し，届け出るべき事項
　イ　雇用保険被保険者資格を有する外国人労働者（ハに該当する者を除く。）について
　　　氏名，在留資格（資格外活動の許可を受けて就労する者を雇い入れる場合にあっては当該許可の有無を含む。ロにおいて同じ。），在留期間，生年月日，性別，国籍の属する国又は出入国管理及び難民認定法（昭和26年政令第319号）第2条第5号ロに規定する地域（以下「国籍・地域」という。）のほか，職種，賃金，住所等の雇用保険被保険者資格取得届又は雇用保険被保険者資格喪失届に記載すべき当該外国人の雇用状況等に関する事項
　ロ　雇用保険被保険者資格を有さない外国人労働者（ハに該当する者を除く。）について
　　　氏名，在留資格，在留期間，生年月日，性別，国籍・地域
　ハ　平成19年10月1日の時点で現に雇い入れている外国人労働者について
　　　氏名，在留資格，在留期間，生年月日，性別，国籍・地域
二 確認の方法
　イ　ロに該当する者以外の外国人労働者について
　　　当該外国人労働者の在留カード（在留カードを所持しない者のうち，出入国管理及び難民認定法及び日本国との平和条約に基づき日本の国籍を離脱した者等の出入国管理に関する特例法の一部を改正する等の法律の施行に伴う厚生労働省関係法令の整備に関する省令（平成24年厚生労働省令第97号。以下「整備省令」という。）附則第2条第1項の規定により外国人登録証明書が在留カードとみなされる者にあっては外国人登録証明書とし，その他の者にあっては旅券又は在留資格証明書とする。）の提示を求め，届け出るべき事項を確認する方法
　ロ　資格外活動の許可を受けて就労する外国人労働者について
　　　当該外国人労働者の在留カード（在留カードを所持しない者のうち，整備省令附則第2条第1項の規定により外国人登録証明書が在留カードとみなされる者にあっては外国人登録証明書及び旅券，在留資格証明書，資格外活動許可書又は就労資格証明書とし，その他の者にあっては旅券又は在留資格証明書（当該外国人労働者が資格外活動の許可を受けている旨が記載されていない場合には，資格外活動許可書又は就労資格証明書を含む。）とする。）の提示を求め，届け出るべき事項を確認する方法
三 届出の方法・期限
　イ　雇用保険被保険者資格を有する外国人労働者（ハに該当する者を除く。）について

雇入れに係る届出にあっては雇い入れた日の属する月の翌月10日までに，雇用保険被保険者資格取得届と併せて，必要事項を届け出ることとし，離職に係る届出にあっては離職した日の翌日から起算して10日以内に，雇用保険被保険者資格喪失届と併せて，必要事項を届け出ること。

ロ 雇用保険被保険者資格を有さない外国人労働者（ハに該当する者を除く。）について

雇入れに係る届出，離職に係る届出ともに，雇入れ又は離職した日の属する月の翌月の末日までに，雇用対策法施行規則（昭和41年労働省令第23号）様式第3号（以下「様式第3号」という。）に必要事項を記載の上，届け出ること。

ハ 平成19年10月1日時点で現に雇い入れている外国人労働者について

平成20年10月1日までの間に，様式第3号に必要事項を記載の上，届け出ること。ただし，当該者が離職した場合にあっては，イ又はロの方法・期限に従い届け出ること。

四 確認に当たっての留意事項

事業主は，雇い入れようとする者（平成19年10月1日時点で現に雇い入れている者を含む。）について，通常の注意力をもって当該者が外国人であると判断できる場合に，当該者に係る1の事項を確認すること。ここで通常の注意力をもって当該者が外国人であると判断できる場合とは，特別な調査等を伴うものではなく，氏名や言語などから，当該者が外国人であることが一般的に明らかである場合をいうこと。このため，例えば，通称として日本名を用いており，かつ，日本語の堪能な者など，通常の注意力をもっては，当該者が外国人であると判断できない場合にまで，確認を求めるものではないこと。なお，1に掲げる事項以外の事項の確認・届出は必要のないものであり，外国人労働者のプライバシーの保護の観点からも，この点に十分留意すること。

第六 外国人労働者の雇用労務責任者の選任

事業主は，外国人労働者を常時10人以上雇用するときは，この指針の第4に定める事項等を管理させるため，人事課長等を雇用労務責任者（外国人労働者の雇用管理に関する責任者をいう。）として選任すること。

第七 技能実習生に関する事項

技能実習生については，外国人労働者に含まれるものであることから，第4から第6までに掲げるところによるものとするほか，事業主は，技能実習制度推進事業運営基本方針（平成5年4月5日労働大臣公示）に規定する研修・実習生の受入れの方法，研修・技能実習の実施に関し留意すべき事項，技能実習の継続が不可能となった場合の取扱い等の内容に留意し，技能実習生に対し実効ある技術，技能等の修得が図られるように取り組むこと。

第八　職業安定機関，労働基準監督機関その他関係行政機関の援助と協力
　　事業主は，職業安定機関，労働基準監督機関その他関係行政機関の必要な援助と協力を得て，この指針に定められた事項を実施すること。

（厚生労働省ホームページ）

【参考文献】

『改訂新版　海外勤務者の税務と社会保険・Q&A』藤井恵，清文社
『国境なき人事　クロスボーダーの税務・社会保険・労務入門』グラントソントン太陽
　　ASG税理士法人，税務経理協会
『Q&A海外勤務者に係る税務』川田剛，税務経理協会
週刊『税務通信』税務研究会
『社会保険労働保険　手続便覧』社労広報センター
『会社法のしくみ』今津泰輝，中央経済社

「労働保険　年度更新　申告書の書き方」都道府県労働局・労働基準監督署
「外国人の雇用に関するQ&A」東京労働局職業安定部　ハローワーク（公共職業安定所）
「事業主の行う雇用保険の事務手続」東京労働局職業安定部雇用保険課　ハローワーク
　　（公共職業安定所）

【参考URL】

厚生労働省　http://www.mhlw.go.jp/
東京労働局　http://tokyo-roudoukyoku.jsite.mhlw.go.jp/
日本年金機構　http://www.nenkin.go.jp/n/www/index.html
内閣官房　（社会保障と税の一体改革）　http://www.cas.go.jp/index.html
全国健康保険協会　http://www.kyoukaikenpo.or.jp/
全国健康保険協会愛知支部　http://www.kyoukaikenpo.or.jp/shibu/aichi
法務省　入国管理局　http://www.immi-moj.go.jp/
法務省　国籍　http://www.moj.go.jp/MINJI/kokuseki.html
総務省　http://www.soumu.go.jp/
国税庁　http://www.nta.go.jp/

【情報提供】

Mari Hodges　http://www.marihodges.com/
　　※　英文就業規則関連部分

索　　引

あ

育児休業給付金 …………………………… 286
一時帰国（ホームリーブ）費用 ……… 258
インターンシップ生 ……………………… 123
請負契約 ……………………………………… 73
エクスパッツ …………………………… 106, 331
海外療養費 ………………………………… 274

か

外国人雇用状況届 ………………………… 94
外国人登録証明書 …………………… 13, 18
外国人登録制度 …………………………… 17
外国人の住民票制度 ……………………… 42
外国税額控除 ……………………………… 241
介護保険適用除外 ………………………… 110
解雇予告 ……………………………………… 64
解雇予告手当 ……………………………… 65
会社分割 …………………………… 190, 200
合併 ………………………………… 187, 192
帰化 ………………………………………… 290
技能実習生 ………………………………… 129
寄付金プラン（スカラーシッププラン）
　……………………………………………… 260
給与支払事務所等の開設届出書 ……… 148
給与支払事務所等の廃止届出書 ……… 184
給与所得の源泉徴収票等の
　法定調書合計表 ………………………… 234
居住者 ……………………………………… 226
グロスアップ …………………………… 246, 306
経済的利益 ………………………………… 243

け

健康保険　厚生年金　事業所変更(訂正)届
　……………………………………………… 292
健康保険　厚生年金保険　新規適用届 … 147
健康保険・厚生年金保険
　被保険者資格喪失届 …………… 164, 167
健康保険被扶養者異動届 ………………… 98
源泉所得税の誤納額還付請求書 ……… 236
源泉所得税の誤納額充当請求書 ……… 236
源泉所得税の納期の特例の承認に関する
　申請書 …………………………………… 150
現物給与 …………………………… 243, 244
控除対象配偶者 …………………………… 228
高度人材に対するポイント制 …………… 28
ゴールシーク ……………………………… 250
国内源泉所得 …………………………… 231, 296
国民年金第3号被保険者取得届 ………… 98
雇用保険適用事業所設置届 …………… 144
雇用保険適用事業所廃止届 …………… 181
雇用保険被保険者資格取得届 …………… 90
雇用保険被保険者資格喪失届 ………… 174
雇用保険被保険者離職証明書 ………… 174

さ

在留カード ……………………… 12, 16, 316
在留資格 ……………………………………… 5
在留資格認定証明書 ……………………… 32
サインオンボーナス ……………………… 252
資格外活動許可 …………………………… 23
時間外労働・休日労働に関する協定書
　……………………………………………… 137

索引

事業譲渡 …………………… 189, 198
指定書 ……………………………… 26
社会保障協定 ……………… 112, 288
社会保障協定適用証明書 ……… 103
就業規則 ………………………… 138
住宅借入金等特別控除 ………… 300
就労資格証明書 …………………… 21
受給期間延長申請書 …………… 178
出国時の年末調整 ……………… 299
出産育児一時金 ………………… 279
出産手当金 ……………………… 282
使用人兼務役員 …………… 154, 155
人的控除 …………………… 263, 299
税務調査 ………………………… 269
整理解雇 …………………… 63, 161
是正勧告 ………………………… 214
租税条約 …………………… 239, 320

――――――― た ―――――――

退職金 ……………………… 208, 307
退職所得の受給に関する申告書 … 209, 307
退職所得の選択課税 …………… 311
タックスイコライゼーション ……… 265
脱退一時金 ……………………… 322
短期滞在者免税（183日ルール） … 240
懲戒解雇 …………………… 64, 161
定時決定時調査 ………………… 215
適用事業報告 …………………… 136
転出届 …………………………… 315
同一事業主の認定 ……… 194, 199, 201
特定活動 ………………………… 26
特別徴収にかかる給与所得者異動届出書
 ……………………… 186, 203, 304

――――――― な ―――――――

二重国籍 ………………………… 45
年俸制 …………………………… 48
年末調整のための（特定増改築等）
　住宅借入金等特別控除証明書 ……… 204
納税管理人 ……………………… 305

――――――― は ―――――――

非居住者 ………………………… 226
非居住者等に支払われる給与，報酬，
　年金及び賞金の支払調書 ……… 234
普通解雇 …………………… 62, 161
物的控除 …………………… 263, 300
赴任支度金 ……………………… 255
不法就労助長罪 ………………… 37
保険関係成立届 ………………… 139

――――――― ま ―――――――

みなし再入国許可制度 …………… 19

――――――― ら ―――――――

労働条件通知書 ………………… 51
労働保険 確定保険料申告書 …… 169
労働保険 保険関係成立届 ……… 139
労働保険概算保険料申告書 …… 142
労働保険年度更新 ……………… 120
労働保険料還付請求書 ………… 171
労働保険料算定基礎調査 ……… 216

【執筆者紹介】

CSアカウンティング株式会社

国内最大級の会計・人事のアウトソーシング・コンサルティング会社であり，約150名の公認会計士・税理士・社会保険労務士などのプロフェッショナル・スタッフによって，上場企業や中堅企業を中心に会計・税務，人事・労務に関するアウトソーシング・コンサルティングサービスを提供している。

会計，税務，購買管理，販売管理，給与計算，社会保険，会計・人事のクラウドコンピューティングサービスなどクライアントの要望・形態等に合わせたサービスで，会計・人事の課題をワンストップで解決している。

◇東京本社
〒163-0630　東京都新宿区西新宿1-25-1　新宿センタービル30階
TEL 03-5908-3421(代表)／FAX 03-5339-3178

◇大阪支店
〒541-0043　大阪府大阪市中央区高麗橋3-2-7 ORIX高麗橋ビル4階
TEL 06-6226-0266／FAX 06-6226-0267

著者との契約により検印省略

平成25年8月30日 初版発行

外国人従業員の労務
―給与・社会保険・労働保険―

編　者	CSアカウンティング株式会社
発行者	大　坪　嘉　春
製版所	美研プリンティング株式会社
印刷所	税経印刷株式会社
製本所	株式会社三森製本所

発行所　東京都新宿区下落合2丁目5番13号　株式会社 税務経理協会

郵便番号　161-0033　振替 00190-2-187408　電話 (03)3953-3301(編集部)
FAX (03)3565-3391　　　　　　　　　(03)3953-3325(営業部)
URL http://www.zeikei.co.jp/
乱丁・落丁の場合はお取替えいたします。

Ⓒ CSアカウンティング株式会社　2013　　　　　Printed in Japan

本書を無断で複写複製（コピー）することは，著作権法上の例外を除き，禁じられています。本書をコピーされる場合は，事前に日本複製権センター（JRRC）の許諾を受けてください。
JRRC(http://www.jrrc.or.jp)　eメール：info@jrrc.or.jp　電話：03-3401-2382)

ISBN978-4-419-06011-4　C3034